경영의 신

정주영 vs. 마쓰시타

경영의 신

정주영 vs. 마쓰시타

초판 1쇄 발행 | 2017년 4월 27일
초판 2쇄 발행 | 2017년 6월 7일

지은이 | 김진수
펴낸이 | 박영욱
펴낸곳 | (주)북오션

편 집 | 허현자 · 김상진
마케팅 | 최석진 · 황영주
디자인 | 서정희 · 민영선

주 소 | 서울시 마포구 월드컵로 14길 62, 4층 (서교동)
이메일 | bookrose@naver.com
페이스북 | facebook.com/bookocean21
블로그 | blog.naver.com/bookocean
전 화 | 편집문의: 02-325-9172   영업문의: 02-322-6709
팩 스 | 02-3143-3964

출판신고번호 | 제313-2007-000197호

ISBN 978-89-6799-326-9 (03320)

이 도서의 국립중앙도서관 출판예정도서목록(CIP)은 서지정보유통지원시스템
홈페이지(http://seoji.nl.go.kr)와 국가자료공동목록시스템
(http://www.nl.go.kr/kolisnet)에서 이용하실 수 있습니다.
(CIP제어번호: CIP2017008017)

김진수 지음

경영의 신
정주영 vs. 마쓰시타

북오션

머리말

글은 마음에서 나온다고 한다

마음이 거칠면 글이 조잡해 지고, 마음이 섬세하면 글도 촘촘하게 정리되고, 마음이 답답하면 글도 막막해 지고, 마음이 천박하면 글이 들뜨게 된다. 마음이 거짓되면 글이 허망해 지고 마음이 방탕하면 글이 제멋대로 날뛴다.

그뿐이 아니다. 이치가 분명하면 표현이 명확해 지고, 이치가 촘촘하면 글도 정밀해 진다. 이치가 합당하면 글이 정확해 지고, 이치가 합당하지 못하면 글도 허술한 생각의 나열에 지나지 않는다.

이 책은 북오션 출판사의 박영욱 대표님의 요청으로 쓰게 되었다. 오래전부터 '정주영'이란 인물과 '마쓰시타 고노스케'라는 인물에 관하여 책을 출판하고 싶은 생각을 가져 왔었는데 무슨 인연이 닿았는지 필자에게 기회가 주어져 집필을 시작하게 된 것이다.

회상해 보니 필자는 1989년 일본에서 거행된 마쓰시타 고노스케 회장의 장례식에 참석(정주영 회장의 대리인 자격)한 일이 있고, 또 2001년 한국에서 거행된 정주영 회장의 장례식에 참석(개인 자격)한 일이 있다. 두 사람의 마지막 길을 다 찾아본 것이다.

정주영은 한국이 낳았다

정주영은 시대를 초월한 '불굴의 인간' 이라는 칭호를 얻은 한국 최고 기업인으로 '중후장대' 산업의 상징적 인물이다.

마쓰시타 고노스케는 일본이 낳았다

그는 '경영의 신' 이라는 칭호를 얻은 일본 최고기업인으로 '경박단소' 산업의 상징적 인물이다.

참 묘하다. '신' 과 '인간' 은 이웃하며 산다

한국의 정주영(1915~2001)과 일본의 마쓰시타 고노스케(1894-1989)는 20여 년의 차이가 있다.

한 사람은 '신' 의 칭호를 받았고, 한사람은 '인간' 의 칭호를 받았다.

일본은 신의 나라답게 '신' 의 호칭을 사용하였고, 한국은 인간의 나라답게 '인간' 이라는 호칭을 사용했다.

필자는 '신' 에 대하여 그리고 '인간' 에 대하여 정확한 글을 쓰기 위해 마음을 싱그럽게 또 촘촘하게 다진다. 두 분의 생애를 통해 전달되는 분명하고 합당한 경영철학의 이치와 인간으로서 체득한 삶의 이치를 밝혀 나가기 위해 허술한 생각을 물리치고 진지하며 겸손한 자세를 가다듬는다.

좀 더 높게, 좀 더 넓게, 좀 더 멀리 삶의 이치를 생각하고 경영의 이치를 생각하는 독자를 위해서다.

김진수 올림

차례

03 청년시절 그들의 캐치프레이즈는 무엇이었나

: 일본 뛰어넘기, 미국 뛰어넘기

06 정주영 마인드와 마쓰시다의 마인드
: "이봐, 해봤어?", "고객에겐 90도로 인사해!"

07 물건을 만드는 회사가 아니라 사람을 만드는 기업
: 그들의 조직 관리와 리더십 훈련

정주영과
마쓰시타의 등장

: 16세기 말 – 20세기 초의 조선과 일본

'20년'이라는
시차의 의미

마쓰시타 고노스케(松下幸之助)는 정주영보다 20여 년 먼저 태어났다.

'20여 년'이라는 시간적 간격은 한국과 일본의 현대사에서 특별히 두드러지는 현상으로 나타난다.

1948년 8월 15일 대한민국 정부 수립 이후 한국의 경제적, 사회적, 문화적 현상을 살펴보면 일본의 경제적, 사회적, 문화적 현상을 뒤쫓아 가는 상황이 전개되어 왔음을 한눈에 파악할 수 있다.

일본의 뒤를 추격하는 간격이 대략 20-25년 정도였다.

비교적 큰 이벤트로는 도쿄올림픽(1964)과 서울올림픽(1988)을 들수 있고, 오사카만국박람회(1970)와 대전세계박람회(1993)를 들 수 있는데, 1964년의 하계 올림픽 일본 개최와 1970년 '만국박람회' 일본 개최는 2차 대전의 패전으로 황폐했던 일본이 선진국 대열에 합류하였음을 과시한 역사적 사건이었다.

한편 1988년 하계 올림픽 서울 개최와 1993년 '엑스포' 대전 개최는 6·25 전쟁으로 잿더미와 폐허로 변했던 한국이 개발도상국가로서는 처음으로 국제대회를 개최하여 전 세계에 한국의 경제성장을 과시하는 이벤트였다.

이뿐이 아니다. 두 나라의 사회적 현상으로 '저성장', '저출산', '고령화' 시대가 진행되어간 패턴도 20여 년의 격차를 두고 그대로 나타났다. 문화적 현상으로는 아이돌 그룹(하이틴 스타)의 등장이 일본에서는 1980년대 초에 1세대가 나타났는데 한국에서는 2000년대 초반에 1세대가 등장했다. '먹방'(먹거리와 음식에 관한 방송)과 '건방'(건강과 운동에 관한 방송)이 텔레비전 프로그램의 대세가 되는 시기도 20여 년의 차이로 한국이 일본을 쫓아왔다.

20여 년 전만 해도 일본에서 지방마다 전개되고 있던 특유의 '마츠리'(축제)가 한국인에게 신기하게 보였었는데, 오늘날에는 한국에서도 지방자치단체에서 주최하는 특색 있는 각종 축제가 전국 지방마다 열리고 있다. 특히 산업생산과 상품수출 부문에 대해서는 한국이 일본을 따라잡았고 일부 품목에서는 오히려 일본을 뛰어넘는 수준이 되었다.

지금은 서울의 어느 동네를 다녀봐도 자투리땅을 잘 정비하여 공원으로 만들어 주민들이 편리하게 이용하고 있으며, 지방의 어느 하천부지를 가 보아도 사람의 손이 미치지 않은 땅이 없을 정도로 정비가 잘되어 있다. 오늘날 하드웨어와 소프트웨어의 수준은 일본뿐만 아니라 외국의 어느 선진국에 비추어도 손색이 없을 정도로 발전된 모습을 보여준다. 가장 눈에 띄는 발전은 화장실이다. 전국의 고속도로 휴게소나 지하철역이나 대형공원이나 공공장소에 설치된 한국의 화장실은 세계 최고 수준으로 설비가 우수하고 깨끗하다.

하지만 한국이 아직 일본을 못 따라가는 부문이 있다. 물질적인 부문에서는 일본을 따라잡고 일본을 능가하는 수준까지 왔지만, 시민의식과 국민의식과 같은 정신적인 부문에서 한국은 일본에 한참 뒤지고 있는 모습을 보여준다. 일본인이 모인 장소는 언제나 깨끗하다. '마츠리'가 있기 전이나 '마츠리'가 있은 후나 행사장은 변함없이 깨끗하다. 왜냐하면 일본인은 쓰레기를 방기하지 않기 때문이다. 자기가 만든 쓰레기는 자기가 가져간다.

한국인이 머문 자리에는 쓰레기가 남는다. 축제가 끝난 자리는 축제가 시작되기 전과 완전히 다르다. 사람들이 떠난 자리에 쓰레기만 수북이 남아 있는 현상이 나타난다. 한국인은 자기가 만든 쓰레기를 자기가 가져가지 않고 왜 방기할까? 한국인이 이런 무책임한 행위에 대하여 반성하고 고쳐나가지 못한다면 우리는 공동체의 조직원으로서 서로 배려하며 함께 삶을 영위해갈 인품과 인격이 있는 사람이라고 하기 어려울 것이다.

정신적인 의식수준에서 일본인을 능가하지 못한다면 찬란한 우리 조상의 역사를 거꾸로 쓰고 있는 못난 후손이 되고 말 것이다. 왜냐하면 현대사회가 시작된 19세기 이전까지 한국인은 일본인을 가르쳐 온 솔선수범의 롤 모델이었기 때문이다.

그러나 19세기 중엽부터 일본은 달라졌다. 1800년대에 들어와서 일본에 무슨 일이 일어났었는지 '서세동점' 시대의 변화 모습을 잠깐 살펴보기로 하자.

일본은 고대사회로부터 '에도막부' 때까지는 한국으로부터 문물을 받아들이지 않고는 제대로 국가적 기능을 발휘할 수 없을 정도로 의식주와 문화생활을 한반도에 의지해왔다. 하지만 1800년 이후부터 변화의 물결을 타게 된다. 1800년은 조선에서 정조대왕이 승하한 해이다. 조선은 세종대왕시대에 세계 최초로 지식기반사회를 건설하여 학문과 과학기술이 세계에서 가장 앞서 있는 문화융성의 농업선진국가로 발전했다. 그리고 영·정조시대에는 중국을 능가하는 서적 출판을 하고 진경산수화가 등장하여 세계 최고 수준의 르네상스 문화국가를 이뤘다.

이렇게 하여 조선은 100여 년 동안 지구촌 서쪽의 유럽은 물론 이웃인 중국보다 잘 사는 문화융성기를 맞이했었지만 정조대왕이 승하한 이후부터 쇠락의 기운이 감돌기 시작했다. 어린 나이의 순조 왕이 등극하면서 조선은 외척이 정치에 개입하는 세도정치에 빠지게 되고 대외정세의 변화에 담을 쌓은 '우물 안 개구리 통치'가 100여 년간이나 계속되다가 결국 망국의 나락으로 떨어지고 말았다.

조선의 실천 성리학 일본에 전파되다

중세에 조선과 왜국(일본) 사이에는 큰 국제전쟁이 있었다. 7년 동안이나 계속된 왜국의 한반도 침략전쟁으로 조선은 건국 후 처음으로 장기 전쟁에 시달리는 고통을 감내해야 했다. 이 전쟁을 역사에서는 임진왜란이라고 부른다.

임진왜란(1592-1598)이 끝나고 일본에서는 '에도막부'(쇼군이 통치하는 무사정권)가 들어섰다. 조선은 일본의 요청으로 1607년부터 12회에 걸쳐 조선통신사를 일본에 파견하여 문물을 전수하였다. 침략과 전쟁밖에 모르던 일본에게 평화와 상생이념을 전수했고, 퇴계의 '경(敬)철학'을 비롯한 '조선 실천 성리학'을 일본에 가르쳤다.

도요토미 히데요시가 만들어 놓은 일본의 전국 통일기반을 그대로 물려받아 에도막부의 초대 쇼군으로 취임한 도쿠가와 이에야스는 자신에게 유교철학을 강의해 준 후지와라 세이카의 건의를 받아들여 '조선 실천 성리학'을 일본의 통치관학으로 삼는 결단을 내린다. 그

때까지는 칼만 알고 있었던 사무라이들에게 붓의 정신세계를 알도록 만들었던 것이 '조선 실천 성리학'이다.

조선의 '효충경신'(孝忠敬信)사상은 일본사회를 변화시켰다. 사무라이가 통치하던 일본사회에는 효와 충의 사상이 미약했다. 당시 사무라이는 부자간이나 형제간에도 서로 다른 주군을 섬기고, 따로 갈라져서 전쟁을 한 경우가 비일비재하였다. 사무라이가 부모를 위해 목숨을 바쳤다는 사례는 거의 찾아볼 수 없다. 그러나 '조선 실천 성리학'이 전수되고 그것이 에도막부의 관학으로 채택된 이후부터 사무라이는 달라졌다. 조선통신사의 파견 이후부터 부모를 위해 효성을 다하고 주군을 위해 충성을 다하는 사례가 일본에서 발견된다.

매년 일본 NHK 방송에서 빠지지 않고 등장하는 역사드라마 '주신구라'(忠臣藏)는 억울하게 죽은 주군을 위한 사무라이의 복수극이다. '충의 정신'을 기리는 드라마로 현대사회의 일본 시청자들로부터도 많은 환영을 받고 있다.

1701년 아코번의 47명의 사무라이가 주군(다이묘: 영주)의 명예회복을 위해 복수를 결의하고 1년여 동안 오직 복수를 완수하기 위해 치밀한 계획을 세운다. 드디어 복수의 날, 특공대처럼 에도성에 침투하여 원수의 목을 베는 데 성공한다. 원수의 목을 주군의 무덤에 바친 그들은 한 사람도 도망가지 않고 전원이 막부에 자수하여 약속대로 할복자살하는 장렬한 죽음을 택한다. 일본인은 '주신구라'의 주인공인 사무라이 47명이 목숨을 바쳐 이뤄낸 '충의 정신'을 국가적 충성정신으로 미화시키고 있다.

개국한 일본,
쇄국한 조선

일본이 한반도에 의존하던 문화생활은 서구의 함대들이 일본 해안에 상륙하기 시작하자 완전히 탈바꿈하였다. 19세기 중반에 일본은 서구의 문물을 받아들여 서서히 서구사회에 경도되기 시작했다.

일본은 1850년대에 이르러 네덜란드와의 교역이 이뤄지고 네덜란드 무역상을 통한 서양서적과 무기의 수입이 괄목할 정도로 증가했다. 1854년에는 네덜란드 파비우스 대위가 지휘하는 기선 소엠빙호가 일본에 입항했다. 일본이 긴급하게 네덜란드로부터 군함을 구입하려 했으나 때마침 발발한 크림전쟁(Crimean War)으로 일본에 군함을 판매할 여유가 없었던 네덜란드 왕은 파비우스 대위 편에 미안하다는 친서를 보냈다. 파비우스는 일본 측에 조선술 및 항해술에 관련된 온갖 기술협력을 아끼지 않았다.

그해에 파비우스는 나가사키에서 200명 이상의 수강생을 상대로 2개월 남짓(8월 21일부터 10월 26일까지) 기술교육을 실시했다. 다시

1855년 네덜란드는 팰스 라이켄 대위를 파견하여 소엠빙 호를 막부에 증정하고 항해술에 관한 교육도 제공했다. 소엠빙 호는 긴코마루로 개칭되어 일본에서 근대적 항해술 교육에 사용된 최초의 선박이었다.

1857년 3월 네덜란드인으로부터 훈련 받은 일본인 함장과 승무원이 긴코마루를 직접 끌고 나가사키에서 에도(도쿄)까지 첫 항해에 성공했다. 1857년 9월 두 번째 네덜란드 선박이 일본에 들어왔는데 이 배는 네덜란드 왕이 일본 정부에 판매한 배였다. 하지만 선박 구입과 관련하여 막부 관리와 선박 판매인들 사이의 비리가 발각되면서 일본-네덜란드 간의 교류는 1859년 3월을 기해 종지부를 찍었다. 이후 1860년대부터는 네덜란드의 영향력이 영국, 프랑스, 미국으로 대체되었다.

한편 미국은 1853년 7월 페리 제독을 파견했다. 페리 제독은 일본의 우라가에 입항하여 미국 대통령의 국서를 전달하고, 1854년 가나가와 조약을 체결했다. 그 후 1858년 7월 29일 미일수호통상조약을 체결하고 연이어 '안세이'(安政: 1854–1859년까지 사용된 일본의 연호) 5개국 조약을 체결했다. 이 조약 체결로 일본은 구미국제정치 질서 속으로 완전히 편입되었다. 영국, 프랑스, 네덜란드, 러시아 등이 일본보다 훨씬 넓은 대륙인 청나라(중국) 공략에 공을 들이고 있는 사이에 미국은 일본을 독점하는 미일통상교류를 선점한 것이다.

일본에서 1850년부터 1860년대 사이에 국가정책을 지배했던 논쟁의 양대 축은 '개국이냐' '쇄국이냐' 였다. 이 양극단 사이에서 일본을 지배하는 중앙정권 통치자들과 지방을 통치하는 다이묘(번의 영주)

들은 갑론을박으로 시끌벅적했다. 새로운 외교정책에 대처하기 위한 막부의 노력으로 다이묘들은 일본이 안고 있는 많은 문제점을 알게 되었다.

다이묘들이 느낀 것은 일본에 변화가 필요하다는 것이었다. 변화의 필요성 중에서 가장 시급한 것은 군비확충이었다. 처음에는 서양 오랑캐를 침략자로 보았기 때문이다. 도사번에서는 민병대(民兵隊)를 만들었는데 막부 말기에 등장한 일본 최초의 소규모 서양식 군사조직이었다. 농민, 어부, 선원 출신의 17-50세까지의 남자 1만 명으로 구성되었다. 조슈번에서는 기병대(騎兵隊)를 출범시켰으며 이 근대식 군사편제에는 사무라이들이 대거 참여했고 민병대보다 10여 년 늦게 출범했지만 명성은 더 높았다.

1863년에 도사번의 민병대는 해산되었다. 서양과의 무력충돌이 있을 것이라는 전제 하에 공식적인 번의 정책으로 조직된 부대였으므로 1858년 미일수호통상조약이 체결된 후에는 존재가치가 희미해졌기 때문이다. 민병대는 1869년에 재조직되고 기병대는 나중에 막부를 무너뜨리는 핵심 군사조직으로 역할을 바꿨다.

그 다음으로 변화가 필요한 부문은 교육이었다. 서양의 문물을 이해하고 배우기 위해 교육사절단 파견이 필요하다고 생각했다. 도사번의 다이묘인 요시다 도요는 독학으로 네덜란드어를 공부했다. 그는 1862년 사무라이 계급을 위한 교육기관인 문무관(文武官)을 설립했다. 문무관에서는 일본 전통학문과 서양학문을 함께 가르쳤고 15-40세 사이의 하급 사무라이 전원에게 문학과 병학 과목을 의무적으로 수강하도록 했다.

마쓰시타가 존경한
사카모토 료마

군비확충과 교육 다음으로 변화가 필요한 부문은 무역 및 경제발전을 위한 적절한 조치였다. 서양세력의 위협에 대처하기 위해서는 무엇보다 경제력을 키워야 하고 경제력을 키우기 위해서는 무역을 확대해야 한다는 것이었다. 일본이 가지고 있는 무기와 선박은 서양과 비교했을 때 유치한 수준에 머물러 있었기 때문에 지방의 번들은 일치단결하여 국익을 위해 대처해야 한다는 것을 느낀 것이다. 그리고 외국 함대는 계속해서 일본을 향해 오는데 개국이냐 쇄국이냐를 놓고 논쟁만 격렬해 진다면 필연적으로 일본이라는 나라는 망국으로 치닫고 말 것이라는 것을 주장하게 된다. 일본에서 처음으로 '부국강병론' 이 등장한 것이다.

일본이 시급하게 해야 할 일은 서양으로부터 선박을 구입해야 하는 일이었다. 그리고 이 선박은 무엇을 해야 일본이 잘 살 수 있느냐는 것을 확실하게 인식하고 있는 사람들에 의해 운영되어야 하고, 그

선박을 이용해 정부와 민간의 화물을 동서양으로 활발하게 운반해야 한다고 생각했다. 그러기 위해서는 선원들에게 항해술을 가르쳐야 하는데 이 일은 미래에 더 큰 일을 하기 위한 준비가 될 것이라고 생각했다. 이런 발상은 미래에 일본이 바다를 장악하는 해군력을 강화하고 동서양을 넘나드는 대형해운회사를 설립하는 데 밑거름이 된다.

1860년대 초 일본은 양이파와 근왕파의 대립이 심각했다. 하지만 1863년에 와서 양이주의와 근왕주의가 존왕양이(尊王攘夷: 왕권복구 및 서양척결)의 구호 아래 결집되면서 일본 정치사회는 급격한 변화의 물결을 타게 된다.

존왕양이파의 급진적 근왕주의는 일본국정에서 성공을 거두는 듯했으나 양이파의 우위는 오래가지 못했다. 그 요인은 여러 측면에서 찾아 볼 수 있으나, 지사로 자처했던 하급 사무라이들의 도를 넘은 권력획득을 위한 행태와 개항을 요구하며 밀려들어오는 외국의 실력을 직접 체감하면서 '양이' 라는 개념을 문자 그대로 실천하는 것이 불가능하다고 느끼게 된 것이다.

필자는 1985년 9월 말 일본 오사카 데이코쿠호텔에서 마쓰시타 고노스케 회장을 만났을 때 질문 하나를 했다.

"회장님께서는 일본 역사인물에서 어느 분을 존경하십니까?"

"사카모토 료마입니다."

그가 주저 없이 대답했던 기억이 생생하다.

당시에 필자는 부끄럽게도 사카모토 료마(坂本龍馬, 1836–1867)가 어떤 인물인지 잘 모르고 있었다. 그 후로도 그 인물에 대해서 알아

볼 겨를이 없어서 그냥 이름만 기억하고 있었는데 17년간의 일본근무를 마치고 한국으로 귀국한 뒤에 신문을 보다가 깜짝 놀랐다. 일본인의 의식구조 설문조사(아사히신문)에서 일본인들이 뽑은 과거 1000년 동안 가장 존경하는 인물 1위에 사카모토 료마가 올라 있는 것이 아닌가? 사카모토 료마는 일본 역사상 가장 존경 받는 인물이고 또 오늘날 일본의 정치리더와 경영자들이 입을 모아 칭송하는 전설 같은 존재라는 것이다.

사카모토 료마(1836-1867)는 일본 서남부의 도사번 출신이다. 시골 향사(鄕士: 지방의 하급 사무라이)의 아들로 태어나서 하급 사무라이 생활을 하다가 탈번하여 에도로 가서 검술을 익혔고 일본 각지를 돌며 종횡무진 활약하여 '대정봉환'을 주도한 인물이다. 그는 일본의 제2건국으로 일컬어진 '메이지유신'을 무대 뒤에서 성공시킨 주역으로 평가된다.

메이지유신의 성공으로 일본은 가마쿠라 막부 이래 에도막부까지 7백여 년에 이르는 무사정권시대와 봉건시대를 끝내고 중앙집권적 근대국가로 나아가는 발판을 마련했다.

사카모토 료마는 당시 사무라이로서는 보기 드물게 개인이익이나 번의 이익이 아닌 국가이익이라는 개념과 실용적인 상호이익적 경제관념을 기본으로 하고 있었다. 점차 세상이 격변의 시대가 되자 서로 입장이 달라서 갈등관계에 있던 사쓰마번과 조슈번을 규합시키는 '삿초동맹'을 매듭지어 막부타도에 앞장섰다.

하급 사무라이였던 사카모토 료마의 시대를 앞서 나갔던 국가이익적 정치관념과 실리주의적 경제관념은 훗날 메이지정부의 기본이념이 된 '부국강병' 정책으로 승화되었으며, 아시아의 다른 국가들보다 한발 앞서 근대국가를 수립한 원동력이 되었다. 료마가 펼친 공동목표, 공동이익이라는 개념은 일본인으로 하여금 풍요로운 사회를 건설하고 국가적 이익을 최선으로 여기는 풍토를 개진하게 하는 데 필요한 국민적 덕목을 만들어 주었다.

1862년 12월 사카모토 료마는 개국파의 주역인 가쓰 가이슈를 암살하기 위해 갔다가 오히려 그에게 설득 당해 자신의 생각을 바꾸고 스스로 양이파에서 개국파로 전향했다. 가쓰 가이슈는 1862년 6월에 막부회의에서 새로 조직된 해군을 대표하는 직책을 맡았고, 1864년에 정식으로 해군을 총괄하고 군함의 제작, 구매, 기술자 양성을 관할하는 최고위직인 '군함봉행'에 올랐다.

가쓰 가이슈는 자신의 식견과 경험을 근거로 그동안 연마해온 검술과 참선 등 일본인 특유의 정신과 삶의 방식에 대한 깊은 안목으로 젊은 사무라이들의 존경과 신뢰를 받고 있었다. 그가 젊은 사무라이들과 성공적인 관계를 맺을 수 있었던 비결은 자신은 결코 친외세주의자가 아니라 일본이 부강하기 위해서는 개국을 해야 하는 필요성을 인정하고 또 외국에 의해 강요된 개국을 국가적 이익창출의 기회로 전환하기 위해서는 상업적 기술양성과 군사력 강화가 시급하다고 주장한 데 있었다.

사카모토 료마가 가쓰 가이슈의 자택에 잠입하여 들어섰을 때 가쓰 가이슈는 "날 죽이러 온 건가? 그 때문에 찾아온 거라면, 그 전에 먼저 이야기 좀 하세나." 라고 말을 걸었다. 훗날 그가 쓴 일기는 이렇게 전한다.

"오늘날 아시아 전체를 통틀어 유럽국가들에게 어떤 식으로든 저항을 하고 있는 나라는 존재하지 않는다. 아시아 국가들은 유럽을 단지 조잡한 수준으로 모방하고 있을 뿐이다. 어느 나라도 장기적인 안목에서 정책을 세우고 대책을 강구하지도 못하고 있다. 이제 우리가 해야 할 일은 우리나라에서 배를 띄워 보내 아시아가 서로 연대를 해야 하며, 강력한 해군을 건설해야 하며, 과학기술을 제때에 개발해야 한다. 그렇지 못하면 서양의 군홧발에 짓밟히는 운명을 피할 수 없을 것이다."

그가 료마에게 한 말의 요지였다.

사카모토 료마는 가쓰 가이슈의 얘기를 듣고 그동안 그에게 품은 증오를 헌신으로 바꾸게 된다. 료마는 가쓰 가이슈의 문하에 들어가서 그에게 협력하는 것이 결과적으로 나라를 부강하게 하고 장기적으로 외세를 축출하는 가장 효과적인 방법이 된다고 인식했다. 그는 지금까지 자기가 가지고 있던 경험과 사고가 극히 제한적이었음을 깊이 깨닫는다. 즉, 부패의 극에 달해 있는 막부와 조정의 탐관오리들을 처단하고 일본을 정화시킨다는 기백만으로는 부국강병을 이룰 수 없다는 것을 인식한 것이다. 개국의 기회를 활용하여 서양기술을 하루빨리 배워서 서양을 능가하는 국력을 배양하는 것을 시국의 제일 과제로 삼게 된다. 료마는 가쓰 가이슈의 최측근 조수가 되어 일본 최초의 해군조련소와 조선소를 신설하는 데 온갖 정열과 행동력을 투입했다.

1860년대에 일본에서 에도막부의 패권에 대하여 직접적으로 정치적, 군사적 위협을 가할 수 있는 지방 번은 오직 두 개 번뿐이었다. 일본에서 최강의 세력을 갖고 있는 번은 사쓰마번과 조슈번이었는데 이 두 번의 상호불신은 극에 달해 있었다. 서로가 새로운 막부를 내세워서 주도권을 장악하려 한다는 의심을 갖고 있어서 전국제패를 노리고 상호 견제하며 적대행위도 불사했다. 료마는 타고난 돌파력, 탁월한 협상력, 천재적 발상력으로 두 번(藩)이 서로 협력하여 막부를 타도할 수 있도록 동맹을 성립시켰다.

드디어 1866년 5월 7일 삿초동맹을 성사시킨 료마는 나가사키로 내려가서 가이엔타이(海援隊)라는 해운회사 경영에 전념한다. 료마가 맡았던 업무의 대부분은 외국 상인들과의 교섭이었다. 기선의 수입, 무기의 수입이 료마의 주도로 이루어졌다. 가이엔타이는 서양의 여러 나라들과 무역활동을 전개함과 동시에 사상적 교류도 시작하는 교두보 역할을 하였다.

1867년 4월 가이엔타이는 료마의 고향인 도사번의 공식지원을 받는 기구로 공인되었고 료마는 탈번의 죄를 사면 받았으며, 가이엔타이의 수장으로 공식인정을 받게 된다. 가이엔타이는 수송, 상업, 개발, 금융 사업을 주도적으로 해나갔다. 동시에 가이엔타이 대원은 관리, 포술, 항해, 증기기관, 외국어 등의 분야에 전문지식을 함양하도록 회사의 규약에 명문화 했다.

료마는 국가의 목표 달성을 위해서는 다양한 길을 모색할 필요가 있다는 신념을 다음과 같이 표현했다.

"개국으로의 길은 전투에 임하는 자는 전투, 학업에 임하는 자는 학업, 상업에 종사하는 자는 상업, 각자 자신에게 가장 적합한 분야에서 최선을 다하는 데 있습니다."

막부를 폭력적으로 전복시키지 않으려는 노력의 일환으로 료마는 신정부 수립을 위한 8개조의 강령을 제시했는데 그 내용은 아래와 같다.

① 천하의 정권을 조정에 봉환하며 모든 정령은 조정에서 내릴 것

② 상하의정국을 설치하고 의원을 두며 정무에 관한 모든 사항은 공의에 부쳐 결정할 것

③ 재능 있는 구게(公家), 제후 및 천하의 인재를 고문으로 삼아 관작을 수여하고 기존의 유명무실한 관직을 폐지할 것

④ 외국과의 교섭은 널리 공의를 모아 새로이 정해진 합당한 규약에 따라 수행할 것

⑤ 고래(古來)의 율령을 절충하고 새로이 무궁한 대전(大典)을 선정할 것

⑥ 해군을 확장할 것

⑦ 어친병을 두어 제도(帝都)를 지키게 할 것

⑧ 금은물화의 가치는 외국의 가치와 일치시킬 것

"이상의 8개조를 세계 만방에 선포하는 일은 지극히 중대한 사안이다. 이 계획이 실현된다면 일본은 양양한 앞날을 맞이함과 동시에 국력이 강화되어 세계 만방과 동등한 지위를 누리게 될 것이다. 바라

건대 우리는 개명과 미덕의 길을 열어갈 초석이 되고자 하며 이에 조국을 일신할 일대 결단을 내리는 바이다."

료마가 제안한 위의 강령은 대부분이 사실상 메이지유신 강령에 포함된다. 1868년에 발표된 어서문(御誓文)에도 차용되었다.

1868년 4월 신정부의 조정에서 작성한 어서문의 내용은 아래와 같다.

① 널리 회의를 개최하여 만사의 결정은 공론에 입각하여 실시할 것
② 상하 한마음이 되어 부국강병을 위해 노력할 것
③ 관계와 군부의 고관으로부터 서민에 이르기까지 각자 자신의 뜻을 펴도록 하여 인심이 나태해지는 일이 없도록 할 것
④ 오랜 악습과 시대에 맞지 않는 습속을 철폐하고 세계 만방의 흐름에 맞추어 행동할 것
⑤ 전 세계의 지식을 궁구하여 황국의 기틀을 공고히 할 것

메이지유신과
입헌군주국가 체제

　일본은 메이지정부에서 '입헌군주국가 체제'로의 기틀을 다져나
갔다. 메이지정부 수립 후 1876년에 메이지 천황은 원로원 의장에게
헌법초안의 기초를 만들라는 명을 내린다. 정부 내에서는 급진론(영
국식 입헌군주체제 주장)과 점진론(독일식 입헌군주체제 주장)의 대립이 있
었으나 점진론이 득세한 가운데 1889년 2월 11일 독일식 헌법인 대
일본제국헌법이 제정·공포된다. 이 헌법은 이듬해인 1890년 11월
29일 시행되었다. 일본의 헌법은 천황제를 근본으로 하고 당시 유럽
을 지배하던 국민의 자유주의 원리를 혼합하여 성문헌법을 제정함으
로써 일본은 '입헌군주국가' 체제로 탈바꿈을 하게 되었다.

　사카모토 료마는 메이지 신정부의 수립을 살아서는 보지 못했다.
메이지 신정부가 들어서기 전 1867년 12월 10일 교토 가와라마치의
숙소에서 암살당했기 때문이다. 그의 나이 32세였다.

　사카모토 료마가 일본의 국민적 영웅으로 성장한 과정은 근대 일

본의 정치 지도 세력의 국가주의가 발전한 과정과 흡사하다. 그는 불귀의 객이 된 이후 메이지유신 정부의 지도자들로부터 많은 찬사를 받았다. 그가 가진 낙천적 사고, 언제나 자신감이 넘치는 태도, 재빠른 기지와 주저하지 않는 실행력, 위기에 처해서도 냉정함과 침착함을 잃지 않았던 성품은 그를 지용을 겸비한 영웅으로 거듭나도록 하는 데 손색이 없었다.

무엇보다 그는 삶을 영위하는 과정에서 돈, 지위, 권력에 대하여 전혀 연연해하지 않았다. 그가 메이지정부 태동의 에너지를 부여하는 막중한 역할을 하였음에도 결과적으로 메이지정부에 참여하지 못하고 그 반대세력에도 참여하지 못했다는 사실은 소속이나 파벌에 구애 받는 한계를 벗어나 모든 일본국민으로부터 진정한 영웅으로 찬사를 받을 수 있게 한 요인이 된 것이다.

필자는 사카모토 료마의 모든 행적 중에서 가장 칭송을 받는 행적은 '자신을 변화시켰다는 것'이라고 생각한다. 료마는 자신을 변화시켜서 일본을 변화시킨 인물이다. 자신의 소의를 죽여서 대의를 옹호했다. 자신을 죽이는 용기는 아무나 할 수 있는 일이 아니다.

료마는 대표적인 양이파(쇄국파)였다. 개국파가 이끌고 있는 막부를 타도하기 위해 개국파의 주역이었던 막부 관료 가쓰 가이슈를 암살하겠다고 결심한 뒤 그의 저택에 잠입하였던 인물이다. 그런데 가쓰 가이슈의 얘기를 듣고 나서 료마는 자기가 죽이려고 생각했던 '적'의 의견에 매료 당한다. 이런 일이 쉽게 일어날 수 있는 일인가? 일본국민들이 과거 1000년 동안 가장 존경하는 인물 1위에 사카모토 료마를 찍은 제일의 이유는 더 큰 대의를 위해 '자신을 변화시킨 인물'이었기 때문이 아닐까? 료마는 '내가 변해야 세상이 변한다'를 실행한 위대한 인물이다.

필자는 마쓰시타 고노스케 회장에게 "왜 사카모토 료마를 가장 존경합니까?"라는 질문을 하지 못했다. 그래서 그의 대답을 들어보지 못한 것이 아쉽다. 하지만 마쓰시타 고노스케가 존경하고 있는 인물이 사카모토 료마라는 사실을 확인한 것만으로도 다행한 일이었다.

메이지유신의 성공으로 일본은 서양식 근대정부를 수립한 이후 탈 조선, 탈 중국 정책을 도입하여 부국강병 일변도의 천황주의와 국가주의로 나서게 된다. 일본의 국가조직을 서구 선진국의 수준으로 끌어올려 자손들로 하여금 세계 어느 나라로부터도 무시당하지 않게 해 주겠다는 것이 메이지유신 지도자들의 이상이었고 목표였던 것이다.

대한제국의 몰락과
식민지배

마쓰시타 고노스케는 1894년 11월 27일에 태어났다. 일본에서 메이지유신 정부가 들어선 지 27년차 되던 해이다. 그동안 일본은 군비를 확충하였고 서양과의 교류로 경제적 기반도 갖추어졌다. 메이지 천황 정권의 안정기이며 해외로 눈을 돌릴 수 있는 여유를 갖게 되었다.

한국의 정주영이 태어난 시기는 1915년이다. 이때는 조선의 후신인 대한제국의 국명이 없어지고 일제강점기가 시작 된 이후 5년이 지났던 때이다. 일본이 한반도를 통치하는 조선총독부를 세우고 식민지 통치가 한창일 때였다. 한일병합은 1910년에 일어났다. 하지만 대한제국의 주권은 한일병합이 이루어지기 6년 전인 1904년에 이미 일본이 송두리째 빼앗아 갔던 것이다. 지금부터 120여 년 전으로 돌아가서 당시에 어떤 일이 어떻게 일어나고 있었는지 간단하게 살펴보자.

1894년 마쓰시타 고노스케가 태어난 해에 한국과 일본 그리고 중국 사이에 어떤 일이 일어났는지 큰 사건을 정리해 보면 아래와 같다. 1894년은 조선에서는 고종 31년째이고 일본에서는 메이지 27년째이다. 조선의 최고지도자 고종과 일본의 최고지도자 메이지는 같은 해에 태어난 인물이어서 나이는 동갑이다.

1894년 2월 15일: 조선에서 동학농민운동 발발

　　　 6월 6일: 고종이 청나라에 동학농민운동 진압을 위해 파병요청. 청나라 군대 조선 파병

　　　 6월 8일: 일본은 청나라 군대에 대응하기 위해 자국민 보호 빌미로 일본군대 조선 파병

　　　 7월 23일: 일본군대 경복궁 점령, 민씨정권 축출. 흥선대원군을 추대하여 김홍집 친일정권 수립

　　　 7월 27일: 1차 갑오개혁 발발

　　　 8월 1일: 청일전쟁 공식선포(청일전쟁은 일본의 승리로 끝난다. 1895.4.17. 청일강화조약 성립. 청나라는 랴오둥반도, 대만, 펑후열도를 일본에 할양. 일본은 청나라의 전쟁배상금으로 야하타 제철소 설립, 1901년부터 본격적 철강생산 시작)

　　　 12월 10일: 조선관군과 일본군대에 의해 동학군 완전 진압

1897년 10월 12일

조선은 나라의 이름을 '조선'에서 '대한제국'으로 변경한다. 고종의 '아관파천' 직후부터 최익현을 비롯한 선비들은 국왕이 외국공사

관에 머무는 것은 국가의 수치라면서 궁궐로 다시 돌아올 것을 건의했다. 독립협회도 국가의 자주성을 회복하기 위해 고종은 환궁해야 한다고 주장했다. 이런 분위기에 못이겨 고종은 러시아 공사관으로 들어선지 1년 여 만에 경운궁으로 환궁했다. 이때에 땅에 떨어진 나라의 위신을 드높이고 자주국가의 면모를 갖추어 만방에 새로운 나라의 모습을 떨치자는 정치적 결정을 내려 국호를 '대한제국'으로 변경했다. 연호를 '광무'로 정하고, 하늘에 제사지내는 환구단을 만들고, 이곳에서 황제 즉위식을 거행했다. 황제국가인 '대한제국'의 출범이 시작된 것이다.

고종의 '광무개혁'은 황제권 강화를 핵심으로 추진되었다. "대한제국의 정치는 만세불변의 전제정치다." "대한제국 대황제는 무한한 군주권을 누린다." 라는 문구가 칙어문 속에 포함되어 있는 것을 보면 알 수 있다. 대한제국은 1897년 10월 12일부터 1910년 8월 29일까지의 국명이다.

1898년 11월 29일

대한제국의 고종 황제는 황제의 자문기관인 중추원을 개편하여 의관 50여 명을 임명한다. 의관은 대한제국 최초의 국회의원인 셈이다. 이승만은 독립협회와 만민공동회 일을 주선한 지식인으로 평가받아 24세에 의관으로 임명된다.

1898년 12월 23일

독립협회와 만민공동회 회원들은 대한제국의 정치체제를 '전제군주국가' 체제에서 '입헌군주국가' 체제로 개혁할 것을 주장한다. 당시의 국제정세는 절대왕권의 전제군주체제 대신에 헌법을 제정하여 왕권으로부터 백성의 기본권을 보호하려는 입헌군주체제로 변화되는 시기였다. 하지만 전제군주체제를 고집한 고종 황제는 군대를 동원하여 입헌군주체제를 주장하는 독립협회와 만민공동회를 강제로 해산시킨다.

1899년 1월 2일

고종 황제는 이승만 등 입헌군주제를 주장하는 독립협회 출신 의관을 파면한다. 33일 만에 이승만의 대한제국 의관 벼슬(종9품)은 날아가고, 고종과 기득권력층인 노론은 입헌군주체제로의 정치개혁을 극력 반대한다. 이때부터 국론은 분열되기 시작하였고 대한제국의 민심은 고종으로부터 이반되기 시작한다.

1899년 1월 9일

고종 황제는 절대왕권으로 국가를 통치하는 전제군주체제를 강력하게 견지하기 위해 입헌군주체제를 주장하는 이승만 등 독립협회 회원을 체포한다. 이승만은 체포되어 6년여간 투옥생활을 이어간다.

1904년 12월

6년여 만에 형기를 마치고 감옥에서 나온 이승만은 인천으로 가미국 이민선을 타고 비밀리에 망명한다. 세계의 리더국가로 부상해 있는 미국에 가서 대한제국의 위기를 설명하고 도움을 청하기 위해서다.

1905년 7월 29일

일본은 욱일승천하는 기세로 강대국을 상대로 외교력을 발휘하여 비밀리에 미국과 가쓰라-테프트 협상을 성공시킨다. 테프트 미국 육군 장관을 일본에 초청하여 일본 총리 가쓰라 타로 사이에 밀약을 체

결한 것이다. 밀약의 내용은 미국이 필리핀을 점령하고 일본이 대한
제국의 종주권을 갖는다는 협정이다.

1905년 8월 4일

　미국에 간 이승만은 천신만고 끝에 연줄을 잡아서 루스벨트 대통
령을 면담한다. 하지만 이미 5일 전에 미국과 일본은 가쓰라-테프트
밀약으로 동맹을 맺은 뒤였다. 그런 사실도 모른 채 이승만은 루스벨
트 대통령에게 대한제국을 도와 달라고 간곡히 요청하지만, 이미 일
본제국과 손잡은 미국 대통령으로부터 핀잔만 받고 쫓겨난다. 도움
요청에 실패한 이승만은 국제정치학 공부가 급선무임을 깨닫고, 조
지워싱턴대, 하버드대, 프린스턴대를 거치면서 5년 만에 학사, 석사,
박사 학위를 따낸다. 이승만은 미국에서 대한제국을 위한 독립투쟁
을 계속하면서 1941년에 《일본의 가면을 벗긴다》(*Japan Inside Out*)를
미국에서 영어로 출간한다. 이승만은 자신의 책에서 군국주의 일본
의 야심을 조목조목 진단하고 일본이 머지않아 미국도 공격할 것이
라고 예언한다. 실제로 책 출간 후 넉 달 만에 일본은 하와이의 진주
만을 공격했다. 노벨 문학상 수상 작가인 펄벅 여사는 서평에서 이렇
게 말했다. "이 책은 무서운 책이다. 너무 큰 진실을 담고 있기 때문
이다. 모든 미국인이 읽어봐야 한다."

1905년 8월 12일

　일본은 영국과 상호 동맹조약을 체결한다. 일-영 조약체결 내용
에서 일본은 내한제국에 대한 지도, 김리, 보호조치를 취하고 영국은
이를 승인한다고 협정한다.

1905년 9월 5일

러·일전쟁에서 승리한 일본은 러시아와 강화조약을 체결한다. 일명 '포츠머스 조약'이다. 일본은 러시아로부터 대한제국에 대한 지도, 감리, 보호조치를 승인 받아내고 조약체결 내용에 담는다.

1905년 11월 17일

대한제국에서 청국 및 러시아를 몰아낸 일본은 미국 및 영국의 양 해각서를 미리 받은 여세를 몰아 대한제국과 '을사늑약'을 체결한다. 일본 군대가 위협하는 가운데 체결된 '을사늑약'으로 대한제국은 일본에 외교권을 송두리째 빼앗긴다. (1910년 8월 29일 한일병합이 이루어지기 5년 전에 대한제국은 자주독립국가로서의 자격을 잃어버리고 일본의 보호를 받는 속국이 된다.)

이상에서 우리는 지금으로부터 120년 전의 긴박했던 국제정세와 대한제국이 멸망한 시기의 일본과 한국의 외교정세를 살펴보았다. 뒤돌아보면 대한제국이 얼마나 우물 안 개구리였는가를 알 수 있다. 일본은 대한제국을 손안에 넣기 위해 국제무대에서 비상한 수단을 발휘하여 당시의 강대국이었던 미국, 영국, 러시아로부터 일본이 주장한 대한제국 보호조치를 모두 승인 받는다. 대한제국이 왜 일본으로부터 보호를 받아야 하는지에 대해 아무도 의문을 갖지 못하게 만들었던 것이다.

대한제국의 최고통치자 고종 황제와 기득권을 가진 노론 세력은 내부권력 확보에만 눈이 어두워 외부 세계의 변화에 대한 이해와 분별력이 전혀 없었다. 국제사회에서 이웃 국가가 대한제국을 손안에 넣기 위해 무슨 일을 어떻게 꾸미고 있는지에 대한 인식을 전혀 하지 못하고 있는 사이에 두 눈을 뜨고 있으면서도 대한제국은 멸망의 길로 접어들었던 것이다.

오천 년 한국 역사에서 처음으로 외국에 나라를 빼앗긴 비통한 시기였다. 일본제국은 총 한발, 대포 한발 쏘지 않고도 국제외교를 통해 대한제국을 약탈해 버린 것이다. 오늘날 국제정세와 외교전쟁에서 한국외교의 위치는 어디에 와 있는지 스스로 자문해 봐야 할 것이다. 오늘날 우리나라 정치지도자들이 분열되어 국민이익과 국가이익보다 개인의 사욕과 정파의 사리와 내부의 정치권력 쟁취에 혈안이 되어 있는 모습이 겹쳐 보인다.

역사는 반복된다고 하지 않았던가?

그들은 창업의 첫 문을
어떻게 열었을까

02

: 자전거 점포와 쌀가게

마쓰시타_ 13세 소년, 자전거 한 대를 팔기 위한 눈물

　마쓰시타 고노스케는 3남 5녀의 8형제 중 막내로 내어났다. 아버지 마쓰시타 마사쿠스는 할아버지로부터 물려받은 토지가 약 18만 4천 평이나 되는 부농이었다. 집안에 소작인만 7명을 두고 있었다. 부친은 1889년부터 2회에 걸쳐 촌 의회의 의원을 지냈기에 마을 사람들은 마쓰시타 가문을 모르는 사람이 없을 정도였다. 유년시절 마쓰시타의 행복은 거기까지다. 그가 4세가 되던 해에 부친은 쌀 선물거래에 투자했다가 모든 재산을 날려버린다.

　당시 일본은 쌀의 선물거래 제도가 성행했다. 부친은 와카야마 시의 미곡거래소에 매일 드나들며 쌀의 선물거래에 거액을 투자하고 있었는데 현물시세와 정반대 방향으로 거액을 투자한 것이 폭락하여 소유한 전답을 모두 잃고 집마저 빼앗기는 지경에 이르렀다. 그는 마을에서 살 수 없는 신세가 되었고 그의 가족은 고향의 대저택을 떠나 간신히 와카야마 시내의 조그마한 집을 구해 이주했다. 장남까지도

다니던 중학교를 그만 두어야 했고 마쓰시타 고노스케는 초등학교 4학년에서 중퇴해야 했다.

불행은 여기에서 끝나지 않았다. 1900년 가을 18세이던 차남이 전염병으로 죽고 반년 후에는 21세의 차녀가 질병으로 죽었다. 그 해 여름에는 와카야마 방적에 갓 취직해서 가계에 도움을 주던 장남이 24세의 나이에 결핵으로 요절했다. 형제들의 죽음은 계속 이어져 1904년에는 3녀가 21세의 나이로 죽고, 4녀가 17세의 나이로 사망하고 1919년에는 5녀가 28세의 나이로 죽었다. 마지막 남은 형제였던 장녀는 1921년 46세의 나이로 사망했다.

마쓰시타 고노스케의 부친은 조그만 신발가게를 열어 장사를 하다가 그것마저 여의치 못해 취직 자리를 구했다. 지인이 경영하는 맹아원에 사무직으로 취직이 되어 큰 도시인 오사카로 가서 학업을 포기한 막내아들에게 일자리가 있다며 오사카로 불렀다. 부친의 부름을 받고 오사카로 간 마쓰시타 고노스케가 처음 들어간 곳은 '미야다'라는 화로를 만들어 파는 상점이었다. 이때 그의 나이 겨우 9살이었다. 그가 처음 부여 받은 신분은 '뎃치'였다. 상점에서 숙식을 하면서 심부름을 해주고 일을 어깨너머로 배우는 가장 낮은 직급이다.

화로상점에서의 생활은 불과 3개월로 끝났다. 주인의 사정으로 가게가 문을 닫았기 때문이다. 마쓰시타 고노스케는 고다이 상점이라는 자전거 점포로 옮겨 이곳에서 5년 정도 일했다. 그가 하는 일은 자전거를 수리하거나 주인의 심부름하는 사환에 불과했고 손님에게 자전거를 판매할 수는 없었다. 하루는 자전거를 사고 싶다는 손님의 연락을 받았는데 주인은 출타하고 없었다. 마쓰시타 고노스케는 직접 고객에게 상담하러 나갔는데 이때 나이가 13세였다. 고객에게 10% 할인 해주기로 제안하여 상담을 성사시킨 마쓰시타 고노스케는 돌아와서 주인에게 의기양양하게 보고했다. 그러나 주인은 노발대발했다. 첫째는 허락 없이 영업에 나섰다는 것이고, 둘째는 허락 없이 할인판매를 했다는 것이다. 심한 꾸지람을 들은 그는 억울해서 대성통곡하며 주인에게 사정했다. 결국 주인은 5% 할인하는 선으로 판매를 허락해준다. 마쓰시타 고노스케가 전후 사정을 고객에게 얘기하자 고객도 5% 할인가격으로 자전거를 구매했다. 이 고객은 마쓰시타 고노스케의 정직한 모습을 보고 앞으로 자전거를 살 때는 이 상점에 와서 사겠다고 했다. 이런 일이 있고부터 저전거 점포의 부부는 마쓰시타 고노스케를 자식처럼 여겼다고 한다.

마쓰시타 고노스케는 자전거 점포의 부인과 단 둘이 찍은 사진이 있는데 이 사진을 찍었던 사연을 아래와 같이 회고한 적이 있다.

"원래 점원들과 단체 사진을 찍기로 돼 있었는데 늦게 가는 바람에 찍지를 못했다. 내가 너무 분해서 엉엉 울었더니 부인이 둘이서 사진을 찍자고 해 사진을 찍게 됐다."

어린시절 마쓰시타 고노스케는 울보였다. 어려서부터 집을 떠나 부모의 사랑을 받지 못했지만 고다이 상점 부인의 따뜻한 보살핌을 받을 수 있었던 것은 마쓰시타 고노스케에게는 큰 위안이 되었던 것이다.

마쓰시타 고노스케는 자전거 수리와 판매에 열중했다. 자전거에

반한 그는 당시 일본에서 유행하기 시작한 자전거경주대회에 참가하기도 한다.

오사카에 전차가 처음 등장한 해는 1903년이었다. 자전거 점포에 들어간 지 5년쯤 되는 1910년 무렵에 오사카 시내 곳곳에는 전차부설 공사가 한창이었다. 자전거를 타고 시내의 이곳 저곳을 다니던 마쓰시타 고노스케

마쓰시타가 고다이 상점에서 '뎃치'로 일하던 시절 사장의 부인과 함께 찍은 사진

의 눈에 보인 것은 '전기'라는 신천지였다. '전기'에 대한 그의 열망은 당시 오사카의 유일한 전기회사였던 오사카 전등회사(현재 칸사이 전력)에 이끌렸다.

마쓰시타 고노스케는 전기회사로 옮겨야겠다고 결심했다. 하지만 자식처럼 돌봐주던 주인 부부에게 자전거 점포를 그만 두겠다는 얘기를 꺼내지도 못했다. 생각 끝에 모친이 위급하다는 전보를 자신이 자신에게 보내는 방법으로 겨우 주인의 승낙을 얻어내고 그동안 사귀어 두었던 지인을 통해 오사카 전등의 옥내배선 부서에 취직했다. 이때 그의 나이 14살이었다.

그가 처음 부여 받은 직무는 옥내배선 공사의 견습공이었다. 4주간의 수습기간을 거친 후 견습공으로 옥내배선 공사를 직접 할 수 있었다. 오사카 전등은 당시 사세가 급신장하는 회사여서 3개월이 지

난 후 견습공에서 직공으로 승진했다. 마쓰시타 고노스케는 대저택의 배선공사, 극장의 조명시설, 해수욕장 무대의 임시조명시설 등 대형공사를 담당하여 실력을 발휘했다.

작업설비가 열악했기 때문에 작업도중 사망할 위험도 있었지만 마쓰시타 고노스케는 성심성의로 전기공사 업무에 열중했다. 1910년 당시 대부분의 사람들은 전기를 무서워했다. 전기의 취급에도 어두웠기 때문에 전기공이 공사하러 가면 무슨 특별한 기술자가 온 것처럼 경외의 눈으로 쳐다보기조차 하던 시절이었다.

마쓰시타_ 오사카 신혼 전셋집 다다미를 뜯어내고

1913년 모친이 57세의 나이로 별세하고, 마쓰시타는 1915년 누나의 중매로 이우에 무메노와 결혼했다. (일본에서 마쓰시타 고노스케가 결혼한 해에 한국에서 정주영이 태어난다.) 2년 후 그는 검사원으로 승진했으며 덕분에 시간적 여유가 생기고 손을 더럽히는 일도 적어졌다. 하지만 그동안 무리한 노동의 후유증인지 마쓰시타 고노스케의 건강은 악화되었다. 원래 허약체질이었던 그는 폐병에 걸리고 말았다. 한번은 해수욕장에서 돌아오다가 각혈을 하여 의사로부터 요양을 해야한다는 말을 들었다. 자신도 큰형처럼 폐병으로 죽을지도 모르겠다는 두려움이 들었지만 당시의 회사는 일급제인데다 집안이 어려운터라 요양을 할 형편은 아니었다.

마쓰시타 고노스케는 회사에 사정하여 검사원으로 하루 5시간 정도 일하고 나머지 시간은 전기기구 연구에 매달렸다. 마침내 '개량소켓'(개량 플러그)의 시제품을 개발했다. 그는 자신이 개발한 시제품을

오사카의 오오히라키쵸에서 마쓰시타전기기구제작소를 창업
할 당시의 건물

들고가 상사에게 보고 했지만 상사는 전혀 관심을 보이지 않았다. 마쓰시타 고노스케는 얼마나 분했던지 자신도 모르게 눈물이 나와서 주체하지 못했다고 술회했다. 마쓰시타 고노스케는 감수성이 강한 울 보였던 것이다.

그는 결심했다. 자신의 제품에 결함이 있다는 사실은 알게 되었지만 마음은 이미 딴 생각을 품게 된다. 검사원 일에 대한 환멸이 생기고 자신이 개발한 소켓에 대한 자신감이 상승작용을 하여 직장을 그만 둘 생각을 하게 된다. 스스로 소켓(플러그)을 만들어 상사가 틀렸음을 보여 줘야겠다는 일념뿐이었다.

1917년 6월 22세 때 마쓰시타 고노스케는 오사카 전등을 그만두고 독립을 결심했다. 그의 수중에는 퇴직금, 적립금, 개인저축 등 모두 합쳐 100엔 정도 뿐이었다. 이 돈으로는 기계 한 대 구입하기에도 모자랐다. 그는 자신이 살고 있던 오사카 이카이노의 셋집을 개조하여 주거 겸 공장으로 사용했다. 방이 두 개인 셋집에서 2평 남짓한 큰 방의 다다미를 뜯어내고 공장을 차렸다. 아내 무메노와 처남 이우에 도시오(후일 산요진기 창업지)가 일을 도왔다. 오사카 전등시절의 동료였던 모리타 엔지로, 하야시 이산로가 가세하여 5명이 일을 시작했다. 공장을 차리는 데 부족한 돈은 친구로부터 100엔을 빌려 보탰다.

마쓰시타_ 뼈아프게 통감한
판매와 시장의 중요성

독립하여 일을 시작한 지 얼마 되지 않아 마쓰시타 고노스케는 벽에 부딪혔다. 자신 있게 만들었던 전구 소켓을 도매상들이 거들떠 보지도 않았던 것이다. 일본은 에도시대부터 유통업이 발달되어 있어서 도매상들을 거치지 않으면 상품판매는 상상도 할 수 없는 곳이다.

마쓰시타 고노스케는 물건만 만들면 팔릴 수 있다는 안이한 생각을 반성했다. 판매의 중요성, 시장의 중요성을 처음으로 깨닫게 되었다. 판매를 할 수 없으니 공장을 계속 운영하는 것은 현실성이 없었다. 아내 무메노는 남편 몰래 반지와 옷을 전당포에 맡겨서 조그만 돈을 보탰지만 역부족이었고, 결국 동료 두 명은 공장을 떠났다. 자신과 아내와 처남만이 남아서 공장을 지켰다.

창업 후 최초의 좌절은 많은 생각을 하게 만들었다. 사업에서 실패를 한다면 자기 개인의 문제로 끝나는 것이 아니라 종업원은 물론 관련된 모든 사람들에게 피해를 입힌다는 사실을 깨닫게 된다.

생활은 전보다 더 곤궁해졌다. 하지만 전기기구 개발에 대한 열망은 접을 수가 없었는데 뜻밖의 희소식이 들려왔다. 알고 지내던 전기기구 도매상점 주인으로부터 생각지도 않은 제의가 들어온 것이다. 가와기타 전기라는 선풍기 제조공장에서 선풍기의 바닥판을 도기에서 인공수지로 바꾸려고 하는데 마쓰시타 고노스케의 소켓 제조기술을 응용하여 만들 수 없겠느냐는 것이다. 인공수지에 대한 지식이 전혀 없었던 마쓰시타 고노스케는 인공수지를 만들어 본 일이 있는 경험자를 물색하여 도움을 청했다. 인공수지 공장이 있는 곳을 가서 버려진 조각들을 주워 성분과 배합비율을 분석했지만 도무지 알 수 없었던 것을 이 사람은 거뜬히 해결해 주었다.

1차로 선풍기 바닥판 1천 개의 주문이 들어왔다. 납기에 맞추기 위해 밤낮으로 일했다. 드디어 160엔의 매출에 80엔의 이익이 생겼다. 비록 소켓판매에는 실패했지만 소켓을 팔기 위해 도매상을 발로 뛰어다녔던 덕분에 그의 열정을 높이 산 도매상으로부터 생각지도 못한 도움을 받게 된 것이다.

다음해 1월엔 2천 개의 주문이 들어왔다. 이로 인해 어느 정도 자금을 마련하게 되자 마쓰시타 고노스케는 다시 소켓을 만들기로 했다. 오사카의 오오히라쵸의 조그마한 2층 집을 월세로 빌려 '마쓰시타 전기기구제작소'라는 이름을 달았다. 이 날이 1918년 3월 7일로, '마쓰시타 전기'의 창업일이다.

기계는 프레스 2대뿐이고 공장이라고 하기에는 너무나 영세했지만 처음에 비하면 훨씬 크고 넓었다. 마쓰시타 고노스케는 다시 소켓 개발에 전념하기 시작했다. 종래의 소켓에 비해 소비자가 사용하기

편하도록 개량했고 독창적인 방법으로 모양을 새롭게 하고 값도 싸게 했다. 도매상들의 평이 좋았다. 입소문을 타면서 주문이 계속 들어왔고 매출이 늘어나 재정상태도 호전됐다. 처음에 자신과 아내, 처남 이렇게 3명으로 시작한 회사였지만 종업원 5명을 더 채용했다.

마쓰시타 고노스케는 두 번째 히트 상품을 내놓았다. 이번에는 전구 두 개를 끼울 수 있는 쌍소켓(어테치먼트 플러그)이다. 거기에 그치지 않고 더 나아가 2단소켓의 개량에 착수하여 실용신안 특허를 받았다. 창업한 지 채 1년이 지나지 않아서 이룬 쾌거였다. 어태치먼트 플러그와 2단소켓의 개발로 마쓰시타 고노스케는 성공의 발판을 마련하게 되었다.

오사카 시장에서 성공을 거두자 마쓰시타 고노스케는 거대시장인 도쿄를 직접 개척했다. 생면부지의 도매상들을 직접 일일이 찾아 다녔다. 지도를 손에 들고 방문한 그에게 도쿄의 도매상은 냉담한 곳도 있었지만 대부분의 도매상들은 예상 외로 호응이 좋았다. 그는 발이 아프도록 돌아다니면서 주문을 받아 오사카로 돌아오곤 했다.

1920년부터는 처남 이우에 도시오를 도쿄에 상주시켰다. 그는 거대시장인 도쿄 방면의 판매를 한 달에 한 번 상경하는 정도로는 감당할 수 없었던 것이다. 창업 4년 째인 1922년 사업이 점차 커지자 본격적으로 공장 건설에 착수하기로 결심했다.

공장 45평, 사무실 및 주거 25평, 도합 70평 정도의 부지를 책정하고 건축업자를 물색했다. 7천 엔 남짓한 견적이 나왔는데 거기에

설비자금과 운전자금을 포함하면 1만 엔의 예산이 필요했지만 그가 가지고 있던 자금은 4천500엔에 불과했다. 경영실적이 좋다고는 해도 여전히 사업은 영세한 규모였고 은행으로부터 융자를 받을 정도의 담보도 없었다.

마쓰시타_ 담보는 신용뿐, 공장 신축비용을 빌리다

　공장건설을 주저하던 마쓰시타 고노스케는 용기를 내어 건축업자에게 도움을 요청했다. 자신의 사업전망과 재무상황을 소상하게 설명하고 부족한 건축비는 매월 갚아 나갈 테니 건축자금을 빌려달라는 얘기였다. 듣기에 따라서는 매우 뻔뻔스러운 제안이 아닐 수 없었지만 건축업자는 흔쾌히 그 제안을 받아들였다. 도쿄에 시장을 개척할 때도 그랬지만 마쓰시타 고노스케는 자기 혼자 해결할 수 없는 일에 대해서는 열과 성으로 자기 할 일을 다하고 나머지는 관련된 상대방과 정면 협상을 하여 눈앞의 위기를 기회로 만드는 협상력을 발휘했다.

　만약 마쓰시타 고노스케가 자신의 사업에 대하여 과대 포장하여 설명하거나 비굴한 자세로 도움을 요청했다면 그 업자는 거절했을지도 모를 일이다. 건축업자에게는 마쓰시타 고노스케의 의연한 태도, 정직하고 성실한 자세, 그리고 그에게 보여준 사업에 대한 자신감이 바로 신용으로 작용했을 것이다.

정주영_ 가난은 싫다, 네 번의 가출과 쌀가게

정주영은 1915년 11월 25일 부친 정봉식, 모친 한성실의 6남 1녀 7남매의 장남으로 출생했다. 그의 어린 시절은 마쓰시타 고노스케와 다르다. 마쓰시타 고노스케는 아버지가 취직을 부탁해서 화로가게에 들어갔지만, 정주영은 취업하기 위해 스스로 가출했다. 왜냐하면 아버지는 그를 농사꾼으로 키우고 싶은 생각 이외에는 다른 생각이 없었기 때문이다.

그의 가출은 네 번이나 실행됐다. 1차는 청진, 나진의 항구로 가 철도공사판에서 막노동꾼으로 일하고, 2차는 금강산 인삼밭의 품삯꾼으로 일한다. 3차는 서울로 가서 부기학원에 등록하여 공부하는데, 등록비는 아버지의 소판 돈 70원을 가지고 나와 해결했다. 하지만 1, 2, 3차 가출은 얼마 가지 못해 아들을 찾아 나선 아버지 손에 이끌려 고향으로 돌아가는 것으로 끝났다. 그러나 정주영은 포기하지 않고 4차 가출을 결심한다. 여기에 대한 좀더 상세한 얘기를 살펴

보기로 하자.

정주영의 증조부는 북청 물장수였는데 강원도 통천군 송전면 아산리에 거주하기 시작했고 그의 조부는 서당에서 한학을 가르치는 훈장이었다. 부친은 7남매의 장손으로 열심히 소작 농사일을 하였지만 동생들의 뒷바라지를 하느라 집안이 어려웠다. 모친은 길쌈, 누에치기, 배짜기 등으로 살림을 도왔지만 가난을 벗어나지 못했다.

정주영은 6살 때 조부가 훈장으로 있는 서당을 다녔다. 3년 동안 천자문, 동몽선습, 명심보감, 소학, 대학, 맹자, 논어를 공부했다. 10살이 되자 그는 농사꾼이 되어 새벽 4시에 일어나 아버지를 따라 시오리 길 멀리 떨어져 있는 들판을 다니기 시작했다. 몸은 하루 종일 허리 한 번 펴지 못하고 일을 하면서도 정주영의 마음은 더 넓은 곳에 가 있었다. 하지만 그를 일등 농사꾼으로 키워보겠다는 일념뿐인 아버지 밑에서 2년 동안 부지런히 농사일을 거들었다. 그가 농사꾼의 일에서 벗어난 건 송전초등학교에 입학하여 공부를 시작했기 때문이다. 물론 학교에서 돌아오면 틈틈이 농사일을 거들었지만 농사꾼처럼 전념하지 않아도 되었다. 나이가 많이 들어 학교에 입학한 탓도 있겠지만 학교에 들어가자 마자 월반하여 5년만에 초등학교를 졸업했다. 졸업과 동시에 그에게는 농사일이 다시 주어졌다.

강원도 통천군은 겨울에 눈이 많이 오는 곳이다. 눈이 쌓여 마을이 고립되면 아침에는 강냉이 밥을 먹고 점심은 굶고 저녁에는 콩죽을 끓여 먹는 날이 많았다. 한반도의 전국이 헐벗고 굶주려 있는데도 '조선총독부'의 압제와 수탈은 점점 더 심해졌고, 그의 고향에서도 만주로, 북간도로 살 곳을 찾아 떠나가는 사람들이 생겼다. 정주영도 고향을 떠나서 가난을 벗어나 돈을 벌고 사람답게 살아보겠다는 마음이 간절했다.

정주영이 고향을 떠나야겠다는 생각은 농사일을 하면서 느낀 두 가지 때문이다. 첫째는 농사일은 새벽부터 밤늦게까지 고된 노동을 하지만 엄청난 노동에 비해 소득이 너무 보잘것없다는 생각이 들었고, 둘째는 자신의 앞날에 대한 생각을 하면 항상 가슴이 답답하고 막막한 생각이 자꾸 들었기 때문이다. 드디어 그는 그동안 포기하지 않고 있던 4차 가출을 결행하기로 마음 먹는다.

1934년 그의 나이 19세 때다. 정주영은 같은 마을 친구 오인보와 함께 고향을 '탈출'했다. 기차 값은 오인보가 빌려주었다.

서울에 도착하여 둘은 헤어져서 서로 각자의 길로 가기로 한다. 오인보는 서울에 남고 정주영은 인천부두로 향한다. 부두의 하역장에서 닥치는 대로 일을 맡는다. 하역 일이 없을 때는 공사판 현장에서 막노동 일을 했다. 정주영은 막노동 일을 여기저기 다니다가 '엿 공장'에 첫 취직을 한다. 심부름꾼으로 들어간 것이다. 정주영은 1년도 안 되어 '엿 공장'을 나온다. 배울 게 없어서 나왔다는 게 그만 둔 이유다. 정주영은 곧이어 쌀가게 '복흥상회'의 배달꾼으로 취직이되는 행운을 잡는다.

그가 '복흥상회'에서 3년 동안 성실하게 일한 덕분에 1년 연봉으로 쌀 20가마를 받게 되고서야 그의 부친은 시골 농사꾼 일보다 서울에서 취직하는 일이 낫다면서 정주영을 인정해 준다.

정주영이 23세 때 주인집 아들이 노름과 방탕한 생활을 하여 쌀가게를 닫을 형편이 되자 주인의 권유로 정주영은 '복흥상회'를 인수하게 된다. 정주영이 서울로 가출한 뒤 처음으로 자기 가게를 가지게 된 것이다.

1938년 1월 정주영은 서울에서 으뜸가는 쌀가게를 운영하겠다는 비전을 가지고 상호를 '경일상회'(京一商會)로 변경한다. 하지만 정주영의 비전은 불행을 맞는다. 다음해에 조선총독부에서 미곡을 전면 통제물품으로 지정했기 때문이다. 쌀 배급제가 실시되고 경일상회는 문을 닫는다. 정주영은 그동안 저축한 돈과 가게를 처분한 돈으로 고향의 아버지께 논 6천 평을 사드린다. 그리고 아버지의 권유로 송전 면장 딸 변중석(16세)과 혼례식을 올린다.

정주영_ 자동차수리회사 설립, 담보 없이 사업자금 마련

　1940년 3월 25일 25세 때 정주영은 '아도서비스'라는 간판을 달고 자동차수리회사를 시작한다. 자기 자금이 700원뿐이라 동업자가 800원을 출자하고 경일상회 시절 알게 된 삼창정미소 주인 오윤근 사장으로부터 3천5백 원을 빌려 총 5000원의 사업자금으로 시작했다.

　하지만 불행은 금방 따라왔다. 개업한 지 20일 만에 공장에 불이 났다. 공장은 전소되고 고객이 맡긴 네 대의 트럭과 외국제 승용차까지 불길에 잃었다. 이런 참사에도 정주영은 좌절하지 않았다. 자신의 능력으로는 감당할 수 없는 빚더미를 짊어진 정주영은 용기를 내어 오윤근 사장을 찾아간다. 자초지종을 얘기하고 다시 3천5백 원을 빌린다. 정직, 성실, 신용을 생명처럼 여기고 반드시 일어서겠다는 의지와 끈기와 패기를 가진 정주영에게 오윤근은 희망의 불씨를 지펴준다. 정주영은 신속한 수리, 남다른 서비스로 3년 만에 빌린 돈

7000원과 이자를 모두 갚고 어느 정도 자금에도 여유를 만들었다.

1943년이 되자 당시 조선총독부는 식민지 기업통제 정책을 철저하게 시행한다. 정주영이 창업한 아도서비스는 더 큰 회사인 '일한공업소'에 흡수 합병될 운명에 처하고 총독부 정책에 반기를 들 수 없는 신세인 정주영은 아도서비스를 넘겨준다.

정주영은 사업 종목을 바꾸기로 결심하고, 수중에 있는 돈을 전부 모아 중고트럭 39대를 매입하여 운수업을 새로 시작한다. 당시 조선식산은행 총재의 아들이 운영하고 있던 '보광광업주식회사'와 하청 계약을 맺고 황해도 수안군 홀동 금광의 광석을 운반하는 일을 맡는다. 1943년부터 1945년 광복 때까지 2년 동안 정주영의 운수업은 계속된다.

1945년 8월 15일 드디어 한반도에 광복이 찾아온다. 광복과 더불어 정주영의 사업구상도 새롭게 바뀐다. 평소에 그는 20세기 문명의 최대 이기인 자동차관련 사업은 전망이 아주 좋은 미래산업이 될 거라 판단하고 있었다. 정주영은 자동차 수리업을 다시 구상한다.

1946년 4월 정주영은 미군정청으로부터 적산토지 200여 평을 불하 받아 '현대자동차공업사'를 설립한다. 회사의 구성원은 정주영 본인과 부인 그리고 매제 김영주 등 3인으로 시작하여 금새 30여 명으로 늘어났다. 1년 후에는 70여 명으로 증원되었다. 마쓰시타 고노스케가 창업할 때 본인, 부인 그리고 처남의 3명이 시작했던 것과 유사한 출발이었다.

식민지 생활에서 간신히 벗어난 당시에 한국에서 자동차를 개인

이 소유한다는 것은 고관대작이 아니면 엄두도 못 낼 때다. 현대자동
차공업사의 고객은 대부분이 미군정청 산하의 관공서 차량이었다.
하루는 차량수리비를 받으러 관청에 갔다가 정주영은 자기보다 훨씬
많은 액수의 돈을 받아 가는 사람을 발견하고 묻는다. 그 사람은 건
설업을 하고 있다고 대답한다. 정주영은 깜짝 놀란다. 차량수리업자
는 푼돈을 버는데 건설업자는 큰돈을 벌고 있다는 사실을 처음으로
인지한다.

정주영_ 전쟁 중에는
미군 공사에 전념하자

1947년 5월, 32세 때다. 정주영은 현대자동차공업사를 운영하고 있으면서 별도로 '현대토건사'를 설립했다. 아직 대한민국 정부가 수립되기 이전이어서 미군정청이 발주하는 미군 관계 공사를 수주하는 것이 건설 일의 주종이던 시절이다.

1948년 8월 15일 대한민국 정부가 수립된다. 한국의 정치, 경제, 사회, 문화, 교육은 미군정청으로부터 대한민국 정부로 이관된다.

1950년 1월, 35세 때다. 정주영은 현대자동차공업사와 현대토건사를 합병하여 '현대건설주식회사'를 설립한다. 공칭자본금 3천만 원, 불입자본금 750만 원으로 출발했다. 하지만 이번에도 불행은 금방 따라왔다. 회사합병 6개월 만에 전쟁이 시작된 것이다.

6·25전쟁의 발발로 대한민국정부가 임시수도를 부산으로 옮겨 피난 가자, 정주영도 부산으로 따라 피난 간다. 정주영은 "평화 시에는 잘 살기 위해 건설해야 하고, 전쟁 시에는 전쟁에 이기기 위해 건

설해야 한다." 라고 말하면서 부산에서 관급공사를 따기에 여념이 없었다. 그러나 전쟁 중에 우리나라 정부에 돈이 있을 수 없었다. "그렇다면 전쟁 중에는 미군 공사에 전념하자."라는 것이 정주영의 생각이었다. 정주영의 도전력, 창의력은 상상을 초월하는 것이었다.

1952년 12월, 전쟁이 한창 치열한 가운데 미군을 위로하기 위해 미국의 아이젠하워 대통령이 방한하게 된다. 당장 대통령이 묵을 숙소가 없는 것이 문제였다. 마침 운현궁을 숙소로 정하기는 했지만 운현궁에는 서양식 거실이 없었다. 화장실 공사와 난방공사를 급하게 실시해야 하는데 이 공사를 현대건설이 맡는다. 공사기간은 너무 짧았다. 미국대통령 도착일까지 15일밖에 안 남았다. 정주영은 혼신의 돌격정신을 발휘하여 공사 완공일을 3일 빨리 앞당긴다. 절체절명의 공사를 조기에 완공해 냄으로써 미 8군사령부의 신임을 일거에 획득하게 된다.

이어서 부산 UN군 묘역 단장공사도 따낸다. 관건은 묘역에 푸른 잔디밭을 만들어 내야 하는 일이었다. 추운 겨울에 어디에서 그 많은 잔디를 구해올 수 있단 말인가? 하지만 정주영은 달랐다. 그는 기지를 발휘하여 트럭 30대를 동원하더니 낙동강 유역의 파란 보리를 묘역에 옮겨 심었다. 파란 잔디밭 대신에 푸른 보리밭을 일구어 낸 것이다. 이것으로 미 8군사령부는 정주영의 말이라면 팥을 콩이라고 말해도 들어줄 형편이 된다.

정주영_ 신용은 한번 잃으면
되찾을 수 없다

사업은 망해도 다시 일으킬 수 있지만,
신용은 한번 잃으면 되찾을 수 없다

1953년 4월 현대건설은 낙동강 고령교 복구공사를 맡는다. 전쟁
중이라 한국의 물가는 쌀 한 가마 40환짜리가 2년 뒤 공사가 끝날 무
렵에는 4천 환이 될 정도로 요동치고 있었다. 건설공사 중인 1953년
7월 전쟁은 휴전되었지만 자재값과 노임값이 천정부지로 상승하자
도저히 공사를 진행할 수 없는 지경이 된다. 계약 당시 인플레이션을
감안하지 못하고 계약한 것이 화근이었다. 공사비는 물가상승에 관
계없이 고정되어 있기 때문이다. 회사의 모든 간부가 공사를 중단하
자고 주장한다. 하지만 정주영은 꿈적도 안 한다. "사업은 망해도 다
시 일으킬 수 있지만 신용은 한번 잃으면 결코 되찾을 수 없는 것이
다." 라고 말하면서 어떤 일이 있어도 공사를 완료해야 한다고 주장
한다. 정주영은 집을 팔았다. 동생도 집을 팔고 매제의 집도 팔았다.

회사 간부의 집을 저당 잡히고 얻을 수 있는 빚은 한 푼이라도 더 얻어서 공기 안에 공사를 끝내고야 만다. 총 계약 공사비 5457만 환, 공사기간 24개월로 시작한 고령교 공사는 7천만 환의 적자를 '현대건설'에 안겨줬다. 하지만 이때의 '현대건설'이 보여 준 신용은 전후 복구공사 수주에 영향을 준다.

1957년 9월 당시 대한민국 최대의 단일공사였던 한강 인도교 복구 공사를 수주한다.

1959년 주한미군의 인천 제1도크 건설공사, 오산 미군비행장 활주로 공사, 이외에도 수많은 미군발주공사 및 전쟁복구 공사의 수주로 현대건설은 급성장의 궤도에 들어선다.

1960년 45세 때다. 현대건설은 대한민국 국내 도급 한도액 1위 업체로 등극한다. 정주영이 창업한 현대건설의 성장과 발전과정을 살펴보는 것은 당시의 한국경제 상황과 한국경제 정책의 전개과정 및 발전과정과 밀접하게 연관되어 있음을 볼 수 있다. 여기에 관해서는 다음에 좀 더 자세하게 살펴보기로 한다.

정주영의 가족관계는 마쓰시타 고노스케와 비슷한 면이 있지만 다른 면이 더 많다. 마쓰시타 고노스케가 8남매의 막내로 태어났는데 정주영은 7남매의 맏이로 태어났다. 마쓰시타 고노스케의 부친은 소작인을 7명이나 두고 있던 부농의 주인이었지만 정주영의 부친은 겨우 가족의 끼니를 해결할 수 있을 정도로 직접 농사를 짓는 전형적인 소작인 농사꾼이었다.

마쓰시타 고노스케의 부친은 그가 11살 되던 해에 병으로 사망한다. 뿐만 아니라 형제들이 몰살이라 할 정도로 단기간에 사망한다. 마쓰시타 고노스케 자신도 병약한 허약체질로 각혈을 하는 등 병마에 시달린다.

정주영은 자신이 건강한 몸으로 활동할 수 있는 것은 부모로부터 물려받은 건강한 신체 덕분이라고 항상 말해왔다. 그의 형제 중 일찍 사망한 사람은 5섯째 동생 정신영이다. 동아일보 기자로 독일에 특파원으로 파견되었다가 함부르크에서 교통사고로 사망했다. 향년 31세였다. 정주영에게는 남다른 슬픔이 또 있다. 장남 정몽필이 46세에 교통사고로 타계, 4남 정몽우가 45세에 자살, 5남 정몽헌이 55세에 자살로 타계한다. 장남과 4남의 비보는 정주영 살아 생전이고, 5남의 비보는 정주영 영면 후의 일이다.

마쓰시타 고노스케는 훗날 자신의 성공비결은 자신의 불행에 있었다고 술회한다. 자신은 가난했기 때문에 어릴 때부터 갖가지 힘든 일을 하며 세상살이에 필요한 현실 경험을 쌓을 수 있었고, 두 번째는 자신의 몸이 허약체질이었기 때문에 몸을 위해 운동을 게을리 하지 않아 건강을 유지할 수 있었으며, 세 번째는 자신이 학교를 다니지 못한 무학이었기 때문에 자신이 만나는 모든 사람을 자신의 스승으로 생각하여 언제나 모르는 것을 묻고 배우고 익힐 수 있었다는 것이다. 뿐만 아니라 마쓰시타 고노스케는 책을 보면 읽지 않고는 못 베기는 습관을 가져 책을 가장 훌륭한 스승으로 생각했다고 말했다. 이렇게 자신의 불행을 자신의 성공원인으로 바꾸어 버리는 무한한 긍정력은 스스로 자신의 불행을 행운으로 바꾸는 에너지가 되었다.

정주영은 자신이 초등학교만 나왔지만 학력을 불만스럽게 여긴 적이 없다고 술회한다. 정주영은 자신이 두 개의 대학을 나왔는데 하나는 '노동대학'이고 또 하나는 '신문대학'이라고 말한다. 정주영은 자신의 오늘을 있게 한 훌륭한 선생님으로 부모를 첫 손가락에 꼽는다. 아버지와 어머니로부터 건강한 체질을 선물 받았고, 어릴 때부터 눈만 뜨면 부지런히 일하는 근면을 배웠으며, 사람이 몸을 움직여 노동을 지속하는 동안은 절대로 굶어 죽지 않는다는 진리를 체득하였다는 것이다.

정주영과 노동은 육체와 정신의 관계처럼 따로 떼어낼 수 없는 동전의 앞면과 뒷면이나 마찬가지였다. 정주영이 있는 곳에는 항상 노동이 있었다. 정주영은 노동의 신성함을 체험으로 터득했다. 노동은 정주영이 평생을 배운 '아고라'와 같은 지혜의 광장이었다. 그가 '노동대학'을 나왔다고 얘기하는 것은 스스로 체험한 사실을 그대로 표현한 것이다.

정주영이 어린 시절을 보낸 곳은 강원도 산골이다. 당시 정주영은 신문을 보는 것이 세상과 소통할 수 있는 유일한 방법이었다. 하지만 가난하여 신문을 구독할 수 없었기 때문에 10리를 걸어야 갈 수 있는 구장 집에 가서 헌 신문을 가져다가 읽는 것이 유일한 낙이었다. 정주영은 신문에 난 것은 광고 하나도 빠뜨리지 않고 모두 읽었다고 술회한다. 공사판 정보를 읽고 가출을 몇 번이나 시도한 것도 신문 덕택이었다. 정주영은 신문에 연재되는 소설도 재미 있게 읽는다. 당시 동아일보에 이광수의 장편소설 〈흙〉이 연재되고 있었는데 소설의 주인공으로 등장하는 허숭이라는 변호사가 농촌 출신이라는 것을 알고는 자신도 변호사가 되어보겠다는 생각을 하고 독학으로 '법제통신'과 '육법전서'를 공부하기 시작한다. 당시 고등고시를 보기 전에 치는 보통고시 시험을 치르는 도전을 시도하지만 결과는 낙방이었다.

정주영의 신문을 읽는 습관은 어릴 때부터 들어 훗날 정주영이 가는 곳에는 신문이 항상 대기하고 있어야 할 정도로 지독하게 신문을 챙겼다. 신문은 정주영이 부모 다음으로 챙긴 자신의 선생님이었기 때문이다. 신문은 현장기사와 광고 이외에도 사설과 논설, 지식인의 칼럼, 기획시리즈, 특별기사, 국내외 소식은 물론 최신 과학정보를 빠르게 접할 수 있는 선생님이었다.

그가 어느 날 박정희 대통령과 처음 대면하였을 때 "초등학교밖에 안 나온 분이 어떻게 명문대 직원들을 잘 다룹니까?"하고 묻자 "신문대학을 나왔습니다"라고 웃으며 대답할 수 있었던 것도 이렇게 신문을 자신의 선생님으로 여겨왔기에 가능했던 것이다. 그는 신문에 글을 쓰는 철학자, 인문학자, 경제학자, 문필가 등은 모두 자신의 스승이라고 말한다. 또한 정주영은 책을 항상 끼고 살았다. 정주영이 출장 갈 때는 읽을 책 한 두 권을 반드시 챙겨 넣는다.

정주영에게 책은 특별한 지식을 가르쳐주는 과외 선생님이었던 것이다.

마쓰시타_ 마쓰시타 전기제작소가 모터 사업에 뛰어 든 것은 마쓰시타 고노스케의 미래를 내다보는 안목과 혜안의 결과이다. 그는 머지않아 일본에서도 미국에서처럼 한 가정에서 10대 이상의 모터를 쓸 것이라고 확신했기 때문이다. 마쓰시타 고노스케의 눈은 일본 국내에 있지 않고 일본보다 한참 앞서가는 미국과 미국 산업계를 주목하고 있었다.

―――――――――

정주영_ 정주영은 혁신적 발상으로 기업 경영의 신천지를 개척한 창조적 기업인이다. 500원짜리 지폐(지금은 동전이지만 당시에는 지폐가 있었음)에 그려 있는 거북선 그림 한 장으로 한국의 조선 능력은 영국보다 수백 년 앞서서 철갑선을 건조했었다고 설명하여 영국은행으로부터 조선소 건설과 선박을 건조할 수 있는 외자를 도입했다.

청년시절 그들의
캐치프레이즈는 무엇이었나

: 일본 뛰어넘기, 미국 뛰어넘기

마시타_ 테스트 마케팅과 입소문 마케팅의 힘

마쓰시타 전기제작소에서 만든 제품에는 하나의 공통된 특징이 있다. 무슨 제품을 만들더라도 철저한 실용성을 추구한다.

1923년 발매된 '포탄형 전지식 램프'도 마찬가지다. 이 램프는 자전거용이었다. 당시 야간에 자전거를 타고 다닐 때는 촛불을 켠 초롱이나 석유램프를 부착하는 것이 고작이었다. 전지식으로 만들어 판매하는 것도 있었으나 기껏해야 두세 시간밖에 가지 않았으며 고장이 잦아서 별로 실용적이지 못했다.

하지만 마쓰시타의 제품은 달랐다. 램프의 수명이 40-50시간이나 되어 성능이 뛰어났고 그에 비하여 가격이 싸다고 느낄 정도여서 종래의 제품과는 비교할 수 없을 만큼 획기적인 인기를 얻었다. 마쓰시타 고노스케는 본인이 자전거 점포에서 일할 때 저전거 등불 때문에 밤에 달리다가 넘어진 경험이 있으므로 야간조명이 원시적인 것에 대해 항상 불만을 품고 있다가 개량품을 개발한 것이다. 설계에서 시험제작까지 모두 본인이 직접 했다. 시제품이 수십 종류에 달할 정도로 개량에 개량을 거듭했다. 마쓰시타 고노스케는 개량품이 완성되던 날 마치 자기가 고향으로 돌아가는 듯한 느낌을 가졌었다고 회고한다.

개량품에 대한 문제는 마케팅에서 생겼다. 심혈을 기울여 개발한 제품에 대하여 오사카 시내 도매상의 반응은 냉담했기 때문이다. 그런데 도매상들이 판매를 주저하는 원인은 개량품에 있는 것이 아니었다. 전지식 자전거 램프 전반에 관하여 가지고 있는 편견, 즉 고장이 잘 나고 불편하다는 고정관념이 도매상은 물론 소비자들에게까지 팽배해 있었던 것이다.

마쓰시타 고노스케는 생각을 바꾸었다. 도매상을 통하지 않고 직접 소매상을 파고 들기 시작했다. 자전거 소매상에게 개량품을 무료로 빌려 줘서 직접 시험해 보도록 유도했다. 수요자의 반응이 좋으면 그때 가서 도매상을 통하여 구매하도록 권유했다. 반응은 기대 이상으로 좋았다. 개량품은 입소문을 타고 퍼졌다. 도매상들로부터 주문이 크게 늘어나자 신문광고로 대리점을 모집하여 판매지역을 넓혀 나갔다.

다음 해인 1924년에는 한 달에 1만 개 이상 판매되어 공장을 증설하지 않을 수 없게 된다. 당시에 마쓰시타 고노스케가 개척한 마케팅 기법은 현대의 마케팅 기법으로 자리잡고 있는 테스트 마케팅(test marketing)이며 입소문 마케팅(word of mouth Marketing, buzz marketing)이라고 할 수 있는 것이다.

호사다마라고 했던가. 도쿄지역은 사정이 판이했다. 1923년 9월 1일에 발생한 관동대지진으로 도쿄지역 판매는 제로에 가까웠다. 처남 이우에 도시오는 가까스로 살아남아 오사카로 돌아왔다. 마쓰시타 고노스케는 처남에게 숨 돌릴 틈도 주지 않고 지시한다. "지금은 아주 중요한 시기이다. 다시 도쿄로 돌아가 거래처를 다녀라. 외상금은 반만 받아라. 지금부터 판매하는 제품가격은 올리지 말아라."

그때 이우에는 너무 놀랐다고 술회한다. 왜냐하면 도쿄는 모든 것이 폐허가 되어 물가가 폭등하고 있었기 때문이다. 생활필수품은 부르는 게 값이었다. 그런데도 이전 가격 그대로 받는 것은 상식적으로도 납득이 가지 않는 일이다. 그렇지만 사장의 지시를 거역할 수는 없는 노릇이었다. 이우에는 도쿄로 돌아가서 고객들에게 사장의 뜻을 그대로 전했다. 거래처 사람들은 놀라움 반 기쁨 반으로 이우에를 향하여 몇 번이나 절을 했다고 한다. 입소문을 통해 소식을 들은 도매상들이 현금을 들고 이우에를 찾아 왔다. 오사카 창고에 있던 재고가 모두 도쿄로 실려나가 완전 판매라는 기록을 세운다.

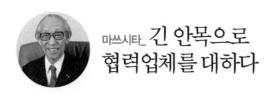

마쓰시타_ **긴 안목으로 협력업체를 대하다**

관동대지진이라는 전대미문의 재앙은 마쓰시타 고노스케의 명성을 도쿄 도매상들에게 전파하는 계기가 됐다. 1934년 오사카에 닥친 대형 태풍으로 오사카 지역은 홍수로 범람하여 수해를 입은 거래처들이 속출했다. 마쓰시타 고노스케는 피해를 당한 거래처를 일일이 찾아 다니며 거액의 위로금을 전달한다. 바로 눈 앞의 이익을 좇는 것이 아니라 멀리 긴 안목으로 거래처를 대하고 고객의 마음을 감싸 안는 마쓰시타 고노스케의 장사철학이 전파되는 순간이었다.

마쓰시타 고노스케가 처음으로 자기회사 제품에 독자적 브랜드를 붙인 것은 1925년의 일이다. 마쓰시타 고노스케는 어느 날 신문을 읽다가 '인터내쇼날' 이라는 단어를 본다. 그에게 순간 영감이 떠 올랐다. '인터' 를 빼고 '내쇼날' 이라는 단어를 사용하면 좋겠다는 느낌이 들었다. 당시 포탄형 램프의 후속 모델인 각형 램프를 개발하고 있었는데 1927년부터 신상품인 각형 램프에 '내쇼날'이라는 상표를 붙여서 출시한다. 당시 포탄형 램프의 판매권은 오사카의 거대 도매상인 야마모토 상점에 있었기에, 각형 램프를 출시할 때는 판매권을 거대 도매상에게 주지 않고 직접 판매하기로 결심한다.

마쓰시타 고노스케는 어떤 선전방법이 좋을까 궁리 끝에 다시 한 번 실물선전 방법을 써보기로 결정한다. 그는 우선 1만 개의 제품을 만들어 선전용으로 시장에 뿌려보자고 생각했다. 그러기 위해서는 건전지 납품업체 오카다 건전지의 협력이 절실히 필요했다.

마쓰시타 고노스케는 오카다 사장을 찾아갔다. 연말까지 20만 개를 팔 자신이 있으니 선전용 제품에 들어갈 건전지 1만 개 정도를 무상으로 제공해 줄 것을 제안한다. 만약 내가 20만 개를 팔면 귀사에서는 나에게 1만 개 정도의 상을 주지 않겠느냐, 그럴 바에야 지금 나에게 그 상을 미리 제공해 주면 되지 않겠느냐는 말로 설득했다. 그의 제안을 듣고 오카다 사장은 흔쾌히 승낙한다.

마쓰시타 고노스케의 협상술은 시장을 선제하려면 반드시 필요한 협력업체의 지원을 확보하기 위해 나온 건설적이고 상생적인 방법이다. 그러나 선전용 램프의 건전지는 1만 개도 필요 없었다. 1000여 개가 나가자 주문이 쇄도하기 시작했다. 당초 약속했던 20만 개를 훨씬 넘겨 연말까지 판매한 숫자는 47만 개에 달했다. 오카다 건전지는 창업 이래 초유의 매출을 기록한다. 워낙 자금력이 있고 깐깐한 성격이라서 평소에 거래처를 찾아 다니는 일이 없었던 오카다 사장이지만, 정월 초이튿날 정장을 하고 마쓰시카 고노스케를 찾아와서 건전지 1만 개 분의 대금을 현금으로 지불하고 감사장까지 전한다.

호사는 다마를 몰고 온다. 사업이 번창하던 1927년 일본에 금융공황이 발생한다. 예금을 인출하려는 고객들이 은행으로 몰려가는 사태가 일어났다. 마쓰시타 전기의 주 거래 은행인 쥬고 은행이 경영파탄에 직면했다. 가와사키 조선 등에 주었던 대출금의 회수가 어려워져 은행은 파산직전에 이르렀다. 당시 '귀족은행'으로 불려온 쥬고 은행이 주 거래 은행이었는데 이 은행에 예금을 하고 있었던 마쓰시타 전기는 예금 인출이 막혀 버린다. 이때에 스미토모 은행이 마쓰시타 전기의 어려운 상황을 구제해 준다.

마쓰시타 전기에 긴급자금을 융자해 준 스미토모 은행은 과거에 예금유치를 목적으로 마쓰시타 전기를 방문한 적이 있었다. 그럴 때마다 마쓰시타 전기는 자기 회사의 주 거래은행이 쥬고 은행이기 때문에 예금을 할 수 없으니 이해해 달라며 돌려 보냈다. 하지만 8번이나 찾아 오는 집요하고 끈질긴 방문에 감탄한 마쓰시타 고노스케는 이렇게 제안한다. "좋습니다. 귀 은행에서 담보 없이 신용대출을 해 주십시오. 그러면 생각해 보겠습니다. 단 저희 회사의 신용은 결산자료입니다."

스미토모 은행의 지점장은 담보 없이 신용대출을 요청하는 마쓰시타 고노스케의 배짱에 감명을 받고 본점에 보고하게 된다. 예금실적이 없고 담보도 없이 신용만으로 융자를 해 달라는 요청은 처음 받아 보기 때문이다. 현지 지점장의 강력한 요청으로 본점에서도 어쩔 수 없이 당좌개설을 승인하게 된다. 스미토모 은행 역사상 처음 있는 일이었다. 금융공황이 일어나자 스미토모 은행은 개설된 당좌계좌에 거액을 넣어 주었고 마쓰시타 전기는 자금난에서 벗어난다. 그 이후 부터 마쓰시타 전기의 주 거래 은행은 스미토모 은행이 되어 오늘날 까지 계속 이어지고 있다.

회사가 커질수록 사회적 책임도 커진다

1929년 마쓰시타 고노스케는 회사명을 '마쓰시타 전기제작소'로 변경한다. 회사 이름을 변경하면서 그는 회사의 직원들에게 기업의 사회적 책임을 강조한다. 회사의 규모가 커지면 커질수록 기업의 사회적 책임은 비례로 커진다는 것이 그의 생각이었다. 그는 기업의 사회적 책임을 공유하기 위한 사내교육의 필요성을 느낀다. 사내교육이 충실하면 할수록 종업원의 사회적 책임감도 강화될 것이기 때문이다. 신규 채용자에 대해서는 입사교육이 실시되고 현장배치 후에는 견습사원제도가 실시되었다.

이런 가운데 1929년 말부터 일어난 세계 대공황의 영향이 일본경제에도 미치기 시작하고 동종업종 가운데 도산하는 기업이 속출했다. 마쓰시타 전기제작소의 매출도 절반 이하로 줄고 창고의 재고는 산더미처럼 쌓였다. 생산의 감소와 종업원의 감원은 피할 수 없는 선택으로 다가왔다. 그 당시 마쓰시타 고노스케는 건강상태가 좋지 않아 자택에서 요양을 하고 있었다.

그의 자택을 찾아 온 회사의 간부들은 생산 감소와 종업원 감원은 부득이 하다고 건의했다. 건의를 보고받은 마쓰시타 고노스케는 간부들의 예상을 뒤집는 처방을 내 놓는다. "생산의 반감은 어쩔 수 없겠지만 종업원의 감원은 단 한 사람이라도 해서는 안 된다. 공장은 반나절만 가동 시키도록 하고 급료는 전액을 지불하도록 한다. 그 대신 종업원은 휴일을 반납하고 전 직원이 재고를 일소하는 데 전력을 기울여 달라."는 대답을 내놓는다.

해고의 공포에 떨고 있었던 종업원들은 쌍수를 들고 환호했다. 모든 종업원들은 휴일을 잊은 채 재고판매에 발 벗고 나섰다. 2개월이 지나자 창고의 재고는 바닥 나고 공장은 다시 정상 가동에 들어갔다. 마쓰시타 고노스케의 결단이 빛나는 순간이 온 것이다. 경제불황이라거나 회사의 사정이 어렵다고 해서 종업원을 해고해 버리는 서구식 기업고용정책을 채택하지 않고 어려움을 안고 끝까지 함께 가는 일본식 기업고용정책이 새롭게 탄생한 순간이 온 것이다. 정년 때까지 정년을 보장하는 일본식 종신고용의 사례가 여기에서 움트기 시작한다.

1930년대에 이르러 마쓰시타 전기제작소의 종업원 수는 2000명이 넘어섰고 공장 수도 15개에 이르게 된다. 창업 당시 2개에 불과했던 제품 수도 1931년에 200여 종, 1937년에는 2000여 종에 달했다. 전원 플러그, 전등 램프로 시작했던 제품은 건전지, 라디오, 전기 다리미 등 제품의 다각화를 가져왔고 소비자들로부터 선풍적인 인기를 끌며 사업규모의 확대를 가져왔다.

고노스케_ **일본 최초의 경영사업부제 도입**

　1933년 마쓰시타 고노스케는 일본 최초로 '경영사업부제'를 도입했다. 제2차 세계대전 이전에 사업부제를 도입한 유일한 기업이었다. 사업부제의 도입은 회사의 조직관리 능력을 한층 극대화시켜서 마쓰시타 전기제작소의 성장과 발전에 크게 기여했다.

　1935년 드디어 마쓰시타 전기제작소는 개인회사에서 주식회사로 전환한다. 사업의 급속한 확대로 인한 사회공기로서의 체제정비라는 공식적인 이유가 있었지만 현실적으로 세제상의 이점, 재무운영의 유리, 자금조달의 이점 등이 주식회사로 전환시킨 촉진제 역할을 하였다. 주식회사로의 전환과 동시에 사업부제로 경영하던 내부 경영 사업부를 분리하여 자회사로 분사시키는 작업도 병행했다. 본사는 사업부문이 사라짐에 따라 자본출자 및 기획설계, 전략수립을 담당하는 지주회사의 틀을 가지게 되었다.

　1938년 후반에는 제2차 세계대전 전시통제경제의 영향으로 민수

중심에서 군수중심으로 제품 패턴이 변화된다. 민수제품이었던 라디오, 건전지, 모터 등의 제품도 군수제품으로 만들어진다.

1940년대 전반에 마쓰시타 고노스케는 군수회사를 설립하게 된다. 일본 정부의 강력한 권유에 기인한 것으로 군수회사에서는 선박을 제조하고 비행기까지 제조한다. 제2차 세계대전으로 일본군이 점령한 식민지에 진출하기 위해 분사가 계속 만들어졌다. 자회사의 수는 어느덧 48개 사에 달했다.

일본 내수시장에서 전구 사업은 처음에 아무도 도전하려는 생각을 못했던 시장이다. 왜냐하면 당시에 기존 업체였던 '마쓰다램프'가 외국과의 기술제휴로 70%의 점유율로 시장을 독점하고 있었기 때문이다. 다른 영세 브랜드는 '마쓰다램프'가 36엔에 파는 전구를 15-20엔에 팔 수밖에 없었는데도 시장점유율을 따라가지 못했다.

하지만 마쓰시타 전기제작소는 진출하자마자 36엔의 가격으로 전구를 판매하기 시작했다. 이에 대리점과 도매상들이 모두 들고 일어나서 마쓰시타 고노스케가 무모한 도전을 벌인다고 비판했다. 이때 새로운 발상의 명수인 마쓰시타 고노스케는 재치있는 얘기로 대리점과 도매상을 설득한다.

> 저희 회사는 지금은 3류이지만 소비자 여러분들이
> 키워주신다면 반드시 일본 최고가 돼 보이겠습니다

"현재의 전구 업계는 요코즈나(일본 씨름 '스모'의 최고 고수)가 한 회사뿐입니다. 여러분 '스모'를 생각해 보십시오. 두 사람의 요코즈나가 있고 거기에 어느 쪽이 이길지 모르는 시합을 한다면 얼마나 재미있겠습니까? 전구업계도 요코즈나가 둘이 있어서 서로 실력을 겨루는 시합을 한다면 소비자인 여러분에게는 관전하는 재미가 더 늘어날 뿐 손해는 없지 않습니까? 저희 회사는 지금은 3류이지만 여러분들이 키워주신다면 반드시 일본 최고의 요코즈나가 돼 보겠습니다." 홋가이도에서 마쓰시타 고노스케가 판매점 점주들을 모아 놓고 연설한 내용이다. 모여있던 점주들은 박수를 보냈다. 마쓰시타 전기제작소는 최고의 품질을 만들지 않으면 안 되었다. 최고가 돼 보이겠다고 약속했기 때문이다. 끊임없이 연구개발에 매진하여 '내쇼날 전구' 는 일본에서 최고의 제품으로 인정받는다.

마쓰시타 전기제작소가 모터 사업에 뛰어 든 것은 마쓰시타 고노스케의 미래를 내다보는 안목과 혜안의 결과이다. 그는 머지않아 일본에서도 미국에서처럼 한 가정에서 10대 이상의 모터를 쓸 것이라고 확신했기 때문이다. 마쓰시타 고노스케의 눈은 일본 국내에 있지 않고 일본보다 한참 앞서가는 미국과 미국 산업계를 주목하고 있었다.

1943년 일본 정부로부터 군함 제작을 지시받아 '마쓰시타 조선주식회사' 가 설립된다. 당시 조선사업을 이끈 사람은 처남 이우에 도시오였다. 조선사업은 예상외로 순조롭게 진행되어 단기간에 조선공정을 체득하고 신속하게 선박을 제조했다. 이것이 화근이었다. 마쓰시타 조선소를 견학했던 공군 수뇌부로부터 항공기 기체를 제작하라는 지시가 하달된다. 전시체제라 거절한다고 넘어갈 일이 아니었다. 곧

이어 마쓰시타 비행기주식회사가 설립된다. 항공기 생산은 생산개시 후 얼마 지나지 않아 전쟁이 끝나는 바람에 3대에 불과했다. 선박은 250톤급 50척을 생산해 해군에 군납을 완료했다.

제2차 세계대전 중에 군수제품 생산에 참여한 관계로 마쓰시타 고노스케는 종전 후에 시련을 맞이한다. 1946년 6월 일본에 진주한 '연합군총사령부'(GHQ)로부터 재벌로 구분되었으며, 마쓰시타 고노스케는 공직 추방이라는 조치를 받는다.

마쓰시타 고노스케는 중후장대 산업을 주력으로 가졌던 미쓰이, 미쓰비시, 스미토모와 같은 재벌과는 당시에 비교가 안 되는 경박단소 제품을 생산하는 기업이었다. 중후장대 산업의 기존 재벌들은 일본군부에 헌신적으로 협력하여 전쟁에 필요한 무기, 전차, 군함, 비행기 등 전투용 기자재를 생산하여 공급하기에 바빴던 것이다. 하지만 전시 말년에 일본 군부의 요구로 잠시 참여했던 선박, 비행기 생산이 화근이 되어 그를 속박하는 올가미가 될 줄은 꿈에도 몰랐던 것이다.

공직에서 추방당한 마쓰시타 고노스케는 전 재산이 동결됐다. 가재도구를 팔아 생활을 연명할 수도 없는 처지라서 친지에게 꾼 돈으로 이럭저럭 생활을 꾸려 나갔다. 마쓰시타 고노스케가 정작 부끄러워하고 걱정한 것은 물질적인 궁핍이 아니었다. 일본 사회의 지도층이 보여주는 참담한 생활상이 그를 슬프게 만들었던 것이다. 사회지도층까지도 암거래로 양식을 구하고, 연합군총사령부를 실질적으로 지휘하고 있던 미군에게 아부하며 납작 엎드려 사는 정치인들의 비열한 태도와 염치를 아는 사람들을 찾아 볼 수 없을 정도로 처참하게 피폐된 인심을 보면서 암담한 생각이 들었다.

미국을 이기기 위해서는 미국을 배워라

마쓰시타 고노스케는 생각했다. 일본이 전쟁에서 패배한 원인은 무엇이었을까? 미국의 국력이 일본보다 훨씬 앞섰기 때문일 것이다. 물질적 우월성뿐만 아니라 정신면에서도 미국은 일본을 훨씬 앞서 있다고 판단했다. 앞으로 일본인이 미국을 이기기 위해서는 미국을 배워야 한다는 결론에 이르렀다.

현실적으로 마쓰시타 고노스케는 대외활동이 제한되어 있어서 몸가짐을 조심스럽게 하고 있었다. 마쓰시타 고노스케의 생활은 금욕주의자의 생활이나 다를 바 없었다. 그의 집에는 미제 냉장고가 있었다. 어느 날 방문자가 냉장고를 열어보니 그 안에 들어 있는 것은 고구마 줄기를 담은 대접 한 개뿐이었다는 일화가 전해온다.

일본에 주둔하고 있던 연합군총사령부에 의해 재벌로 지정된 신분을 가진 기업가들 중에서 별장을 소유하지 않았던 사람은 마쓰시타 고노스케 한 사람뿐이었다. 당국에 제출된 재산목록에 별장이 빠져 있자 이를 이상하게 여긴 담당관이 뒷조사를 실시했다. 마쓰시타 고노스케가 분명히 별장을 은닉하고 있을 것으로 판단했기 때문이다. 그러나 조사 결과 그가 별장을 보유하지 않은 것으로 판명되자, 그 담당관은 마쓰시타 고노스케의 검소한 생활에 머리를 숙이는 예를 취했다고 한다.

마쓰시타_ 유일무이한
노동조합의 사주 구명운동

마쓰시타 고노스케는 실의에 빠져 집안에만 박혀 있었다. 이때 의외의 국면이 전개되기 시작했다. 마쓰시타 전기제작소의 노동조합이 사주 구명운동에 발 벗고 나선 것이다. 당시 일본에서는 대부분의 노동조합들이 기업주 및 경영자 추방운동을 하고 있었다. 지금까지 억압을 받았으니 이제 경영자 너희들이 맛을 볼 때가 왔다는 분위기가 팽배했을 때였다. 그런 와중에 사회적 분위기와는 정반대의 현상이 마쓰시타 고노스케라는 기업가에게 일어났던 것이다.

마쓰시타 고노스케와 노동조합과의 협력관계는 1921년으로 거슬러 올라간다. 당시 일본에서는 자유민권운동이 서서히 고양되어 가고 있어서 대부분의 기업현장에서는 노동조합을 결성하려는 움직임이 태동되었다. 하지만 기업경영자 측은 노동조합에 대한 이해와 인식 수준이 매우 미약했다. 이때 마쓰시타 고노스케는 어느 기업에서도 하지 못했던 선제적 대응을 마련했었다.

그는 회사 내에 '보일회'를 조직했다. 종업원 총 28명으로 구성된 '보일회'는 수시로 만나서 상호친목을 다지는 모임으로 발족했다. 이 모임은 사주와 종업원이 허물없이 서로 어려움을 토로하는 의사소통의 장으로 발전했던 것이다. 마쓰시타 고노스케는 이 모임을 통해 조직의 단합된 풍토를 조성하여 상호 어려움을 나누고 기쁨을 함께 즐길 수 있는 가족적 분위기의 기업문화를 만들고자 했다. 이러한 기업풍토, 기업문화를 성숙시키는 가운데 마쓰시타 고노스케가 취했던 '종업원 해고 불가' 선언은 노동조합의 협력을 얻어내는 결정적 요인이 되었던 것이다.

마쓰시타 고노스케를 구해 내기 위한 노동조합의 활동이 본격적으로 시작됐다. 노동조합은 연합군총사령부에 탄원서를 내기로 결정하고 조합원의 서명운동에 들어갔는데 첫날 조합원의 93%가 서명을 완료한다. 노동조합의 조합장을 비롯한 간부들은 두꺼운 서명부를 들고 연합군총사령부 본부를 두 번에 걸쳐 방문한다. 1946년 12월에 이루어진 제2차 탄원운동 시에는 13인의 노조간부 전원이 일치 단결하여 움직였다. 그들은 연합군총사령부 고위간부, 정부 고위관료를 일일이 찾아 다니며 구명운동을 벌였다. 마침내 공직 적부 심사위원장이었던 미노베 다쓰키치까지 전원이 함께 찾아가서 마쓰시타 고노스케는 구제되어야 함을 주장했다.

일본에서 노동조합이 사주를 구명하는 데 앞장 서는 일은 사상 처음 있는 일이었다. 모든 매스컴들이 이를 크게 보도하기 시작했다. 여론의 힘 덕분이었을까?

1947년 5월 마쓰시타 고노스케는 마침내 공직 추방 대상에서 해제되었다.

하지만 공직 추방 대상에서 해제되어 풀려난 마쓰시타 고노스케 앞에는 고난의 장애물이 기다리고 있었다. 1949년 일본에는 '닷지불황'(악성 인플레이션을 잡고 일본 경제를 안정시키기 위해 연합군총사령부에 파견된 조셉 닷지의 과감한 긴축정책이 가져온 경제불황)이 닥쳐왔다. 자금 핍박으로 부도 위기에 몰린 기업들은 전전긍긍했다. 대기업, 중소기업을 막론하고 정리해고가 줄을 이었고, 격렬한 노사분규가 발생했다. 마쓰시타 전기제작소의 경영상태도 점점 악화되어 호전될 기미가 전혀 보이지 않았다. 이때 이웃나라 한국에서 전쟁이 발발했다.

1950년 6월 25일 북한의 남침이 개시되었다. 당시 북한은 강력한 공산주의 체제였기에 한반도를 공산화시켜 남북통일을 하겠다는 정치적 목표를 갖고 있었다. 아무런 방비력을 갖추지 못했던 한국(남한)은 순식간에 밀려 부산 지역만 빼고는 전 국토가 전쟁의 포화 속에 놓이게 되었다. 한국 정부 이승만 대통령의 요청으로 유엔군 파병이 결정되고 미군이 참전하여 반격의 태세를 갖춘다.

미군이 본격적으로 참전하게 되자 일본에는 '한국전쟁 특수' 붐이 일어난다. 미국으로부터 각종 물자에 대한 수요가 갑자기 증가했기 때문이다. '전쟁 특수'로 사경을 헤매던 일본경제는 가뭄에 단비를 만난 듯이 일본열도 전체에 활기가 넘쳐나기 시작했다. 도산 위기에 몰려 회사의 간판을 내릴 직전이었던 도요타 자동차도 회생하는 기지개를 폈다.

생애 첫 해외출장을 떠나는 마쓰시타 고노스케의 미소 띤 모습

일본의 대기업과 중소기업들은 미군을 위한 전쟁물자 생산, 보급으로 숨돌릴 틈도 없이 바빠졌다. 불황은 어느새 호황의 급물살을 바꿔 타고 일본 경제를 하이 스피드로 일으켜 세운다. 마쓰시타 전기제작소도 때를 만난 듯 경영위기에서 거뜬히 탈출할 수 있었다.

마쓰시타 고노스케는 조선, 항공기 등 중후장대 산업과 결별을 선언한다. 그는 경박단소 산업에 집중하기로 다짐한다. 소비자를 직접 상대하는 전자산업에 혼신의 정열을 투입하기로 방향을 잡는다.

1951년 마쓰시타 고노스케는 생후 처음으로 미국을 방문하는 기회를 가진다. '한국전쟁 특수'로 기사회생하여 회사가 본격적 궤도로 정상화 된 것도 기뻤지만, 세계 최대의 해외시장으로 등장한 미국의 전자시장을 개척하기 위해 가는 것만으로도 마쓰시타 고노스케는 흥분하지 않을 수 없었을 것이다.

그는 평소 일본을 이긴 미국을 경외하고 있었기에 내심 미국에 공부하러 간다는 생각을 가지고 있었다. 미국을 이기는 길은 미국의 장점을 배워서 내 것으로 만드는 길이 첩경이라는 생각이었다.

마쓰시타_ 기술지도료는 줘도 경영지도료는 받아야지

　　미국 출장을 마치고 돌아온 마쓰시타 고노스케는 그 길로 전자업계에서 일본 제일이 된다는 목표로 쌓아온 회사의 저력을 전자사업의 국제화로 전환시킨다. 전자사업의 국제화를 위한 첫 번째의 과제로 그는 네덜란드 필립스사와 기술제휴 교섭에 나선다. 미국 방문을 통해 그가 느낀 것은 전자부문에 관한 첨단기술을 도입할 필요성이 시급하다는 것이었다.

> '기술지도료'는 줄 수 있지만
> '경영지도료'는 우리가 받아야지

　　1952년 마쓰시타 고노스케는 필립스사와 기술제휴 교섭에 직접 나선다. 필립스사는 기술제휴의 구체적 조건으로 자본금 6억 6천만 엔의 신규합작회사 설립을 요구해 왔다. 필립스사는 30%를 출자하고 기술지도료 7%를 받는 조건이었다. 당시 마쓰시타 전기제작소의 자본금은 5억 엔이었는데 본사의 자본금을 상회하는 합작회사를 설립해야 했다. 무리한 요구였지만 필립스사와 기술제휴가 된다면 전자사업의 국제화는 요원의 불길처럼 진행될 수 있다고 생각했다. 하지만 필립스사의 요구를 전폭적으로 수락할 수는 없었다. 마쓰시타 고노스케는 기술지도료 7%를 요구하는 필립스사에게 합작회사의 경영은 우리가 하는 것이니까 우리도 경영지도료를 받아야 한다면서 경영지도료 5%를 요구했다.

예상하지 못했던 경영지도료 요구에 필립스사는 당황했다. 기술도입 교섭은 교착상태에 빠진다. 마쓰시타 고노스케는 끈질기게 자사의 경영능력의 우월성을 설명하고 그러한 경영능력이 결국에는 필립스사의 이익에 큰 보탬이 될 것이라며 일관된 주장을 펼쳤다.

마침내 협상은 서로 양보하는 선에서 타결된다. 필립스사는 기술지도료를 당초 7%에서 4.5%로 변경하고 마쓰시타 전기제작소는 3%의 경영지도료를 받기로 결정한다. 마쓰시타 전기의 입장에서 보면 기술지도료 4.5%에서 경영지도료 3%를 뺀 1.5%만 부담하면 되는 조건이었다. 이렇게 하여 1952년 최초의 합작회사 '마쓰시타 전자공업'이 탄생한다. 오사카에 설립한 공장은 1954년 조업을 개시하여 브라운관, 진공관 등의 전자제품을 생산했다. 그 후 1967년 합작계약조건을 갱신할 때 기술지도료와 경영지도료는 2.5%로 동일하게 정해진다. 이렇게 하여 마쓰시타 전기의 로열티 비용 부담은 사실상 완전히 사라지게 된다.

필립스사와의 기술제휴로 마쓰시타 그룹은 그동안 생산해 온 '전기' 제품 중심에서 '전자' 제품 중심으로 생산품목의 대변화를 실현하게 된다. 이렇게 하여 전자사업의 기술기반을 확립한 마쓰시타 고노스케는 1950년대 중반부터는 세계적인 전자기업으로서의 기틀을 닦기 시작한다. 1952년에는 텔레비전을 생산해 내었고, 이어서 전자믹서, 전자레인지 등을 생산했고, 1953년에는 전기냉장고, 무선마이크를 출시했다.

해외 수출을 확대하기 위해서는 미국에 판매법인을 설립했다. 이어서 세계 각국에 현지 법인 설립이 시작되었다. 1954년에는 대망의 브라운관을 생산했다. 1955년에는 가정용 펌프, 공업용 수상기를 출시했으며, 가장 큰 해외시장인 미국에서 처음으로 수출용 스피커에 '파나소닉' 브랜드를 사용했다. 이른바 '파나소닉' 시대를 여는 첫걸음을 디딘 것이다. 국내시장 중심의 '내쇼날' 시대에서 국제시장 중심의 '파나소닉' 시대를 열게 된 것이다.

마쓰시타 전기의 제품은 세계 각지로 퍼지기 시작했다. 1956년에는 전기밥솥, 전기청소기, 주스기, 전기담요 등의 신제품 출시가 잇따랐다. 마쓰시타 전기제작소는 일본 경제의 고도 성장을 선도하는 기업으로서 또 수출입국을 선도하는 기업으로서 칭송받는 소리가 도처에 넘쳤다.

1960년에는 TV생산 누계가 100만 대를 돌파하여 드디어 업계 1위로 등극한다. 이때부터 마쓰시타 고노스케에게는 '판매의 신', '경영의 신'이라는 조어가 따라붙기 시작했다. 당시 전자업계의 일본 최고는 세계 최고의 자리잡음을 의미했다. 1962년에는 미국 〈타임스〉지커버 스토리에 올라가 전 세계에 소개되었다.

　참으로 묘하다. 1960년에 한국에서는 정주영이 건설업계에서 1위로 등극하고, 같은 해에 일본에서는 마쓰시타 고노스케가 전자업계 1위에 등극했다. 정주영이 45세였고 마쓰시타 고노스케는 66세였다.

정주영_ 밖에서 벌어
안을 살찌우자

자본이 부족한 한국경제의 한계를 극복하기 위해
국내공사보다 해외공사를 수주해야지

한국경제는 3년이나 계속된 6·25전쟁으로 폐허 상태에서 휴전 이후 재건기를 가진다. 1961년 5월 16일 한국(남한)의 공산화를 막으려는 군부의 쿠데타 발발 이후 한국경제는 본격적 성장의 시대에 접어든다. 박정희 대통령이 이끄는 제3공화국은 '조국근대화'의 기치를 내걸고 경제개발 5개년 계획을 수립하여 체계적으로 산업화를 추진한다.

정주영은 건설업계의 제일주자로서 1965년에 한국 최초로 해외건설을 수주한다. 정주영은 자본이 부족하고 기술이 없었던 당시 한국경제의 한계를 극복하기 위해서는 국내공사 수주보다 해외공사 수주를 해야 한다고 생각했다. 외화를 벌어들여 국내를 살찌게 만들어야 한다고 결심한 것이다. '밖에서 벌어 안을 살찌우자'는 슬로건은 현대건설의 캐치프레이즈였다.

한국경제가 제1차(1962-1966), 제2차(1967-1971), 제3차(1972-1976) 경제개발 5개년 계획이 순조롭게 진행되어가는 과정에서 정주영은 사업다각화를 선제적으로 추진하여 조선공업, 자동차공업, 석유화학공업, 제철공업 등으로 중후장대산업의 선봉에 선다. 다른 기업들이 경공업산업에 안주하고 있던 시절이었다. 정주영의 미래를 통찰하는 예지력과 사람들을 이끌고 가는 강력한 추진력은 중공업 산업불모지였던 한국경제에 새로운 활력을 불어넣었다. 이는 대한민국의 경제구조를 경공업 산업구조에서 중화학공업 산업구조로 변천시킬 수 있는 원동력이 되었다.

연도별 사업확대 내용을 간추려 살펴보면 다음과 같다.

1962년 단양 시멘트 공장 착공 (후에 현대 시멘트 설립)
1965년 한국 최초로 해외공사 진출. 태국 파타니 나라왓트 고속도로 공사 수주. 그 후에도 태국에서 6건의 고속도로 공사와 1건의 매립공사 수주 시공
1966년 월남(베트남)진출. 캄란 메콩 강 준설공사 수주 시공
월남에서 미국 해군이 발주한 준설공사로 3년만에 조기 완공한다. 이어서 괌, 알래스카, 오스트레일리아, 파푸아 뉴기니, 인도네시아, 중동지역으로 해외공사 수주를 확대하여 외화벌이로 자본을 축적했고, 해외공사 수주로 친숙해진 외국의 공사감리회사들로부터 기술을 터득했다. 다른 기업들이 일하기 쉬운 국내공사에 몰입하고 있을 때 일

하기 어렵고 환경이 열악한 해외공사 수주를 개척한 덕분에 현대건설은 외화벌이로 튼튼한 재무구조를 만들었고, 자체시공기술을 보유한 유일한 건설회사로 우뚝 설 수 있었다. 특히 1966년부터 1973년까지 8년간에 걸친 '월남전쟁특수'는 현대건설이 비약적으로 발전하는 토대를 제공했다. 그 후 석유판매 대금으로 자금이 풍족해진 사우디아라비아를 비롯한 중동지역 진출은 현대건설을 세계적 건설회사로 성장시키는 도약대가 됐다.

1967년 현대자동차 설립

현대건설은 소양강 다목적 댐 공사 수주. 한국 최초의 시멘트 대신 모래를 사용하는 '사력댐' 방식으로 '극일'을 상징하는 대표적 공사

1968년 경부고속도로 착공

현대와 포드의 자동차 조립기술 협정 체결

1972년 현대조선소(후에 현대중공업)설립

조선 도크 1호와 2호 완공과 동시에 26만톤 급 대형 유조선 2척 건조, 진수 성공

1974년 현대엔지니어링 설립

현대자동차서비스 설립

1976년 현대종합상사 설립

무역을 책임질 '상사맨' 천 명 육성 목표

한국 최초 고유모델 자동차 '포니' 개발 및 생산개시

사우디아라비아 쥬바일산업항 건설공사 수주

20세기 사상 최대의 대형공사로 선진국들과 치열한 경쟁
끝에 수주 성공. 공사비 9억 3천만 달러는 역대 세계 단일
공사 최고금액. 당시 한국정부 1년 예산의 절반 규모

1977년 현대정공 설립 (현 현대모비스)

1983년 현대전자 설립 (현 하이닉스)

1984년 현대건설의 서산 천수만 간척사업 완공. 여의도 면적의
33배가 넘는 4천7백만 평 간척지 개척으로 국토확장

1986년 현대산업개발 설립

1991년 현대석유화학공장 준공 (현 오일뱅크)

1999년 현대아산 설립 (대북사업전담 기업)

정주영은 '불굴의 개척자'로도 불린다. 그의 영면 후 미국의 〈타
임스〉지는 "정주영은 많은 사람들이 틀렸음을 증명한 인물이다."라
고 기록했을 정도로 편견과 고정관념을 탈피하여 남이 하지 못하는
새로운 사업에 도전했다. 정주영이 이룬 '현대'는 대한민국의 눈부
신 발전을 상징하는 대기업 집단이 되었다. 1977년부터 2000년까지
24년 동안 계속해서 국내 자산총액기준 재계서열 1위의 한국 최대기
업집단으로 자리잡았던 것이다.

2001년 이후 현대기업집단은 2세 경영진에 의해 소그룹으로 분리
되어 분화하였다. 크게 구분해 보면 다음과 같이 분류된다.

현대·기아자동차 그룹(2남 정몽구): 건설, 엔지니어링, 자동차, 철
도차량, 제철, 강판, 강관, 형강, 부품, 물류, 운송 사업을 주축

으로 형성

현대중공업그룹(6남 정몽준): 조선, 플랜트, 해양, 엔진, 건설기계, 로봇, 태양광, 수리조선, 석유화학, 자원개발 사업을 주축으로 형성

현대백화점그룹(3남 정몽근): 백화점, 홈쇼핑 사업을 주축으로 형성

현대산업개발그룹(조카 정몽규): 아파트, 주택 사업을 주축으로 형성

현대해상화재보험그룹(7남 정몽윤): 보험, 금융 사업을 주축으로 형성

현대종합상사그룹(조카 정몽혁): 종합무역, 자원개발, 재료개발사업을 주축으로 형성

현대그룹(5남 고 정몽헌·며느리 현정은): 엘리베이터, 상선, 증권, 택배사업을 주축으로 형성

방계그룹으로는 KCC 그룹(동생 정상영), 성우그룹(동생 정순영), 한라그룹(동생 정인영), 한국프랜지공업그룹(매제 김영주) 등이 '범현대' 가에 속한다.

정주영_ 일본을 이기려면
무엇이든 일본보다 더 많이

정주영은 일제강점기 시대에 어린 시절을 보낸 사람으로서 우리가 일본을 이기려면 일본보다 더 많이 배우고, 더 많이 일하고, 더 많이 창의력을 발휘해야 한다고 입버릇처럼 말했다. 그는 도쿄에 출장 오면 필자에게 직원교육을 철저하게 시켜야 함을 강조했다. "우리 사원이 일본회사 사원보다 잘 하고, 우리 과장이 일본회사 과장보다 잘 하고 우리 부장이 일본회사 부장보다 잘 하고, 우리 임원이 일본회사 임원보다 잘 할 때 우리회사는 일본회사보다 더 잘 할 수 있는 거야."라는 정주영의 힘있는 말이 귓전에 생생하게 남아 있다.

정주영은 일본의 장점을 빨리 학습해야 한다고 말했다. 일본을 이기고 일본보다 더 나은 나라를 만들려면 일본이 가지고 있는 우리보다 잘하는 모든 것을 빨리 찾아 내어서 우리 것으로 체득해야 한다고 말했다. 그것이 '극일' 을 할 수 있는 빠른 길임을 누누이 강조했다. 정주영의 '극일' 의지는 대일 '학습력' 으로 승화했다. 그는 일본에 출장 오면 재벌기업군의 회장이 아니라 현장학습에 열정을 다하는 연수유학생 같은 자세를 보였다.

현대건설이 '극일'을 한 첫 번째 사례는 소양강 댐 건설에 얽힌 일화에서 발견할 수 있다. 일본인을 능가하는 창의력이 발휘된 사례다. 소양강 댐은 강원도 춘천시 동면 월곡리와 신북면 신천리 사이에 놓인 다목적 댐이다. 댐 높이 123미터, 제방 길이 530미터, 총 저수량 29억 톤, 용수조절 능력 5억 톤, 용수공급 능력 12억 톤, 수력발전 시설용량 20만킬로와트로 소양강 물길을 가로막아 인공저수지를 만드는 공사였다. 상류에 있는 인제까지 배가 다닐 수 있어 관광산업에도 큰 기여를 할 수 있는 등 다목적 댐으로서는 한국 최초의 공사였으며 최대의 규모이기도 했다.

1967년 4월 15일 착공, 1973년 10월 15일 준공되었다. 당시 한국에는 대규모 다목적 댐을 설계할 기술이 부족했다. 일본 기업 니혼고에이(日本工營)사가 설계를 수주하였다. 니혼고에이 사는 '콘크리트 중력식' 댐으로 설계했다. 이 설계에 따르게 되면 엄청난 양의 시멘트와 철근이 들어가야 했다. 한국에는 시멘트와 철근이 부족했기 때문에 전량을 일본업체의 공급에 의존해야 했다. 니혼고에이 사는 이미 일본의 시멘트 공급회사 및 철근 공급회사까지 염두에 두고 있었다. 공사설계는 일본 회사가 수주했지만 공사시공은 한국의 현대건설이 수주했다.

시공회사인 현대건설의 정주영은 설계도면을 받아 보고 깜짝 놀란다. 정주영의 생각은 공사비용 절감을 위해서는 외국에서 시멘트와 철근을 수입하기보다 국내에 있는 자원을 사용하는 것이 좋다고 판단했기 때문이다. 가까운 산으로부터 다량의 암석을 채석하고 차수벽용 자재로 양질의 점토, 자갈, 모래 등을 채취하여 '사력 댐' 방식으로 시공하면 공사비용을 최대한 줄일 수 있다는 생각을 하고 있었다. 하지만 니혼고에이 사는 설계를 변경할 수 없다고 고집했다. 공사 발주자인 정부 당국에서도 설계사의 입장 편에 손을 들어주었다. 당시 '사력 댐'은 '콘크리트 댐'과 달리 높이 30미터 이내에서만 경제성이 보장된다는 것이 토건업계의 통념이었으므로 정부에서는 전문가의 편에 설 수밖에 없다는 것이었다.

하지만 정주영의 생각은 달랐다. 그는 업계의 일반적 통념에 강력히 반발했다. 정부의 관료들을 설득하기 시작했다. 정주영은 현장의 사나이답게 현장답사를 면밀히 시행했다. 현장의 지반이 무거운 콘크리트 댐에 견디기 힘든 지반임을 발견한다. 그리고 '사력 댐'으로 할 경우 안보차원에서 '콘크리트 댐'을 능가한다는 점을 강조한다.

소양강 댐은 위치가 북한과 가까운 곳에 있기 때문에 북한이 포격을 하면 폭탄을 맞을 수 있는 거리이다. 콘크리트를 사용한 댐의 경우 폭탄을 맞으면 그 충격이 댐 전체에 전달되어 댐이 붕괴해버릴 우려가 있지만, '사력 댐'의 경우는 만약 폭탄을 맞는다 해도 폭탄을 맞은 부위만 웅덩이가 파일 뿐 댐 전체가 붕괴될 우려가 없다는 점을 부각시킨다. 당시 건설부 장관은 이 사안을 들고 박정희 대통령에게 보고한다. 대통령은 정주영의 창의력 편에 손을 들어 주었다. 이렇게 하여 소양강 댐 건설은 공사비용을 1/3이나 절약하게 된다. 설계변경을 절대 해 줄 수 없다던 니혼고에이 사는 결국 정주영의 '사력 댐'

시공방식을 채택하여 설계를 변경할 수밖에 없었다. 정주영의 현장 학습력과 창의력, 도전정신이 합작한 '극일' 사례이다.

정주영은 기업활동 이외에도 다양한 사회활동을 전개하였는데 그 대강을 정리하면 아래와 같다.

1969년 한국지역사회학교 협의회 후원회장 피선

> 정주영은 1969년부터 1994년까지 25년 동안 후원회장을 맡아 지역사회 교육사업운동을 적극적으로 후원하고 선도한다. '형식교육' 인 제도권 교육을 받지 못하는 학생들을 위해 '비형식교육' 인 지역사회교육을 통해 넓은 의미의 '교육복지' 의 개념을 실천한다.

1976년 한·영 경제협력위원회 위원장 피선

1976년 한·아랍 친선협회 회장 피선

1977년 전국경제인연합회 회장 피선

> 울산공업대학 설립, 이사장 취임
>
> 아산사회복지재단 설립, 이사장 취임
>
> 현대건설 개인주식 절반(500억 원)을 재단에 출연한다. 당시 정부의 보건복지부 연간 예산이 30억 원 규모였음을 감안할 때 국민에게 충격을 준 파격적인 액수이다. 한국의 기업인 사회복지재단설립 1호로서 정주영이 한국 최초로 민간 복지재단을 설립한다.

1978년 한·아세안 경제지도자 협의회 회장 피선

1979년 과학기술재단 이사장 피선

1981년 88서울올림픽 유치위원회 위원장 취임. 올림픽 유치 성공

1982년 유전공학연구조합 이사장 피선

　　　　대한체육회 회장 피선

1987년 전국경제인 연합회 명예회장 피선('전경연' 회장 10년 연임

　　　　후 명예회장으로 물러남)

1989년 소련방문 및 민간인 최초의 북한 방문. 목숨을 건 북한 방

　　　　문에서 5개항에 달하는 '남북합영 의향서'를 체결

　　　　한·소 경제협력위원회 회장 피선

1991년 통일국민당 창당 대표최고위원 피선

1992년 14대 국회의원 전국구 당선

　　　　대통령 선거 출마, 낙선

1993년 김영삼 정부의 압력으로 국회의원직 사퇴. 통일국민당 탈

　　　　당 및 당 해체

1998년 서산농장에서 직접 키운 '통일소' 1001마리(6월 1차 500마

　　　　리 + 10월 2차 501마리)를 몰고 북한 방문(민간인 최초의 판문

　　　　점 통과 육로 방북)

정주영_ 무한 긍정,
정주영 공법의 탄생

요즘 한국의 젊은이들은 '흙수저' 탄생이냐, '금수저' 탄생이냐가 인생을 좌우한다는 등식을 만들어 놓고 있다. 부모의 재산이 많으면 '금수저'를 물고 탄생하고 부모가 가난하면 '흙수저'를 물고 나온다는 얘기다. 어느 나라의 어느 사회이건 '금수저'를 물고 나오는 사람보다 '흙수저'를 물고 나오는 사람이 많은 것은 불문가지다. 그런데 왜 요즘 젊은이들이 '흙수저' 타령을 하게 된 것일까? 사실 태어날 때 '흙수저'를 물고 나왔던지 아니면 '금수저'를 물고 나왔던지 하는 것은 삶을 살아 가는 데 있어서 인생의 결과를 예측하는 기준이 되지 않는다.

인생의 결과는 태어난 순간에 결정되는 것이 아니고 태어난 이후 삶을 영위하는 과정에서 결정되기 때문이다. 그런데도 상대적으로 자신이 남보다 좀 뒤떨어진다고 생각하면 '나는 가진 것 없는 집안 출신'이라며 신세 한탄을 하는 젊은이들이 늘어나고 있다. 이런 현상은 자기가 책임져야 할 자신의 삶에 대하여 자신의 책임을 부정하고 부모세대에 책임을 전가하려는 안이한 생각이라 할 수 있다.

오늘날 대한민국의 위상은 국제사회에서 10위권의 경제대국에 들어 있고 세계 7위권의 무역대국으로서 수많은 세계 1등 제품을 만들어 수출하고 있는 선도적 공업국가이다. 동남아 지역, 남미 지역, 아프리카 지역, 중동 지역을 비롯하여 많은 지구촌 국가들이 한국을 부러운 시선으로 바라보고 있다. 그리고 한국을 본받으려 애쓰고 있다. 그럼에도 불구하고 한국의 젊은이들이 자신이 태어난 현재 상황을 신세 타령의 구실로 삼고 있는 것은 일종의 정신적 사치라고 생각할 수 있지 않을까?

위에서 살펴 보았지만 정주영이 태어난 시절은 '헬 조선'(지옥 같은 식민시대)이었고, '흙수저'(아무 가진 것 없는 집안 출생)를 입에 물고 자란 전형적 빈곤의 시절이었다. 빈농의 소작인 농사꾼 장남으로 태어난 정주영에게 조국 강산은 암흑이었고 그의 답답한 심정을 이해해 줄 수 있는 것은 아무 것도 없었다. 그는 청소년 시절 손톱이 닳도록 일해도 달라지지 않는 형편을 증오했다. 결국 더 넓은 세상을 만나기 위해 가출을 결심하고 3번의 '실패'(정주영 용어로는 '시련')를 하고 4번째 가출 끝에 성공하여 자신의 꿈과 비전을 펼치는 삶을 개척한다.

정주영은 서울 신설동에 자동차수리공장을 차리는 것으로 창업전선에 뛰어들었다. 그 후 해외건설에서 얻은 시공기술로 한국의 핵심적 물류 통로 역할을 수행할 수 있는 경부고속도로라는 인프라를 깔

당시 서산 천수만 방조제 물막이 공사에 사용된 폐유조선 사진

았다. 그 후 조선업 진출로 한국조선공업의 세계 1등 신화를 쓰고, 자동차 산업의 고유 브랜드화에 성공하여 현대자동차그룹이 세계 5대 자동차 메이커에 입성하는 쾌거를 이뤄냈다.

정주영은 혁신적 발상으로 기업 경영의 신천지를 개척한 창조적 기업인이다. 500원짜리 지폐(지금은 동전이지만 당시에는 지폐가 있었음)에 그려 있는 거북선 그림 한 장으로 한국의 조선 능력은 영국보다 수백 년 앞서서 철갑선을 건조했었다고 설명하여 영국은행으로부터 조선소 건설과 선박을 건조할 수 있는 외자를 도입했다.

국토를 확대하는 간척지 마무리 공사 때 생긴 '정주영 공법'은 그의 향상심, 긍정심, 창의력의 정수를 보여 주었다.

서해안의 서산 천수만 방조제 공사는 토목기술상 대단히 험난한 공사였다. 특히 9.8킬로미터나 되는 물막이 제방공사 방법은 양쪽에서 둑을 쌓아 나가는 공사였는데 마지막 공정에서 예상하지 못한 난관에 부딪혔다. 유속이 초속 8미터가 넘는 밀물 압력을 이겨낼 수 있는 방법이 전무했던 것이다. 두 둑 사이의 간격이 270미터 정도 남았을 때 20톤이 넘는 바위덩이를 밀어 넣어도 급물살에 쓸려 나가 버렸다. 수십 년의 경력을 가진 일류 토목기술자들이 모두 속수무책이었다.

정주영의 상상력은 이때에도 여지없이 발휘되었다. "이봐! 문제는 해결하라고 있는 거야." 그는 선박해체를 위해 울산 앞바다에 정박시켜 둔 22만6천 톤급 대형 폐유조선을 이쪽으로 끌고 오라고 지시했다. 폐유조선의 길이는 332미터가 된다. 이 선박을 두 둑 사이에 끼워두고 바다 물을 선박에 가득 채워 가라앉혔다. 물살은 이 대형선박을 밀어내지 못했다. 물살이 없어진 틈을 이용하여 양쪽에서 큰 돌과 제방 구조물을 투하하기 시작했다. 드디어 둑을 연결하여 물막이 제방공사를 준공했다. 세계의 토목공학 학계가 놀란 '정주영 공법'이 탄생한 배경이다.

정주영의 무한 긍정심은 지구촌에 캔두이즘(candoism)을 심어주었다. 정주영의 새로운 발상은 후대 경영인들이 배워야 할 창의성의 전범이 되었다. 그러면서도 그는 항상 나라의 경제와, 나라의 발전과, 나라의 풍요를 생각했다. 그가 울산 앞바다에 세운 현대중공업 정문에 가 보면 건물 벽에 크게 쓰여져 있는 어록이 눈에 띈다.

"우리가 잘 되는 것이 나라가 잘 되는 것이며, 나라가 잘 되는 것이 우리가 잘 되는 것이다." 정주영은 개인의 성장과 기업의 성장을 국가발전과 동일시하는 기업관을 평생 강조해왔다.

그들의 삶의 이치와
경영 목표는 무엇인가

04

: 향상심과 긍정심, 신념과 실천의 무한 확대

마쓰시타 **정책 싱크탱크 창설**

마쓰시타 고노스케는 기업활동 이외에 어떤 활동들을 하였는지 살펴보기로 하자.

1946년 PHP연구소 창설. 초대 소장에 취임

1955년 60세 때 일본 전체 개인소득 순위표 1위에 등극.

　　　　이후 톱10을 30번 이상 유지

1979년 21세기 지도자 육성을 목표로 '마쓰시타 정경숙' 설립.

　　　　숙장 겸 이사장에 취임

1982년 오사카 21세기협회 회장 취임

1983년 국제과학기술재단 설립, 회장 취임

1988년 마쓰시타 국제재단 설립, 회장 취임

마쓰시타 고노스케는 민간 '정책 싱크탱크' 연구소를 일본 최초로 창설했다. '번영을 통한 평화와 행복의 실현'(PHP: Peace and happiness through prosperity)이라는 인류 공통의 소원을 목표로 종합 연구소를 창설한 것이다. 이 연구소는 민간독립기관이라는 자유로운 입장에서 정치, 경제, 행정, 외교, 안보, 교육, 지역정책 등의 폭넓은 분야에 걸쳐 연구하여 정책제안을 하기 위한 것이었다.

마쓰시타 고노스케는 어떠한 연구성과나 정책 아이디어라도 세상에 알려지지 않으면 의미가 없다고 생각했다. 만들어진 연구성과나 정책 아이디어는 기자발표회나 브리핑을 통해 적극적으로 홍보하고 필요로 하는 당국이나 당사자에게는 능동적으로 제공하는 방침을 정했다.

일본 현대 정치사의 3인의 왕인 메이지, 다이쇼, 쇼와 시대를 잇는 파란만장한 격동기를 살아 오면서 마쓰시타 고노스케는 기업경영을 잘 하는 한 사람의 사업가에 머물지 않고 끊임없이 본인의 향학심을 자극하는 사색가 또는 경세가의 모습을 보여주기도 한다. 그는 자신이 만나는 모든 지식인을 스승이라고 생각했기 때문에 남다른 학습력으로 동양고전 공부를 하고 인간성에 대하여 끊임없이 연구한 끝에 철학, 종교, 문화, 교육 등을 아우르는 수준 높은 식견을 체득하게 된다.

오늘날 PHP의 주력 활동은 첫 번째가 연구활동이다. 특히 마쓰시타 고노스케 경영철학에 관한 연구활동 및 일본 각계의 제일선에서 활약하고 있는 지식리더를 핵심 멤버로 구성하여 '세계를 생각하는 교토 좌담회'를 개최한다. 매년 가을에는 'PHP 교토 심포지엄'을 통해 일본뿐만 아니라 인류가 추구해야 할 방향과 세계가 나아가야 할 모습에 대한 연구를 발표해 오고 있다.

두 번째로는 출판 보급활동이다. 월간지 'PHP' 및 'VOICE'를 대표로 하는 10여 종류의 잡지를 출판하고 있으며 연간 800여 점에 이르는 서적, 시청각 교재, 통신교육 교재, e-러닝 교재 등을 편집, 제작, 간행하고 있다.

세 번째로는 실천을 통한 인간계발 시민운동과 행복추구운동이다. 마쓰시타 고노스케는 일본에 두 번 다시 전쟁의 비운이 없어야 한다는 생각으로 시민의식운동을 전개했다. 인생의 지혜를 살아 있는 교재로 배우는 'PHP 세미나'를 정기적으로 개최하여 시민 누구나 참여할 수 있는 기회를 제공하고, '솔직한 마음이 됩시다'를 슬로건으로 동호회 모임을 결성하여 실질적 사회활동에 기여하는 'PHP 친우회'를 폭넓게 만들어 가고 있다. 'PHP 친우회'의 결성은 일본 국내뿐 아니라 해외에도 네트워크를 뻗어 한국에도 들어와 있다.

일본의 삼류정치를
일류정치로 끌어 올려야 해!

일반에 잘 알려져 있지 않는 얘기지만 마쓰시타 고노스케는 말년에 정치에 지대한 관심을 둔 일이 있다. 그의 나이 여든 살을 2년이나 넘겨 인생의 황혼기에 접어든 무렵이다. 당시 일본의 정치판은 마쓰시타 고노스케의 마음을 답답하고 우울하게 만들고 있었다. 눈만 뜨면 구태의연한 정쟁만 벌이면서 나라의 번영보다 정권욕에만 매달려 치열하게 서로 싸움만 하고 있는 정치인들의 행태를 개탄했다. 그는 이대로 가만히 보고 있을 수밖에 없는 것인가, 아니면 내가 직접 정치에 뛰어 들어 구태의연한 정치판을 선진형으로 변화시켜야 할 것인가로 심각하게 고민한다.

1955년에 창당한 자민당은 일당 독재라는 비판을 들을 정도로 장기집권하고 있었다. 야당은 사민당 등 군소정당이 존재했지만 일본 국민들의 지지를 받지 못해 명맥만 유지해오는 만년 소수당에 불과했다. 여당을 장기간 독점해 오면서 만년 집권세력이 된 자민당은 내부에 있는 파벌들이 서로 당대표(총재)를 맡기 위해 치열한 대립과 정쟁을 계속하고 있었다. 당대표가 되면 의석의 과반수를 확보하고 있기 때문에 자동적으로 총리(수상)에 취임하기 때문이다. 자민당 내부의 정쟁이 격화되면서 일본은 몇 개월 동안 수상을 배출하지 못하는 일도 발생했다. 국가의 최고지도자를 선정하지 못해 공석으로 두면서까지 파벌정쟁을 일삼고 있는 일본정치를 두고 국내외의 비아냥은 거세지고, 일본의 경제는 일류인데 정치는 삼류에 머물러 있다는 비판이 나왔다. 일본 국민들은 정치에 신물을 내고 정치를 외면하는 유권자가 많아지고 있었다.

1977년 12월 초 82세 때 마쓰시타 고노스케는 직접 정치판에 뛰어들 결심을 하고 치밀한 계획을 세운다. 경제대국이 된 일본에 걸맞은 정치적 리더십의 부재를 한탄만 하고 있으면 누가 해결해 준단 말인가? 일류경제에 어울리는 일류정치를 하지 않으면 일본의 경제도 결국 파탄의 길로 빠져버릴 위험이 도사리고 있다고 판단한다. 마쓰시타 고노스케는 새로운 혁신정당을 만들어 우선 다음 해에 예정되어 있는 '참의원' 선거에 진출을 하고 그 결과를 본 다음에 '중의원'

선거에 진출하여 의석을 확보하는 플랜을 실행에 옮기려고 계획을
가다듬는다.

그가 본인의 생각을 노출시키자 측근들은 모두 반대했다. 그들은
삼류정치를 일류정치로 끌어올리겠다는 마쓰시타 고노스케를 한사
코 말렸다. 무엇보다 마쓰시타의 고령을 걱정했다. 마쓰시타는 자기
생각이 옳다고 주장했다. 계획대로 정치개혁을 추진하겠다는 뜻을
굽히지 않았다. 그는 자기가 직접 마련한 정치활동 일정 메모를 내밀
고 이대로 실행할 것을 측근들에 주문했다. 하지만 마쓰시타 고노스
케의 신당 창당에 관한 활동은 여기까지였다. 측근들의 맹렬한 반대
에 부딪힌 심적 타격에서 일까? 다음해 초에 마쓰시타 고노스케는
건강에 이상이 생겨 입원을 하게 된다.

마쓰시타_ 일본 미래를 위한 투자
마쓰시타 정경숙

입원한 마쓰시타 고노스케에게 참모들은 직접 정치판에 뛰어드는 대신 간접 참여 방안을 건의한다. 정치개혁을 하려면 정치인의 의식이 달라져야 하는 것이 제일 조건인데 기성정치인들의 의식을 변화시키는 일은 기대하기 어렵다는 것을 지적한다. 오히려 확고한 국가관을 가지고 새로운 정치를 할 수 있는 인재를 양성하는 방법이 확실한 정치개혁 방법이라는 제안을 한다. 이렇게 하여 탄생한 것이 '마쓰시타 정경숙'이다. 1979년 마쓰시타 고노스케는 21세기 '동세서점' 시대를 이끌어나갈 세계적 정치지도자를 양성하기 위해 사제 70억 엔을 출연하여 정경숙(政經塾)을 설립했다.

'정경숙'을 설립할 당시에 일본 정계의 반발이 만만치 않았다. 마쓰시타 고노스케의 순수한 정치지도자 양성의 뜻과는 달리 재벌당을 만들어 정치적 영향력을 행사하려 한다는 비난이 기성 정치권으로부터 나왔던 것이다. 마쓰시타 고노스케는 "나를 위한 것이 아니다. 일본의 내일을 위한 것이다."라고 주장하며 자신의 뜻을 굽히지 않았다.

그의 '정경숙' 설립에 대한 간절한 생각은 숙시(塾是)에 잘 나타나 있다. "진실로 국가와 국민을 사랑하고, 새로운 인간관에 기초해 정치 및 경영의 이념을 탐구하고, 인류의 번영, 행복과 세계의 평화에 공헌하자."라는 숙시를 정하여 숙원들에게 암송하도록 하고 있다.

마쓰시타 정경숙은 도쿄에서 전차를 타고 남쪽으로 한 시간 거리의 치가사키 시에 있다. 1980년에 첫 입학생을 받았으며 매년 25-35세의 청년 7-8명 내외의 입학생을 소수 정예로 모집한다. 입학 평균경쟁률은 처음에 40 대 1 정도였다가 몇 년 전부터 200에서 300대 1의 경쟁률이 되었다. 교육과정은 4년, 교육비 전액무료, 매월 20만 엔의 생활비를 지급 받는다. 교육시간은 오전 7시에서 오후 7시까지로 전원 기숙사 합숙생활을 한다.

필수 과목은 일본 전통정신과 전통문화이다. 그리고 국가관, 역사관, 정치이념, 경제이념, 경영이념 등에 관한 구체적 연구테마를 모두 재학생이 선정한다. 전임교수는 한 명도 없다. 교수는 전원 외부 강사를 초청하며 누구를 불러 올지는 재학생이 스스로 결정한다. 강의 방법은 질문과 토론 중심으로 하며 강사의 일방적 강의는 허용되지 않는다. 전반기 2년은 기본 이론과정, 후반기 2년은 현장 실행과정으로 나뉜다. 실행과정에는 아시아의 여러 나라를 돌면서 한 달 동안 직접 노동을 체험하는 프로그램이 포함되어 있다. "노동의 신성함과 소중함을 모르는 사람은 지도자가 될 수 없다."는 마쓰시타 고노스케의 신념이 반영된 것이다.

'정경숙' 출신들은 일본의 정치계를 비롯하여 경제계, 문화계, 교육계 등에 광범위하게 진출해 있다. 정치계 진출 현황을 보면 아래와 같다.

1993년 선거에서 국회의원(참의원, 중의원) 15명이 당선되어 '정경숙' 출신 의원의 정계 진출 돌풍을 일으킨다.

2003년 졸업생 200여 명 중에서 중의원 의원 18명, 참의원 의원 2명이 당선, 도지사-시장-지방의원 30명이 당선

2009년 하토야마 유키오 총리 때 내각에 임명된 장관, 차관 중 8명이 '정경숙' 출신

2010년 중의원 의원 31명, 참의원 의원 7명, 도지사-시장-지방의원 24명 총 72명 배출

2011년 자민당 소속 의원 10명, 민주당 소속 의원 28명, 도지사-시장-지방의원 39명 총 77명의 정치지도자 배출

2011년 8월 '정경숙' 1기 졸업생인 노다 요시히코 민주당 대표 제9대 일본 총리에 등극

마쓰시타 고노스케 서거 후의 일이지만 '정경숙' 출신이 일본의 총리로 최고 정치지도자 반열에 오른 일이 있는 것을 보면 그가 그렇게도 원했던 일본정치 개혁의 꿈이 실현될 수 있는 날이 머지않아 올 수도 있을 것이라 생각된다.

마쓰시타_ 수돗물 경영철학과 250년 사업계획

94세로 파란만장했던 일생을 마친 마쓰시타 고노스케는 수많은 일화를 남겼다. 마쓰시타 경영의 본질을 알기 위해서는 그의 경영철학과 경영이념에 주목해야 할 것이다. 그리고 또 하나 빼놓을 수 없는 것이 그의 탁월한 경영수완이다. 그가 어떻게 조직을 만들고, 어떻게 판매관리를 주도하였는지, 어떻게 인재를 발탁하고, 어떻게 경영권의 승계를 결단했는지, 그의 숨겨진 인간적 고뇌는 무엇이었는지를 살펴보기로 한다.

마쓰시타 고노스케의 경영철학에서 첫 번째로 떠오르는 단어는 '수돗물 경영철학'이다. '수돗물 경영철학'의 연원은 1930년대로 거슬러 올라간다.

마쓰시타 전기제작소에는 창립기념일이 두 번 있다. 하나는 마쓰시타 고노스케가 처음으로 회사를 창업한 1918년 3월 7일을 기념하는 날이고, 또 하나는 1932년 5월 5일을 기념하는 날이다.

실제 회사 창업일보다 14년이 지나서 그것도 다른 날짜에 창업기념식을 갖고 이 날을 창업기념일이라고 선포한 이유는 무엇일까?

마쓰시타 고노스케는 1932년 봄의 어느 날 중요한 거래선의 초청을 받아 나라지역에 있는 덴리교(天理敎) 본부를 방문한 일이 있다. 그가 거기에서 목도한 것은 덴리교 사찰을 건립하는 공사현장에서 한 푼의 대가도 받지 않고 열심히 일하는 신도들의 묵묵히 일하는 모습이었다. 그는 생각했다. "나는 돈까지 주고 있는데 왜 우리회사 종업원들은 이들만큼 열심히 일하지 않을까?"

종교가 사람들의 고뇌를 덜어주고 어렵고 힘든 사람들에게 위안을 줘서 행복하게 해 주는 것이라면 기업의 진정한 사명은 무엇인가를 곰곰이 생각하게 된다. 여기에서 마쓰시타 고노스케는 '수돗물 경영철학'을 생각해 내었다고 술회한다. 물은 최고의 가치를 가지고 있다. 사람은 물 없이 살 수 없기 때문이다. 그러나 물은 양이 풍부하기 때문에 거의 무상에 가까운 값으로 사람들이 사용한다. 그는 생각했다. 가전제품을 소비자들이 물처럼 누구나 사용할 수 있도록 할 수는 없을까?

가전제품은 인간생활에 없어서는 안 될 필수품이다. 물과 같은 최고의 가치는 아닐지라도 가전제품이 없는 인간생활을 상상하기 힘든 것도 사실이다. 인간생활을 윤택하게 하고 편리하게 하려면 가전제품이 풍부해야 할 것이다. 그렇다면 생산자의 사명은 생활물자를 수돗물과 같이 저렴하게 공급할 수 있게 하는 것이 아닐까라고 스스로 다짐한다. 그 날이 바로 5월 5일이었다.

마쓰시타 고노스케는 오사카 중앙전기클럽을 빌려 개최한 새로 정한 창업기념일 날 기념식에서 이렇게 말한다. "수돗물이 무궁무진하게 공급되고 값싼 것처럼 우리 회사의 제품도 싸게 많이 보급하여 사람들에게 행복을 제공해 줘야 한다."

당시 38세였던 그는 168명의 전 종업원 앞에서 이 같은 요지의 기념사를 토해냈다. 마쓰시타 고노스케의 이러한 '수돗물 경영철학'은 일관된 그의 신념이었다. 그의 이러한 신념은 고도 성장기의 대량생산-대량소비 시대에 걸맞은 시대조류의 표상이 되었고 그가 경영하고 있는 마쓰시타 전기제작소의 경영방식에 큰 영향을 주었다.

이날 창업 기념식에서 마쓰시타 고노스케는 250년 사업계획을 발표한다. 250년은 장구한 세월이다. 일반적으로 기업의 사업계획은 1년 단위로 짜인다. 장기계획이라고 하더라도 5년을 넘는 사업계획을 만드는 기업은 거의 없다. 마쓰시타 고노스케 사장이 전 종업원을 모아 놓고 250년 계획을 발표하자 종업원이 모두 의아해 한 것은 이상한 일이 아닐 것이다. 모두들 속마음으로는 이렇게 생각했을 것이다. 웃기지 마시오. 그때가 되면 당신도 없고 나도 죽고 없는데 무슨 뚱딴지 같은 얘기를 합니까? 말 같지 않은 얘기는 집어 치우고 금년에 월급이나 올려주고 연말 보너스나 올려 주시오. 종업원들이 내심 이런 생각을 하면서 사장의 연설을 듣고 있으니까 사장이 아무리 열변을 토해도 종업원들의 얼굴 표정은 밝지 못했다. 이것을 눈치채지 못할 마쓰시타 고노스케가 아니다.

마쓰시타 고노스케는 탁상을 쾅, 치며 종업원들이 자기를 쳐다보고 주목하게 하고는 강한 어조로 말을 이어갔다.

"일단 내 얘기를 끝까지 들어달라. 우리는 250년의 목표를 달성할 수 있다. 우리는 생산자이다. 우리는 생산을 많이 해야 한다. 그래야 소비자들에게 싸게 공급할 수 있다. 싸게 많이 공급하는 것은 우리의 사명이다. 그렇게 하려면 더 넓게 시장개척을 해야 한다.

자! 먼저 250년 계획을 10개의 큰 기둥으로 나눈다. 25개의 큰 기둥이 10개 세워진다. 제1기둥으로는 오사카 도내 전역에 우리 회사 상품을 공급한다. 제2기둥으로는 칸사이(관서)시장 전역에 진출한다. 제3기둥으로는 칸토(관동)시장 전역에 진출한다. 제4기둥으로는 일본 전역에 진출하여 전국 시장을 석권한다. … 제7기둥으로는 아세아 시장을 석권하고, 제8기둥으로는 유럽시장을 석권하고, 제9기둥으로는 미국을 비롯한 북미 남미시장을 석권하고, 마지막 목표인 제10기둥으로는 달나라에 우리회사 제품을 수출한다.

첫 번째 기둥 25년을 쪼개서 5년짜리 작은 기둥을 5개 세우자. 가장 가까운 5년짜리 기둥을 쪼개서 1년짜리 막대기 5개를 세우자. 1년을 12개로 쪼개고 그것을 다시 30일로 쪼개면 오늘 우리가 해야 할 계획이 나온다. 250년 계획이란 249년에 무엇을 하고 248년에 무엇을 하자는 계획이 아니다. 쪼개고 쪼개서 그것을 다시 쪼개어서 오늘 우리가 무엇을 해야 하는지를 분명하게 알고 그것을 지금 당장 실행하는 계획을 만들자는 것이다."

상품에는 라이프 사이클이 있기 때문에 제품을 많이 판매하여 돈이 남을 때도 있었지만 판매가 여의치 못해 적자에 허덕이는 때도 있었다. 상품이 안 팔리는 기간이 길어지고 비용만 나갈 때는 회사를 치워버리고 손쉽게 차릴 수 있는 구두방을 하나 해 볼까, 갈등과 고민으로 밤을 지새우는 날도 많았다. 마쓰시타 고노스케는 회사를 차린 지 14년 되는 해에 그래도 좌절하지 않고 스스로 선택한 이 길을 계속 가야겠다고 결심을 새롭게 다지고 250년 계획을 만들었던 것이다. 그리하여 250년 사업계획을 발표한 1932년을 사업의 원년으로 삼았다. 그런데 놀랍게도 50년 후인 1982년에 250년 동안의 목표를 모두 달성해버렸다. 달나라에 수출하자는 계획도 현실로 달성되었다. 마쓰시타 전기제작소가 만든 부품을 장착한 미국의 아폴로 우주선이 그 해에 달나라에 도착했던 것이다.

마쓰시타 고노스케는 오사카 지역에 거점을 오래 둔 이른바 칸사이(關西) 지방 기업인이다. 그가 사업과 함께 줄기차게 걸어온 길을 살펴보면 제2차 세계대전 중에 일본군부의 요청으로 잠시 중후장대 산업에 손을 댔었지만, 종전 후 다시는 중후장대 산업에 관여하지 않기로 결심하여 오로지 가전사업, 전기사업, 전자사업에만 집중해왔다. 따라서 그의 사회활동은 일본의 전국적인 경제계를 리드하기보다 전문분야인 전자업계의 선도 역할을 해 오면서 칸사이 지방 경제계를 리드하는 수준에 머물 수밖에 없었다.

이런 면에서 그는 정주영과 대비된다. 정주영은 명실공히 한국재계를 대표하는 위상에서 전국경제인연합회 회장직을 10년 연임 수행하였고 오늘날까지 최장기 '전경련' 회장 기록을 보유하고 있는 기업인이다. 일본에서 한국의 '전경련'에 해당하는 단체는 일본경제단

체연합회이다. 약칭 '케이단렌'(經團連) 이라고 부른다. 1946년에 설립되어 일본 전국에 있는 대기업 대표로 구성된 일본 재계의 총본산이라 할 수 있다. 이 단체는 정부의 경제정책 및 관련문제에 대한 조언 역할을 담당하며 회원 기업 간의 이견을 조정하는 역할도 담당한다. 특히 해외공사 수주 또는 해외입찰 등의 경우 일본 기업 간의 과당경쟁을 사전에 막고 원활한 수주 활동과 성공적 낙찰을 위해 국내 기업끼리 순번을 조정하는 역할을 담당하기도 한다.

'케이단렌'은 1955년 자민당 창당(자유당 및 민주당의 합당) 당시에 막대한 정치자금을 지원하여 자민당의 실질적 후원 역할을 하였지만 그 후 정치자금법 개정 등으로 자민당에 대한 영향력은 많이 감소되었다. 이 단체의 회장은 '재계의 총리'라는 별칭으로 불릴 만큼 일본 재계는 물론 정계에까지 강력한 영향력을 행사한다. '케이단렌'의 회장은 일본의 대기업 중에서도 기간산업을 담당하고 있고 중후장대형 기업을 경영하고 있는 최고경영자 중에서 선출하는 것이 관례처럼 되어왔다. 마쓰시타 고노스케가 '경영의 신'이라는 호칭을 받을 정도로 일본 경제계의 탁월한 리더였음에도 불구하고 '케이단렌'의 수장을 하지 못한 이유이다.

정주영_ 전 국민에게 의료복지를, 한국인에게는 남북통일을!

　기업경영 활동 이외의 활동 중에서 정주영이 가장 심혈을 기울인 분야는 두 가지로 나누어 생각해 볼 수 있다. 첫째는 전 국민에게 '의료복지'를 제공하는 일이고, 둘째는 '남북통일'의 초석을 놓는 일이다.

　한국에서 사회복지의 개념조차 생소했던 1977년 정주영은 현대건설 개인 주식의 절반을 희사해 아산사회복지재단을 설립하고, 당시 한국의 최대 취약분야였던 의료복지를 민간인의 입장에서 실시한다. 원래 '복지'라는 것은 국가적 차원의 개념이고 정부가 주도해야 하는 분야이지만 한국에서는 정주영이라는 기업인이 처음 시작했다. 한국은 당시 '복지'라는 단어의 개념을 잘 모르고 있었고 특히 '의료복지'라는 단어는 생소했던 시절이었다.

　정주영은 사람이 불행해지는 것은 질병과 가난이 원인이라고 진단했다. 가족 중에 누가 병들었을 때 병치레를 오래하다 보면 저절로 가난해 질 수밖에 없고, 집안이 가난하면 가족 중에 누가 병이 들어도 온전한 치료를 받을 수 없으므로, 질병과 가난은 악순환을 이어간다는 것이다. 당시에는 대도시 사람들은 종합병원에라도 갈 수 있었지만 지방과 시골사람들은 종합병원이 없었기 때문에 도시 사람들처럼 의료서비스를 받지 못하고 있었다.

작은 병원이라도 있는 지방은 그나마 다행이었지만 전혀 의료시설이 없는 곳이 많았다. 시골은 '유의촌'과 '무의촌'으로 구분되던 시절이었다. 당시에는 병원이 없고 의사가 없어서 진료를 받지 못하는 주민들이 지방과 시골에 수없이 많이 있었다. 오늘날 텔레비전에서 자주 보는 아프리카 어느 나라의 빈민촌의 주민들을 생각해 보면 될 것이다. 50여 년 전 당시에는 한국의 의료수준이 아프리카 빈민촌의 의료수준과 비교해서 별로 나을 바가 없었던 게 사실이다.

정주영은 전국의 의료취약 지구를 먼저 답사했다. 단 한 개의 병원도 없었던 전북 정읍에 처음으로 아산종합병원을 건립했다. 이어서 전국에서 의료취약 지구로 선정된 보성, 인제, 보령, 영덕, 홍천, 강릉 등에 차례로 아산종합병원을 건립한다. 의료혜택으로부터 소외되어 있던 농어촌주민들에게 최신 의료서비스를 값싸게 제공하기 위해서다. 뿐만 아니라 기초생활수급을 받는 모든 주민들에게는 처음부터 무료진료를 제공하였다. 이들 지역들은 그동안 종합의료시설이 없어서 주민들이 심하게 아프면 억지로라도 대도시로 나가서 큰 병원을 찾아가야 했던 곳이다.

1989년에는 서울의 모(母) 병원으로서 서울아산병원이 설립되었다. 아산사회복지재단은 가난과 질병의 악순환 고리를 끊으려는 정주영의 도전정신과 최고의 의료서비스를 지향하려는 지속적인 열정이 반영되어 있다. 이를 기본으로 하여 급증하는 소비자의 의료 욕구에 대응하는 '맞춤 의료서비스' 제공을 목표로 한다. 서울아산병원은 최신 의료설비 규모, 입원설비 규모, 환자 규모, 수술 및 진료 규모에서 국내 최고수준의 위상을 확보했으며, 특히 간이식 수술에서는 2007년부터 7년 연속 연 300건 이상의 수술을 성공시켜 세계톱-10 의료기관으로 평가 받고 있다.

아산병원의 경영특징은 의료복지라는 사회적 가치와 의료서비스의 질적 향상이라는 경제적 가치를 동시에 추구하는 데 있다. 서울아산병원은 벽지에 세운 지방의 아산병원과 연관성 속에서 전체적 시스템으로 존재하고 있다는 점도 특징이다. 정부도 하지 못하고, 다른 어떤 공공단체도 하지 못한 도시-시골 간의 의료서비스 차이를 극복하기 위한 정주영의 의료복지에 대한 도전은 저소득층 무료진료, 무의촌에 대한 무료 순회 의료서비스, 중증환자에 대한 특별 의료혜택, 전국에서 찾아오는 외래 및 입원환자에 대한 공평한 의료서비스 제공 등 사회적 가치의 창출로 나타났다.

서울아산병원과 지방의 아산병원 간에 인력 및 정보를 교환하고 재정을 지원하는 시스템은 경제적 가치를 지속 가능하게 해줬다. 의료 수요가 많지 않지만 의료서비스가 필요한 농어촌 주민을 위해 벽지에 종합병원을 세웠기 때문에 당연히 병원경영은 적자를 면치 못했다. 정주영은 적자를 보더라도 병원에 근무하는 직원을 위한 적자가 아니라 그 지역의 주민을 위한 적자라야 한다고 말하곤 했다.

정주영은 넓은 의미에서 기업의 목적을 사회복지의 수단으로 인식하고 있었다. 정주영은 아래와 같이 말한다.

"기업이란 국가 살림에 쓰이는 세금의 창출에 큰 몫을 기여하면서, 보다 발전된 국가의 미래와 보다 풍요로운 국민생활을 보람으로 일하는 덩어리이지, 어느 개인의 부를 증식시키기 위해 또는 뽐내기 위해 있는 것이 아니다."

정주영_의식주를 해결했으면 사람들을 위해 베풀어야

정주영은 필자에게 다음과 같은 말을 한 일이 있다. "내 호주머니에 있는 돈만이 내 돈이야. 내가 회사로부터 받아서 집으로 가져가는 생활비만이 내가 쓸 수 있는 내 돈이야. 돈이란 나의 의식주를 해결할 수 있다면 그 이상은 의식주를 해결하지 못하는 사람들을 위해 베풀어야 하는 거야. 부라는 것은 각자 자기가 하고 싶은 일을 성취했다면 그 사람은 부를 가진 사람이라고 생각할 수 있는 거지. 자신이 뜻한 바를 이루는 것이 바로 부를 쌓는 일이야."

정주영은 대한민국 남북통일의 초석을 만드는 데 누구보다 상상력을 발휘하고 목숨을 걸면서까지 솔선수범한 인물이다. 그는 1980년대 초부터 북한·소련(러시아)을 포함한 공산권과의 경협을 통해 한국경제의 새로운 돌파구를 찾는 구상을 시도했다. 1970년대 말에서 1980년대 초기는 한국경제가 새로운 성장전략을 모색하던 시기였다. 한국의 경제성장이 둔화되고 분기성장이 마이너스를 보이기도 한 상황에서 정주영은 국내에서의 저임금 의존 성장전략은 더 이상 실효가 없을 것이라 예상한다. 이에 현대그룹의 주력 업종을 고부가 가치산업으로 전환할 것을 모색함과 동시에 시장의 다변화를 꾀하기 위해 공산권 시장을 겨냥하기 시작했던 것이다.

1988년 9월 서울올림픽을 계기로 냉전시대가 종식되어 가는 분위기 속에서 그 해 11월과 12월에 미국과 일본의 건설회사들과 컨소시엄을 형성하여 '시베리아 공동진출' 안을 협의한다. 1989년에서 1990년 2년 동안 그는 소련을 6차례나 방문하여 민간 기업인 차원의 경협을 추진했다. 투자위험을 분산하기 위해 정주영은 100만 달러 규모 이하의 석탄, 목재 산업 분야에서 제3국과 합작투자가 바람직하다는 견해를 밝혔다. 특히 공산권인 소련과 중국에서 자원조달을 하고 생산기지를 이전하여 현지 노동력을 사용하는 한편, 한국이 필요로 하는 에너지확보 차원에서 가스관과 송유관으로 연결된 남-북을 기간 축으로 하는 동북아 경제공동체 건설을 구상했다. 이를 위해서는 남북경협이 필수적이었다.

냉전 해체의 시대적 변화를 유리한 차원에서 활용하여 남북경협과 동북방경제권의 연동을 꾀한 것은 한국경제의 재도약을 위한 도약대가 될 수 있다고 판단한 것이다.

정주영은 북한 방문을 위하여 1987년부터 대북접촉을 시도했다. 드디어 1989년 1월 23일 한국 민간인 최초의 북한 방문이 실현된다. 10일 간의 목숨을 건 방북기간 중에 정주영은 북한정권 당국자와 협의하여 '남북합영 의향서'를 체결했다.

남북공동사업(남북합영) 의향서에는 ① 청진 · 원산 수리조선소 건설 합작사업 ② 세계 각지의 고선박 해체 합작사업 ③ 해외건설공사 근로자 공동파견 합작사업 ④ 시베리아 지하자원 공동개발 합작사업 ⑤ 금강산 관광개발 합작사업 등이 포함됐다. 이 중에서 정주영이 가장 실현시키고자 강조한 합작사업은 금강산 관광개발 사업이었다. 남과 북을 철조망 장벽으로 가로막아 놓은 군사분계선(DMZ)을 통과해야만 관광사업이 이루어질 수 있다는 점을 정주영은 놓치지 않고 관철해 내었던 것이다.

'남북합영 의향서'를 체결하고 돌아온 정주영은 당시 한국의 노태우 정부에 보고했다. 하지만 노태우 대통령이 이끄는 한국 정부는 동북방정책에 대한 아무런 대비책을 갖고 있지 않았다. 더구나 남북경협에 관한 철학도 추진력도 없었다. 정경분리의 원칙도 저버리고 모처럼 싹이 튼 남북경협의 실마리를 살리지 못했다. 노태우 정부는 결국 '남북합영 의향서'를 승인해 주지 않았다. 만약 당시에 남한 정부에서 적극적으로 대응하여 '남북합영 의향서'에 체결된 남북공동 합작사업이 진행되었다면 남북의 국면은 대치국면에서 상생국면으로 방향 전환했을 가능성이 매우 크다. 남북경협을 통한 상호신뢰가 쌓아진다면 남북통일도 그만큼 빨리 진전될 수 있는 것이기 때문이다.

여기에 세상에 별로 알려지지 않은 후일담을 담는다. 정주영이 북한 당국과 '남북합영 의향서'를 체결 했을 때 상대는 북한 정부 당국자이지만 자신은 남한 정부 당국자가 아니고 일개 민간인 신분이라는 점을 인식시켰다. '남북합영 의향서'는 귀국 후 대한민국 정부가 승인해 줬을 때 효력을 발생한다는 점을 설명하고 다음과 같이 부칙을 달았다. "본 의향서는 대한민국 정부의 승인이 있을 때 효력이 발생한다." 정주영은 대범하고 통 큰 기업가이지만 치밀하고 주도면밀한 통찰력을 동시에 수반한 기업가임을 증거하는 사례이다.

정주영은 북한 방문을 몇 개월 앞 둔 시점에서 필자에게 이렇게 피력한 일이 있다. "이봐! 우리가 아무리 북측의 여행보장을 받는다고 해도 사전에 미국, 러시아에 우리의 방북 계획을 일러두어 만일의 경우에 대비해 두는 것이 좋지 않겠어?" 정주영은 신변 보장을 확실히 해 줄 한국 정부와 북한 정부의 쌍방합의 약속이 없는 상태에서 방북 하였을 때 생길 수도 있는 남한 자본가의 납치 가능성을 미리 차단해 두고 싶었던 것이다.

당시에는 냉전 말기의 긴장이 여전히 존재했고 남북 간에 대화가 꽉 막혀 있었던 시절이라 만약에 북측이 "이번에 방북한 정주영은 고향에 눌러 앉아 여생을 보내고 싶어 한다라고 일방적으로 발표해 버리면 그만 아니겠어?" 하면서 나를 쳐다 보았다. 이렇게 해서 정주영의 방북 일정을 확정하기 전에 먼저 러시아의 고르바초프 대통령을 만나고 또 미국의 로널드 레이건 대통령을 면담하기로 결정했다. 정주영은 러시아 방문을 마치고 미국 방문을 마친 다음에 북한 방문을 실현했다.

한국의 노태우 정부 5년간과 김영삼 정부 5년간은 대북정책 경색

기였다. 1998년 2월 김대중 정부가 들어섰다. 정주영은 남북경협 해빙기의 무드를 예견하고 10년간의 공백을 떨치는 기지개를 켰다. 그는 발 빠르게 북한과 접촉하면서 경협을 논의한다. 1998년 6월 정주영은 서산 농장에서 직접 키운 500마리의 소 떼를 몰고 남북분단의 상징인 판문점을 통과하여 북한에 들어선다. 드디어 판문점 통과라는 일차적 목표를 실현시킨 것이다. 정주영이 소 떼 500마리를 고집한 것은 육로로 판문점을 통과하겠다는 의지의 표현이었던 것이다. 당시 북한 정권은 누구라도 육로로 북한을 출입하는 것을 극도로 회피하였고 방북을 하려면 항상 제3국을 통한 항로를 이용할 수밖에 없었기 때문에 이런 상황을 타개하기 위한 정주영의 상상력과 창의력이 또 한번 빛났던 것이다.

정주영_ 판문점을 뚫고 간
500마리 소 떼 방북

　정주영은 두 번째의 방북기간에 또 다시 '남북합영사업' 합의서를 체결한다. 9년 전에 체결했던 내용과 비슷하였지만 시대 변화에 따른 변경사항도 있었다. 합의서 내용에는 금강산관광 사업 추진, 승용차 및 화물자동차 조립공장 건설 추진, 자동차용 라디오 20만대 조립공장 건설 추진, 고선박 해체사업 및 압연강재 생산공장 건설 추진, 제3국 건설현장 공동진출 추진, 북한 공업단지 공동건설 추진, 통신장비조립공장 건설 추진 등이 포함되었다.

　그러나 정주영이 북한에서 돌아오기 전날 북한 잠수정이 남한 해안에서 예인되고 7월에는 무장간첩 시체 1구가 발견된다. 북한은 8월에 '광명성 1' 호를 발사했다. 이러한 가운데서도 정주영의 북한경협 의지는 꺾이지 않는다. 정주영은 10월에 소 501마리를 트럭에 태우고 또 현대자동차가 생산한 승용차 20대를 몰고 다시 판문점을 통과하여 방북했다. 3차 방북에서 북한의 통치자 김정일로부터 금강산 일대의 8개 지구의 독점개발권과 독점사업권을 보장받고 돌아온다. 1998년 11월 18일 마침내 금강산 관광선의 첫 출항이 남한에서 실현된다.

정주영의 소 떼 방북과 금강산관광 사업은 당시 한국의 주식시장에 큰 호재로 작용했고 국가신용등급의 최대불안 요소인 안보 리스크 축소에도 큰 기여를 했다. 남북간 경협의 시작으로 한반도에 평화의 무드가 조성되었고 그것은 한국경제에 긍정적 영향을 주는 선순환 관계가 시작되는 서곡이었다.

1989년 정주영의 1차 북한 방문 때 김일성 생존 시에 남북간 경협이 이루어졌다면 남북의 상황은 크게 달라졌을 것이다. 10년 가까이 남북경협이 늦게 추진 될 무렵 한국경제는 불행하게도 IMF 관리체제로 넘어가게 된다. 김영삼 정부를 이어받은 김대중 정부는 대북투자에 대한 아무런 법적 준비를 하지 못했다. 외채상환이라는 급한 불 끄기에 바빴다. 거기에다가 북한의 핵 도발로 인한 미국의 대북경제 제재가 시작되었다.

1998년 2월에 집권한 김대중 정부는 현대그룹에 북한 투자를 적극적으로 독려해 놓고는 대북 투자의 자금난에 봉착했을 때는 모른 척 했다. 초기의 대북투자는 당장 수익을 내기 어려운 사업이다. 정부 당국이 풀어야 할 안보 리스크를 기업이 혼자 안고 가는 것도 한계가 있는 법이다. 정부의 보호장치 제공이 필수적인데도 김대중 정부는 기업에만 맡겨놓고 아무런 법적 지원 정책을 마련하지 못한 채 심정적 지원으로만 대응했다.

이런 와중에서 현대의 자금난은 심화되어 가고 있었다. 현대의 대북투자 후의 자금난은 대북투자에 기인한 것이라기 보다 과거 5년 동안 강도 높게 적용된 김영삼 정부의 정치적 탄압에 의한 것이라고 할 수 있다. 국내의 모든 금융기관으로 하여금 현대와 거래를 끊게 한 김영삼 정부의 정치보복과 공교롭게도 해외 공사에서 들어와야 하는 공사대금이 제때에 들어오지 못했기 때문이다. 이라크 정부는 내전이 일어나자 현대에 공사대금을 지급하지 않았다. 대 이라크 미수금은 5억 달러가 넘었다. 현대는 기업구조 조정 등 다양한 방법으로 긴급수혈을 단행하지 않을 수 없었다.

다행히 현대의 전체 매출은 국내 매출보다 해외 매출이 상대적으로 훨씬 높은 비중을 차지 하고 있었기 때문에 국내에서 차단된 금융을 해외 공사를 담보로 하여 해외 금융기관으로부터 일으킬 수 있었다. 현대의 매출은 80%가 해외에서 이루어지고 있었고 이와 관련하여 해외 은행들은 현대의 신용을 담보로 자금지원을 해 주었던 것이다. 해외 은행들의 신용대출은 현대가 일시적 자금 위기를 극복할 수 있는 촉매제 역할을 해주어서 현대는 국내의 혹독한 금융제재에도 쓰러지지 않고 지속적으로 간판을 유지할 수 있었던 것이다.

통일을 위한 국가의 부담보다는 통일로 얻을 수 있는 국가의 이익이 더 크다

정주영이 소 떼를 몰고 방북하여 합의한 사업내용 중 실현된 사업은 '금강산관광'과 '개성공단' 건설이다. 개성공단은 정주영이 20여

년 동안 구상한 '공산권 경협'의 실질적 성과였다. 2004년 12월 15일 개성공단은 첫 가동을 시작하여 제품 생산이 본격적으로 나오게 되었다. 이것은 남북 분단 56년 만의 경협 첫 사례이다.

개성공단은 국내의 지대 값이 오르고 임금이 상승하여 해외로 진출하려다가 중국이나 동남아 지역에 이미 진출했던 기업들마저 한국으로 되돌아오는 기업경영 환경 속에서 이러지도 저러지도 못해 진퇴양난이었던 한국의 중소기업들에게 새로운 활로를 열어주었다. 개성공단은 단순교역의 수준을 넘어 직접투자를 통해 대규모 인적·물적 왕래를 수반하며 경협을 통한 평화를 구현하고 남북이 상호 실리를 얻게 하는 선순환 구조를 상징한다. 정주영은 한국과 북한의 정치이념적 분단이라는 장벽을 넘어 남북의 상호실리를 창조한 최초의 기업인이었다.

정주영의 고향은 북한 땅에 있다. 한국의 남북통일에 대한 정주영의 갈망은 거의 신앙적인 수준이었다. 그는 정치인들이 통일의 초석을 만들지 못하는 상황에서 한 사람의 민간인으로서 자신이 할 수 있는 모든 일을 다하고자 했다. 그는 통일에 대한 국가의 부담보다 통일로 얻을 수 있는 국가의 이익이 더 크다는 확신을 가졌다. 공산주의라는 이념은 배고픈 사람들이 많은 사회에서 태어나고 자라나는 마약 같은 이념이기 때문에 공산사회에서의 민중은 언제나 궁핍의 고통이 이어지게 마련인 것이다. 북한 정권도 여기에서 예외일 수 없다. 특권을 쥐고 있는 권력자는 배부르지만 북한 주민들은 굶주림의 고통 속에서 헤어나지 못하고 있음을 정주영은 안타깝게 생각하고 있었다.

그가 북한 땅에 있는 금강산 관광개발 사업과 북한 땅에 있는 개성공단 건설 사업에 심혈을 기울인 이유도 여기에 있다. 이 두 사업은 경제적인 이익 창출 이전에 남북통일을 위한 상호신뢰와 분위기 조성에 상징적 가치를 가지기 때문이다. 금강산은 세계적인 명산인 동시에 남북한 한국인의 가슴속에 자리매김하고 있는 위상은 그 어느 것보다 높다.

남한 사람들이 먼저 들어가서 관광코스를 개발하고 관광사업이 궤도에 오르면 세계인들이 관광 다닐 수 있는 국제적 관광코스로 발전시키자는 것이 정주영의 생각이었다. 금강산의 국제적 관광사업이 본격화 되면 북한은 개방의 눈을 뜨지 않을 수 없게 된다. 그다음 단계로 평양 인근의 묘향산의 관광코스를 개발한다는 비전에 연결된다. 이렇게 되면 평양 관광은 부차적으로 이루어지게 되고 외국인들의 북한 입국과 출국이 빈번해지면 북한 주민들도 개방의 눈을 뜨지 않을 수 없게 된다는 것이 정주영의 생각이었다.

정주영이 대북경협에 모든 것을 걸고 목숨까지 걸었던 이유는 한반도의 숙원과 밀접한 관련이 있다. 그는 에너지 공급원으로 러시아의 천연가스를 값싸게 도입해야 한다고 생각했다. 시베리아의 원유, 가스, 목재 등 풍부한 자원을 확보하고 동시에 대륙횡단의 철도수송로를 연결하여 유럽 각지에 물류를 제공하는 '동아시아 물류허브'를 꿈꾸고 있었다.

한반도 남쪽 끝에 있는 부산항을 출발하여 서유럽의 중심지까지 가려면 2만킬로미터가 넘는 해상루트를 따라 4주간이 걸리지만, 한국의 수도 서울에서 출발하여 철도로 북한을 경유할 경우 서유럽 중심지까지 1주일 남짓한 시간이면 도착할 수 있다. 뿐만 아니라 철도 수송비용은 해상운송 비용의 절반에도 미치지 못한다. 막대한 비용과 시간을 절약할 수 있는 천혜의 운송수단이 한반도의 눈앞에 대기하고 있는 것이다.

그들은 어째서
실패한 적이 없는가

05

: 시련과 실패에 대한 인식

마스시타_ **마쓰시타식 사업부제와 경리사원 파견제**

마쓰시타 고노스케는 창업 초기부터 기업의 사회적 공기(公器)로서의 중요성을 얘기하고 나름대로 이상적 기업상을 설파하곤 했다. 하지만 동시에 그는 현실주의자였다. 그의 기업조직 관리 수완을 보면 그가 얼마나 현실주의자인지 금방 알 수 있다.

1935년 마쓰시타는 일본에서 최초로 기업에 사업부제도를 시행한 경영자이다. 마쓰시타는 기업 내부에도 권력을 분산시켜 시장이 요구하는 고객의 반응을 능동적으로 수렴할 수 있도록 조직을 쪼개는 작업을 시도했다. 사내 사업부제도에 관한 아이디어는 사내의 누구한테서 나온 것도 아니고 외부에서 힌트를 얻은 것도 아니고, 오직 마쓰시타 고노스케의 독창적 아이디어로 나온 것이다.

그가 사업부제도를 처음 시도했을 때는 새로운 영역이었던 건전지 사업과 라디오 사업을 시작할 때였다. 라디오 방송이 일본에서 처음 시작된 해는 1925년이다. 당시 일본에서 라디오는 소식과 문화를 전달하는 새로운 매체로서 급속한 성장을 보이기 시작하여 라디오를 제작하는 기업이 여럿 등장하였다. 1930년대 초반 일본 전국의 라디오 생산 대수는 20만 대를 넘어서고 있었다. 마쓰시타 전기도 새로운 성장분야인 라디오 사업에 뛰어 들었다. 도약단계의 성장산업이라는 이유로 다수의 제조업체가 난립했고 경쟁은 처음부터 심화되었다.

건전지 사업도 유사하게 전개되었다. 당시 마쓰시타 전기는 램프 시장에서 이미 왕좌의 자리를 굳히고 있었는데도 건전지는 타사로부터 구입하고 있었다. 1931년에는 건전지 공급기업을 매수하여 직영해 보려는 생각도 했지만 생산제품에 대한 노하우 등 여건이 갖추어지지 않았으므로 기존 공급업자에게 맡길 수밖에 없었다. 건전지 사업 진출은 완전히 신규사업 분야였으므로 이질적 사업을 기존의 조직에 맡기기보다 효율적인 경영관리를 위해 새로운 조직을 고안할 수밖에 없었던 것이다. 그는 사내 사업부제를 신설하여 각 사업부가 독자적으로 매출을 형성하고 이익을 창출하도록 해서 독립 경영하는 형식을 취했다.

마쓰시타 전기의 사업부제도는 계열회사를 만드는 발판이 되었다. 1935년에 새로운 사업부는 새로운 회사로 분사하게 된다. 사내 사업부제도에서 사외 분사제도로 바뀐 이유는 세제 등 여러 가지 이점이 있는 주식회사로 전환하기 위한 면이 강하다. 각 사업부를 새로운 독립회사로 분사를 시행한 결과 마쓰시타 전기는 자체의 사업을 소유하지 않는 지주회사의 성격으로 변했다. 이렇게 하여 마쓰시타 전기는 일본 최초로 지주회사 형태를 취한 기업이 된다.

사업부제라는 단어는 1920년대에 미국에서 탄생한 기업조직의 명칭이었다. 사업부제라는 단어가 나오기 전에는 기업에서 기능을 개별단위로 관리하는 조직으로 직능별 조직이라는 단어가 일반화되어 있었다. 사업부제는 전통적인 직능별 조직과는 달리 각각의 사업부가 독자적으로 개발-제조-판매 등의 직능을 일괄적으로 갖고 자율적인 사업단위로 구성되는 것을 말한다. 따라서 각각의 사업부는 독립채산제를 기본으로 하는 것이다.

일본에서 일반적으로 사업부제가 널리 보급된 시점이 1960년대 이후인 것을 감안하면 마쓰시타 고노스케의 사업부제도는 기업의 조직관리 측면에서 매우 선구적인 위상을 가졌다고 할 수 있다. 사업부제도가 발전된 형태가 분사화인데 일본 경제계에서 분사화를 시행하여 분사라는 계열형태의 회사를 거느리고 기업을 그룹 형태로 만드는 데 시금석을 놓은 사람이 마쓰시타 고노스케이다. 그는 1930년대에 분사화를 본격적으로 시도하여 기업그룹을 형성한 최초의 기업인이다.

마쓰시타 전기에서는 각 사업부에서 신제품을 개발하면 제일 먼저 마쓰시타 고노스케에게 가져갔다고 한다. 그는 신제품을 바라보고 손으로 한번 쓰다듬어 보기만 해도 그 제품이 시장에 나가서 잘 팔릴지 안 팔릴지를 판단할 수 있는 남다른 혜안을 가졌기 때문이다. 그가 "이건 팔리겠다"라고 하면 불가사의 하게도 그 제품은 시장에서 인기상품이 되곤 했다는 것이다. 그는 제품의 판매에 관한 한 정확한 판단을 내릴 수 있는 카리스마적 존재가 되어 있었다.

마쓰시타 전기는 각 사업부 또는 독립한 계열회사에 지주회사인 본사에서 경리사원을 파견했다. 이 경리사원은 사업부에서 직접 채용하지 못했다. 계열회사에서도 직접 채용하지 못했다. 왜냐하면 경리사원은 모두 본사에서 마쓰시타 고노스케가 직접 채용하기 때문이었다. 회사의 각 사업부장이나 자회사의 사장은 독립적이고 독자적인 경영권한을 가지고 있었지만 경리사원을 함부로 자르거나 다른 부서로 전환 배치시키지 못했다. 반면에 경리사원은 각 사업부 또는 각 자회사에 소속되어 있기 때문에 결정권을 가지고 있지는 않았지만 마쓰시타 고노스케에게 직접 보고할 수 있는 한 가지 길이 열려 있었다.

사례를 들면 어느 사업부장이나 자회사의 사장이 대규모 투자가 걸린 신규 사업계획을 작성하여 마쓰시타 고노스케에게 올리게 되면 그는 이미 본 건에 대하여 경리사원으로부터 보고를 받아 알고 있었으므로 사업추진 여부에 대한 검토를 빨리 할 수 있었다. 그는 정보 보고에서 올라온 경리사원의 판단과 사업부장이나 자회사 사장의 판단을 종합하여 사업계획에 관한 신규투자 여부를 직접 차질 없이 챙길 수 있었다.

마쓰시타 그룹 계열회사의 수가 늘어나서 국내외에 500여 개 사를 거느리고 있을 때부터 이러한 경리사원제도는 사라졌지만, 마쓰시타 고노스케가 사장, 회장을 거쳐 상담역으로 물러나서도 현직 사장, 회장보다 더 많은 정보량을 가질 수 있었던 것은 경리사원으로부터 직접 보고가 있었기 때문이다. 일본 경제가 고도성장을 하고 있던 시절, 많은 대기업들이 사업부제도를 도입하여 사내 독립채산제를 시행하고 그룹 회사를 거느리게 되었을 때 마쓰시타 그룹과 유사한 스타일의 경영을 실시했다. 이것은 일본식 사업부제도의 독특한 스타일로 일본 경제계에 정착하게 된 것이다. 총괄적으로 모든 권한을 위임하는 서구식 사업부제와 다른 점이다.

즉 일본의 사업부제는 기획-제조-판매 등은 사업부에 맡기지만 재무-전략적 의사결정 등 핵심기능은 본사에서 관리하는 이중 시스템 경영구조를 취하고 있었다. 이와 같은 경영구조로 각 사업부와 그룹회사는 본사의 재무 및 전략부서와 상시적으로 긴밀한 정보교환을 이루지 않으면 존재할 수 없는 것이다. 이런 차별성 때문에 일본 경제계에는 서구식 사업부제와 비교하여 '일본식 사업부제'라는 개념이 새로 생기게 되었고 일본의 모든 기업들이 각 사업부와 그룹회사를 '일본식 사업부제'로 관리하였다. 이런 일본식 사업부제도는 일본기업의 조직역량 강화에 영양제 역할을 한 것으로 평가된다.

마쓰시타 고노스케의 정보수집 능력은 재무부문에 그치지 않았다. 그의 현장 정보수집 능력은 판매부문에서 남다른 효과를 나타냈다. 대량생산과 대량소비의 고도성장기에 마쓰시타 전기는 자사의 신용을 유지하고 자사의 브랜드 파워를 강화하기 위해 판매점과 대리점의 점주를 관리하는 특별한 부서를 설치했다.

'특별부'에서는 판매점주의 인성, 인품, 인격을 수시로 점검하였다. 예를 들면 어느 판매점의 점주는 판매능력은 우수하지만 도박을 하는 습성이 있다든지, 어느 판매점의 점주는 술을 지나치게 좋아한다든지, 어느 점주는 가정생활이 문란하여 부인과 사이가 나쁘다든지 하는 정보가 점주 개인의 파일 형태로 기록되어 저장돼 있는 곳이 바로 '특별부'였던 것이다.

후임자가 이 파일만 보면 판매점에 대한 세세한 사항까지 일목요연하게 파악할 수 있도록 철저하게 관리됐다. 당시 일본에서 마쓰시타 전기와 경쟁하는 회사는 굴지의 히타치, 도시바, 소니 등으로 이런 기업들과 치열한 경쟁에서 살아남기 위해서는 다른 회사에 없는 정보수집, 정보관리로 판매시장을 유기적으로 선도해 나가기 위한 전략적 방법이었다고 생각된다.

하지만 상대방의 입장에서는 개인의 프라이버시를 침해당하는 납득하기 어려운 조처임에 틀림없다. 비인간적인 면이 있긴 했지만, 기업경영의 측면에서 보면 정확한 판단을 내리기 위한 불가피한 선택이었을 수도 있다. 마쓰시타 고노스케의 카리스마적 경영능력은 이처럼 현장에서 축적된 방대한 정보력이 기본 바탕으로 깔려 있었다.

고노스케_ 부정확한 정보는 독약처럼 위험하다

정보라는 것은 빨리 습득하는 것도 중요하지만 정확하지 않거나
사실에 근거하지 않은 정보는 독약처럼 위험하다

마쓰시타 고노스케의 경영능력은 경영학개론이나 경제학원론 등
의 교과서에서 배운 것이 아니라 그가 직접 생산현장에서 체험하고
판매현장에서 발로 뛰면서 체득한 경험에서 나온 것이라 할 수 있다.
그는 특히 정보의 중요성에 대하여 남다른 인식을 하고 있었다. 정보
라는 것은 빨리 습득하는 것도 중요하지만 정확하지 않거나 사실에
근거하지 않은 정보는 독약처럼 위험하다는 것을 잘 알고 있었다. 그
렇기 때문에 정보관리를 누구보다 철저하고 엄격하게 하는 노력을
투입해야 한다고 강조했다.

마쓰시타 고노스케가 '판매의 왕' 또는 '판매의 신'이라는 호칭으
로 불리게 된 배경으로는 그에 의해 만들어진 소비자 시장에 파고든
판매망을 꼽지 않을 수 없다. 마쓰시타 전기의 사업이 비교적 순조롭

게 성장할 수 있었던 것도 전국적인 판매망의 구축 덕분이었다. 고도성장기 대중소비시대의 유통채널로 구축된 판매망은 마쓰시타 그룹의 고도성장에 크게 기여했다. 가전제품의 대량생산은 대량판매가 전제되어야 지탱될 수 있는 것이었다.

마쓰시타 전기의 판매망 특징은 계열화가 잘 되어 있다는 것이다. 각 사의 영업본부 산하에 전국적인 대리점을 두었고 대리점 산하에 계열 소매점으로 이어지는 계층구조로 일사분란한 판매활동을 할 수 있었다.

그는 1935년에 소매점의 계열화를 이루기 위해 '연맹점' 제도를 도입했다. 당시 일본의 가전제품 시장은 일시적 공급과잉으로 격렬한 가격인하 경쟁이 생겼고 소비시장에서 고객쟁탈전이 벌어졌던 것이다. 이에 마쓰시타 고노스케는 새로이 '연맹점' 제도를 창안하여 제조업체-대리점-소매점의 3자 간에 '공존공영'을 추구하자고 제안했다.

각 대리점별로 전속 소매점을 '연맹점'으로 등록시켜 놓고 등록된 소매점은 반드시 하나의 대리점으로부터 제품을 공급받도록 해 대리점 단위로 소매점이 계열화 되었다. 이 '연맹점'의 장점은 대리점은 안정적인 거래선을 확보할 수 있다는 데 있고, 소매점은 제품의 공급을 안정적으로 받을 수 있다는 것이었다. 때문에 대리점과 소매점은 제품수급에는 신경 쓸 필요 없이 고객서비스와 판매촉진에 적극적으로 대응할 수 있게 되었다. 본사에서는 대리점의 보고에 근거하여 우수한 연맹점에게 연 2회에 걸쳐 특별감사 배당금을 지급했다. 이렇게 하여 마쓰시타 전기의 판매망은 기하급수적으로 증가하였다. 연맹점의 수는 계속 늘어나서 1941년에는 전국 연맹점 수가 1만 점포를 넘어서는 쾌거를 이루었다.

제2차 세계대전 종전 후 1946년에 마쓰시타 전기는 판매를 강화하기 위해 판매망 재건에 나선다. 많은 경쟁기업들이 생산 태세를 정비하는 데 정신없었던 시기에 마쓰시타 전기는 판매조직을 강화하기 시작하였기에 경쟁기업들은 놀라움을 금치못했다. 전쟁 전에 구축했던 판매망을 기본 틀로 재건하고 전후에는 보다 치밀한 판매조직을 구축하는 데 전력을 쏟았다. 드디어 1950년대에는 가전 3종의 특수가 폭발적으로 일어났다. 냉장고, 세탁기, 흑백 텔레비전 등의 가전 3종 소비 붐이 전국적으로 퍼졌던 것이다.

1951년에 국영뿐이었던 방송계에 민간 라디오 방송이 출범했고, 1953년에는 민간 텔레비전 방송이 개시되었다. 이러한 붐은 가전 제조업체 간에 치열한 판매경쟁을 유발했다. 특히 히다치제작소, 도시바, 미쓰비시 전기 등의 거대 제조업체들이 가전분야에 진입하여 경쟁은 한층 치열해졌다. 이렇게 경쟁이 치열해지다 보니 강력한 판매체제의 구축이 우열을 판가름하는 요소로 인식되었다.

마쓰시타 전기는 대리점을 선택할 때 엄격한 기준으로 선정했다. 첫째 조건은 판매력이 왕성한 대리점만을 선정하였고, 둘째 조건으로는 마쓰시타 전기에 대한 협력도가 높은 대리점만으로 엄선했다. 1949년에는 대리점을 회원으로 하는 '내쇼날 공영회'를 결성했다. 출범 당시의 대리점 수는 240개였으나 1955년에는 580개로 급격하게 증가했다. 마쓰시타 고노스케는 이렇게 말하곤 했다. "상호 성장과 발전을 위해서는 대리점과 마쓰시타 전기가 일심동체가 되어야 한다. 메이커는 대리점의 공장이다. 또한 대리점은 메이커의 지점이나 출장소이다."

그의 대리점 제도는 이후 1957년부터 '판매회사'로 전환된다. 대리점이 외부자본으로 운영되는 점포인데 반하여 판매회사는 마쓰시타 전기가 직접 자본을 투입하여 만든 점포이기 때문에 제조회사가 유통계열에 뛰어든 셈이었다. 즉 '판매회사'가 직접 소매점으로 제품을 공급하게 했던 것이다. 판매영업에서는 각종 이익환원 제도를 채택하였고, 우량점포에 대한 표창 등 각종 인센티브 제도를 도입했다. 소매 연맹점의 수는 전국적으로 대폭 증가하여 1958년 후반에는 4만 개를 돌파했다. 판매회사에서는 '판매촉진연구회', '기술강습회', '공장견학회' 등을 수시로 개최하여 제조업체-판매회사-소매점 3자 간의 교류를 한층 긴밀하게 만들었다.

마쓰시타_ **일본 최초의**
정가판매정책 도입

도쿄올림픽이 열린 1964년은 일본 경제가 고도성장의 막바지에
이르렀던 시점이다. 1950년대 초반부터 일본경제의 고도성장을 이
끌었던 가전소비의 열기가 한풀 꺾이면서 가전기업들의 제품판매도
심각한 영향을 받기 시작했다. 판매회사는 적자를 면치 못했고 마쓰
시타 전기가 구축한 판매망은 위기에 봉착했다. 이때 마쓰시타 고노
스케는 스스로 영업본부장에 취임하였다. 기업의 창업자로서 거대
그룹을 일으킨 사주가 사장이나 회장도 아닌 본부장을 택하여 직접
영업 현장을 뛰어 다녔다. 그는 판매현장을 최우선시 하는 분위기를
재건하는 데 힘썼고 유기적이고 탄력적인 판매방법을 실행하여 경쟁
회사들과 차별화했다. 그 결과 2년이 지난 1966년에 판매회사의 영
업실적은 다시 회복되었고 '판매의 마쓰시타' 라는 명성도 다시 얻을
수 있었던 것이다.

마쓰시타 고노스케의 현장 복귀와 영업현장 우대정책으로 판매경

쟁에서 타 경쟁사를 제치고 선두를 달리기 시작하자 마쓰시타 전기는 정가판매 정책을 기획하여 실시한다. 정가판매 정책은 영업정책의 근간으로 자리잡아 갔다. 그런데 1970년 마쓰시타 전기의 정가판매정책을 뿌리째 뒤흔든 사건이 발생하게 된다. 당시 전기제품의 꽃이라고 불리던 컬러텔레비전의 가격이 지나치게 높게 책정돼 있다면서 소비자들이 불만을 나타내기 시작했기 때문이다.

그 해 9월 소비자 단체들이 일제히 나서서 '컬러텔레비전 1년간 한시적 불매운동'을 벌였다. 10월에는 소비자 단체들의 구호에 마쓰시타 전기를 지목하는 목소리가 커지더니 급기야 마쓰시타 전기의 모든 제품에 대한 불매운동으로까지 확대되어 나갔다. 12월에는 정부의 공정거래위원가 개입하여 가전메이커 12개사에 가격인하 조치를 요청하고 나섰다.

소비자 단체가 가격에 대해 지적한 것은 동일제품에 대한 미국 시장에서의 판매가격과 일본 국내시장에서의 판매가격 차이 때문이었다. 해외시장에서는 싸게 팔고 일본 국내시장에서는 비싸게 팔아 막대한 이윤을 남기고 있다면서 소비자 단체의 반발이 거세졌던 것이다.

설상가상으로 미국 메이커들은 '일본 메이커가 미국 시장에서 부당하게 덤핑 판매를 실시하고 있다'라고 주장하면서 미국 정부에 덤핑무역 제소를 하였고 미국 정부는 이를 받아들여 일본 정부에 덤핑무역 판정을 위한 자료를 제출하도록 요구했다. 이 문제는 일본 정부에서도 골머리를 싸매지 않을 수 없는 문제로 비약됐다. 1970년에는 섬유분야에서 미일 통상마찰이 이미 시작되고 있었기 때문이었다.

가전제품의 정가판매(고가판매) 문제는 여기에서 끝나지 않았다.

공정거래위원회의 심의장에 출석한 다이에이(당시 일본 최대의 유통회사)의 나까우치 이사오 사장의 증언이 마쓰시타 전기에 큰 타격을 주었다. "마쓰시타 전기는 계열점에 대해 할인판매를 불허하고 고가판매를 강요하고 있다." 다이에이 사는 1959년 미국식 슈퍼마켓을 일본에 도입하여 일약 유통혁명의 기수로 부상한 기업이었다. 다이에이 사는 경이적인 성장을 하여 1972년 일본 유통업계의 전통명가인 미츠꼬시를 누르고 유통업 1위에 오르기도 했다.

자신을 변화시켜 회사를 변화시킨다

마쓰시타 전기의 판매실적은 이러한 소용돌이 속에서 하향곡선을 그리기 시작했다. 이익은 15% 이상 감소했다. 소비자 단체의 반발, 정권과 결탁한 유통업계 1위 업체의 도전 등으로 판매시장의 분위기가 불리하게 돌아가고 있었다.

마쓰시타 전기의 노조위원장 다카바타 게이치는 마쓰시타 고노스케를 찾아가 직언을 한다. "다이에이 사장의 도발적 행동은 도리에 어긋나는 행위이지만 참고 넘어가 주셨으면 합니다." 이에 대해 마쓰시타 고노스케는 이렇게 답했다고 한다. "화가 나서 3일째 잠을 제대로 못 자고 있다."

마쓰시타 고노스케는 '자신을 변화시켜 일본을 변화시킨' 사카모토 료마를 가장 존경했다. 그는 다카바타 위원장의 설득에 자신을 변화시켜 회사를 변화시키기로 결심한다. 1971년 마쓰시타 전기는 1월부터 판매되는 모든 신제품에 대해서 14% 가격인하를 발표했다. 마쓰시타 고노스케는 이후에도 기회 있을 때마다 저자세로 소비자에게 머리를 숙이는 자세를 견지하였다. 하지만 그는 소비자 단체의 운동이 사실을 왜곡하여 선동하는 방향으로 전개되는 현상에 대해서는 회의를 금치 못했다.

한편 기업가와 정치권력의 밀착 등에 대해서는 회의를 넘어 분노를 삭이지 못했다. 마쓰시타 고노스케는 기업가 스스로 땀 흘린 노력과 고객에 대한 정성으로 기업을 성장시키고 사회에 보탬이 되는 것만이 진실된 기업가 정신으로 생각했다. 그는 정치권력에 아부하여 기업이 급성장하는 것은 올바른 기업가 정신이 아니라고 단언한다. 정치가 올바로 이루어지면 기업이 정치권력에 빌붙을 생각을 하지 못한다. 정치가 올바르지 못하니까 올바르지 못한 정치가와 올바르지 못한 기업가의 뒷거래가 이뤄지게 된다고 생각한 것이다.

마스시타 고노스케는 1971년 1월 경영방침 발표 때 이렇게 얘기한 일이 있다. "일본 정치의 취약성이 이러한 문제를 일으키고 있는 것이다." "우리 일본 국민들이 공동으로 번영할 수 있는 정치이념이 분명하고 확고해야 한다. 일본의 국가사회, 일본의 정치사회에 올바른 정치이념이 없는 것이 오늘날의 사태를 일으킨 장본인인 것이다." 마쓰시타 고노스케의 이런 생각이 훗날 마쓰시타 정경숙이라는 정치가 양성기관을 탄생시키는 토양이 되었을 것이다.

마쓰시타 전기는 판매와 마케팅에서 언제나 업계의 선두주자 역할을 담당했다. 이것은 판매와 마케팅에 대한 마쓰시타 고노스케의 선경지명이 빛났기 때문에 가능했다. 이번에는 기술분야 선택에서 진가를 발휘한 사례를 살펴보자.

　1970년대 후반 일본에서는 비디오 규격 전쟁이 발발했다. 일본굴지의 소니사와 일본 빅터(JVC)사 사이에 가정용 비디오 기술방식을 둘러싼 충돌이 벌어졌다. 소니와 일본 빅터의 싸움은 사운을 건 전쟁으로 치달았다. 왜냐하면 여기에서 승자가 기술표준 규격으로 결판나기 때문이다. 전자업계의 일반적 의견은 소니 쪽에 기울어져 있었다. 소니의 베타방식은 화질이 좋고 카세트가 작다는 장점이 있었기에 마쓰시타 전기의 종업원들도 이번 기술방식 싸움에서 소니가 이길 것이라고 내다 보았다.

　그러나 소니의 '베타방식'과 일본 빅터의 'VHS방식'을 직접 본 마쓰시타 고노스케는 "소니는 100점, 빅터는 200점"이라고 평가했다. 이유는 두 가지였다. 첫째는 소니의 베타맥스 녹화시간은 1시간인 반면 일본 빅타의 녹화시간은 2시간이라는 점이고, 둘째는 소니 제품은 무게가 20킬로그램인 반면 일본 빅타의 제품 무게는 13킬로그램으로 7킬로그램이나 가볍다는 것이었다.

　마쓰시타 고노스케는 이어서 이렇게 말했다. "고객이 제품을 살 때 직접 들고 집으로 가져 갈 수 있는 것과 그렇지 않은 경우와는 매출에 있어서 10배 이상의 차이가 날 수 있다." 마쓰시타 고노스케는 일본 빅터의 손을 들어 주었다. 마침내 소니 이외의 모든 일본기업들이 VHS방식에 몰려들었고 결국 VHS방식은 일본 표준규격 및 세계 규격으로 확정되었다. 소니와 일본 빅터의 전쟁에서 VHS방식을 선택한 마쓰시타 전기가 승리자가 됐던 것이다.

소니는 도쿄에 본거지를 둔 회사이다. 반면에 마쓰시타 전기는 오사카에 본거지를 둔 회사다. 소니는 창업 당시부터 인텔리적이고 세련된 이미지로 출발했다. 창업자인 이부카 마사루와 모리타 아키오는 두 사람 다 대학교육을 마친 인물로 이부카는 신사풍의 기술자였고 모리타는 국제감각이 뛰어난 책사풍의 영업달인이었다. 특히 모리타 아키오는 영어가 유창해 세계 유수기업의 경영자와 교류관계가 깊었다.

하지만 사업의 밑바닥에서 갖은 고생을 경험하며 성장해 온 마쓰시타 고노스케의 스케일이나 앞을 내다보는 선견지명과 시장을 판단하고 분석하는 능력에서 모리타 아키오는 마쓰시타 고노스케를 따라오지 못했다. 두 회사는 기업문화에서도 많은 차이점을 보여주었다. 소니는 국제화에 앞장서서 일본풍을 없애는 독특한 기업문화를 형성하면서 마쓰시타 전기와 경쟁을 해왔다. 어쨌든 두 기업은 일본 경제 전체의 성장을 견인하는 데 중요한 역할을 해온 전자업계의 쌍두 마차였다.

필자는 정주영 회장을 모시고 모리타 아키오 소니 회장을 면담한 일이 있다. 모리타 회장은 특유의 달변으로 일본 전자업계의 현황을 설명해줬다. 그는 마쓰시타 고노스케가 일본 빅터의 VHS방식 편에 선 일에 대한 유감을 떨쳐내지 못한 듯한 발언을 했다. 기술표준방식 전쟁에서 패배한 심경을 이렇게 토로했다. "소니는 신기술과 신제품을 개발하는 데 많은 투자를 합니다. 하지만 마쓰시타 전기는 '마네시타 전기'입니다." 일본어에서 '마네'는 흉내내는 것을 뜻한다. 즉 마쓰시타 전기는 '흉내'를 잘 내는 기업이라는 뜻으로 얘기한 것이다. 실제로 일본 전자업계에서 소니는 새로운 분야를 개척하여 최첨단 제품을 내는 경우가 많은 반면 마쓰시타 전기는 기존의 제품을 실용적으로 개량해서 대량생산하는 경우가 상대적으로 많은 기업이다.

정주영_ 정주영의 인간 · 문화 ·
교육 · 정치적 태도

앞에서 마쓰시타 고노스케의 정치입문에 관하여 살펴 본 것을 독
자는 기억할 것이다. 이번에는 정주영의 정치입문에 관하여 살펴보
자. 정주영은 희망의 삶을 살아온 사람이다. 그러면서 그는 치유의
삶을 살아왔다. 그가 바라는 우리 사회의 미래는 그의 정치입문 역정
을 고찰해 보면 사실적으로 알 수 있게 된다. 정주영의 성공을 이끌
어 낸 결정적 요인은 경제적 현실에 대한 인식에서 출발하지만 그의
인간적 태도, 문화적 태도, 교육적 태도, 정치적 태도에서도 발견할
수 있다.

정주영의 인간적 태도는 취학 이전에 서당에서 배운 유교 경전의
영향이 매우 컸을 것으로 생각된다. 그의 문화적 태도는 기업을 경영
하면서도 끊임없이 문화계, 학계 인사들과 깊은 교류를 가져 오면서
새로운 지식과 폭넓은 문화의식을 소중한 경영자산으로 삼았다는 사
실에서 알 수 있다. 그의 교육적 태도는 지역사회교육협의회 후원회

장을 맡아 25년간이나 꾸준히 '교육복지'를 실천해 온 사실에서 발견된다. 그의 정치적 태도는 아산재단을 만들 때의 이념이었던 복지 공동체의 실현과 인류의 보편적 국가이념의 구현이라는 차원에서 접근할 수 있다.

정주영은 문화발전 이념에 근거하여 우리보다 후대가 앞으로 더 나아지고 더 질 좋은 사회에서 살 수 있게 되기를 원했다. 그는 현재 우리가 가지고 있는 자산과 가치를 우리 국민이 소홀히 한다면 머지 않은 장래에 아무것도 없는 무자산, 무가치 사회로 전락할 것이라고 내다보았다. 따라서 우리는 현재의 위치에서 더 나은 내일을 향해 전진해야 하며 우리가 잘 되도록, 교육이 잘 되도록, 기업이 잘 되도록, 사회가 잘 되도록, 우리나라가 잘 되도록 끊임없이 연구하고 노력해야 한다고 강조한 것이다.

> **그들은 권력을 막강한 힘으로만 알지 국민에 대한
> 막중한 책임을 가지고 있다는 올바른 인식이 없다**

5·16쿠데타 이후 박정희 정부는 18년 동안(1961~1979) 경제개발 5개년 계획을 3차에 걸쳐 강력하게 추진했다. 한국경제를 열악한 농업구조에서 탈피시켜 현대적 산업구조로 변환시키기 위해 일관성 있는 정책을 추진하여 공업기반을 구축하고 사회간접자본의 확충을 서둘렀다. 1960년 80달러에도 못 미쳤던 1인당 국민소득을 1979년 1만 달러를 상회하는 수준으로 끌어 올리는 데 성공했다. 중화학공업 육성, 수출주도 경제성장 정책은 '우리도 잘 살 수 있다!'라는 슬로건

을 내세웠다. 농촌과 도시의 불균형을 메우는 '새마을운동'을 일으키면서 전 국민을 '우리도 잘 살아 보세!' 라는 의욕으로 불태웠다.

박정희 대통령은 1979년 10월 26일 불행한 시해사건으로 서거한다. 이어서 전두환 군사정부가 들어서고(7년) 노태우 정부(5년)로 이어져 12년 동안 신군부통치가 이뤄졌다. 이 시기가 정주영에게는 고난의 시절이었다. 당시 한국의 민간경제계를 대표하는 전경련 회장으로서 정주영은 신군부에서 벌어지고 있는 정부주도의 통제경제 압박을 온몸으로 막아내어야 하는 입장에 있었던 것이다. 정부의 명령에 무조건 따라야 하는 관 주도 경제체제는 정경유착을 유발시킬 뿐만 아니라 불법정치자금의 횡행으로 국가 기능은 비리와 부패의 늪에 빠지게 되는 경우가 비일비재했기 때문이다.

정주영은 정부의 부조리와 부패를 가장 싫어했다. 정주영은 현대그룹이 국내에서 정경유착으로 거대기업이 되었다는 소리를 들어서는 안 된다고 생각했기 때문에 1963년에 '해외에서 외화를 벌자!' 라는 슬로건을 내건 최초의 건설회사가 되었던 것이다. 그의 이런 생각과 태도는 신군부 집권세력과의 갈등과 대립을 격화시키는 상황을 만들었다. 전두환 정부시절 그는 전경련 회장 사퇴압력을 받는다. 고분고분하지 않자 신군부정권과는 관계가 더욱 멀어지게 되고 드디어 정부 주도의 '중화학공업 산업개편' 이라는 불이익을 감수하게 된다.

전두환 정부로부터 그는 기계산업(현대양행 → 대우중공업 → 두산중공업)과 자동차산업(현대자동차) 둘 중에서 하나를 선택하라는 최후통첩을 받는다. 정주영은 고심 끝에 자동차산업을 선택하였고 기계산업은 타 그룹으로 넘어가고 말았다.

정주영은 자신이 정치참여를 결심할 때 이렇게 말한 일이 있다.

"나는 이날까지 살아오면서 고매한 인품을 가진 사람을 만났을 때 존경의 마음으로 고개를 숙이며 그 인품을 부러워한 일은 있지만 대단한 권력에 존경심을 품거나 그것을 부러워해 본 일이 맹세코 단 한 번도 없다."

"잘못된 정치는 나라를 망치고 말 것이라는 불안감과 위기감이 확산되고 있다. 그들은 권력을 막강한 힘으로만 알지 국민에 대한 막중한 책임을 가지고 있다는 올바른 인식이 없다. 한 나라의 국력은 그 나라의 경제력이 말한다. 정치가 잘못되고 있는데 경제만 잘 나갈 수는 없는 일이다. 나라가 이 모양인데 그냥 앉아서 정치하는 사람들 욕이나 하며 내 자신과 내 기업의 안전만 도모하는 것이 소위 사회지도층이라는 사람의 할 일이 아니라고 생각한다. 지금까지 어려운 여건 하에서도 경제성장을 가능하게 했던 근로자의 의욕과 기업인의 열의와 국민의 열정을 한데 모아 이 나라 정치를 올바로 개혁하고 국가를 건설하여 통일한국을 완성시켜 보고 싶은 것이 나의 꿈이자 목표다."

정주영_ 정치에 뛰어든 것은
노욕이고 실패였나

1992년 전두환 정부와 노태우 정부의 신군부정권(1980-1992)이 끝날 무렵 정주영은 통일국민당을 창당하고 정치에 뛰어들었다. 그의 나이 78세 때다. 통일국민당 창당 45일 만에 치른 총선거에서 득표율 17.5%를 얻어 그 자신을 포함한 국회의원 31명의 의석을 확보하였다. 통일국민당은 한국의 정당정치사에서 대기업을 기반으로 하는 유일한 정당이라는 점에서 매우 특이한 정당이었다. 일본의 마쓰시타 고노스케는 정당 창당의 기획은 하였으나 실행에 옮기지는 못했다. 정주영은 정당 창당을 기획하고 실행에 옮겼다. 이는 정주영의 외로운 결단과 불굴의 의지와 불도저 같은 도전의 결과물이다.

정주영은 현대그룹의 성장 역사가 보여주듯이 새로운 영역에 도전했고 그가 선택한 새로운 영역은 뜻밖에도 정치였던 것이다. 타이밍은 절묘했다. 마침 군인정치가 막을 내리고 문민정치가 시작하려는 순간이었기 때문이다.

1992년 12월 정주영은 통일국민당 대통령 후보에 지명되고 선거에 나선다. 정주영의 정치도전은 여기까지였다. 대선투표 결과 16.3%의 득표로 낙선했다. 당시 대선에는 민자당의 김영삼 후보, 신민당의 김대중 후보가 나와서 3파전을 벌렸는데 김영삼 후보가 대통령으로 당선되었던 것이다.

여기에서 항간에 잘 알려지지 않은 하나의 에피소드를 소개한다. 당시 김영삼 후보는 경쟁자인 김대중 후보에게 반드시 승리하기 위해 정주영 후보 측과 후보 단일화 협상을 꾀했다. 하지만 정주영 후보는 일언지하에 거절했다. 오히려 후보 단일화를 하려면 김영삼 후보가 사퇴하라고 되받아쳤다.

정주영은 산업전선에서 땀 한 방울, 피 한 방울 흘려보지 못하고 오로지 운동권에서 정치적 투쟁만 한 경력뿐인 이른바 민주투사로 알려진 김영삼, 김대중 두 후보에 비하여 자신이야말로 통일대한민국의 장래를 걸머져야 할 일꾼으로 확신하고 있었기 때문이다. 정주영의 머리에는 1968년 2월 경부고속도로 공사 착공식이 있던 날 한국 최초의 고속도로 건설을 반대하면서 '나를 밟고 지나가라'는 듯이 포크레인 앞에 드러누운 김영삼, 김대중 두 야당지도자의 얼굴이 겹쳐 보였던 것일지도 모른다. 이 일은 훗날 김영삼 정부가 탄생한 후 현대그룹에 정치보복과 극심한 금융제재를 가한 단초가 되었다.

김영삼 정부 말기, 한국에 IMF 외환위기 사태가 도래했을 때 정주영은 다음과 같이 술회했다.

"혹자는 나의 대통령 출마에서의 낙선을 두고 '시련은 있어도 실패는 없다'라고 주장하던 내 인생의 결정적 실패라고 얘기하는 모양이지만, 나는 그렇게 생각하지 않는다. 쓰디쓴 고배를 들었고 보복차원의 시련과 수모도 받았지만 나는 실패한 것이 없다. 오늘의 현실을 보자. 5년 전 내가 낙선한 것은 나의 실패가 아니라 YS를 선택했던 국민들의 실패이며, 나라를 이 지경으로 끌고 온 지도자(YS)의 실패이다. 나는 그저 선거에 나가 뽑히지 못했을 뿐이다. 후회는 없다."

여기에서 한국 국민은 지나간 선거에 대하여 가정해 보면 우리 사회의 미래를 위하여 정치를 개혁하고 통일한국을 겨냥하는 국가건설을 위해 정주영이 국민들에게 지지를 호소했을 때 그를 선택했더라면 한국은 IMF를 피할 수 있었을까?

정주영을 잘 아는 대다수의 지식인들은 '그렇다' 라고 대답할 수 있을 것이다. 왜냐하면 그는 이미 '교육복지', '의료복지'를 누구보다 앞장서서 실천해 온 장본인으로 국민을 자상하게 배려할 줄 알았고, 무역의 중요성, 외환의 중요성과 세계경제의 흐름을 누구보다 잘 꿰뚫고 있었으며, 대한민국에게 필요한 것은 오직 국민과 국가에 이익이 되는 깨끗한 정치행위라는 것을 누구보다 분명하게 경험하고 강조했기 때문이다.

정주영은 선거유세에서 '민자당과 YS가 집권하면 이 나라는 반드시 망할 것' 이라고 경고했다. 그리고 그의 예언적 경고는 현실이 되어 한국에 되돌아왔던 것이다. IMF 사태의 도래로 한국의 기업과 금융기관들은 줄 도산하고, 구조조정의 한파 속에 종업원들은 길거리로 내몰렸고, 그동안 애지중지 축적해 온 국내 부동산과 기업자산들이 외국인의 손으로 넘어갔다. 그뿐이 아니다. 외화를 확보하기 위해

온 국민이 거국적으로 금 모으기 운동을 하였고 아기 돌반지 등 장롱 속 금붙이를 외화를 벌기 위해 모두 끄집어 내놓을 수밖에 없었다.

정주영은 청부국가, 문화국가, 통일국가를 건설하기 위해서는 정치인의 책임이 클 뿐만 아니라 정치인을 뽑는 국민의 정치적 책임도 매우 크다는 것을 강조한다. 그는 한국이 선진국으로 도약할 수 있는 계기는 경제보다도 정치에서 시작되어야 한다는 것을 누구보다도 뼈저리게 느끼고 강조했다. 정주영은 정치를 통해 세상을 변화시켜야 하겠다는 꿈을 이루지는 못했지만 그의 정신적 유산은 오늘날 한국의 정치인들에게 계승되어야 할 것이다.

이 책의 서두에서 조선 말기의 대한제국이 망한 경위에 대하여 잠깐 살펴 보았다. 5천 년 역사 중에서 우리나라가 '주권'을 완전히 상실했던 시기는 일제강점기 36년뿐이다. 대한제국이 상실한 것은 '주권'이었다. 현대 정치학에서는 국가의 3요소로 '영토', '국민', '주권'을 든다. 이 중에서 하나라도 빠지면 국가로 간주하지 않는다.

당시 강화도 조약에서 주권 상실까지 30년밖에 걸리지 않았다. 역사학자들은 '무능한 조상 탓'이라거나 '간악한 외세의 침탈 탓'이라고 이유를 갖다 붙이지만 우리나라에서도 '갑신정변', '갑오개혁', '광무개혁' 등의 소중한 기회가 있었다. 당시 한국을 오랫동안 본 서양인들은 한결같이 우수한 재능, 뜨거운 교육열, 근면한 백성, 풍부한 인적 자원을 높이 평가했다. 국력이 강력하진 못했지만 강력해질 수 있는 나라였던 것이다.

개화와 개혁을 꿈꾸고 갑신정변(1884.12.4 봉건적 전제군주제 타도, 근대적 입헌군주제 옹호)을 주도했던 김옥균은 피살 후 능지처참을 당했다. 수많은 인재가 개혁을 시도하다가 섬기던 국왕에 의해 최후를 맞이했다. 당시의 국왕 고종은 개혁이 조금이라도 왕권을 제약하려는 기미가 보이면 개혁 전체를 내쳤다. 백성의 재능, 열정, 희망은 수포로 돌아갔다. 개혁의 열정과 희망이 고갈된 대한제국에는 황제만 남았던 것이다. 천금 같은 기회도 절대왕권을 지키려는 왕 앞에서 30년 동안 몸부림치다가 끝내 사라지고 말았던 것이다. 외부 국제사회의 변화를 모르는 '우물 안 개구리'와 같은 무능한 정치는 이렇게 무서운 법이다.

마쓰시타_ 임금인상 5개년 계획이 시작된 지 4년이 지난 1971년 마쓰시타 전기의 종업원 임금은 유럽에서 가장 높았던 독일과 비슷한 수준까지 올라갔다. 5년 째인 그 다음 해에는 미국의 평균임금을 따라잡았다. 이렇게 되니까 일본국내의 전기업체에서 마쓰시타 전기는 타회사에서 따라오지 못하는 최고수준의 임금을 주는 회사로 부상했던 것이다.

————

정주영_ 정주영은 뜨거워서 일 못하고 물이 없어 공사를 못한다는 반대의견에 이렇게 대답했다. "낮에 더워서 일 못하면 서늘한 밤에 일하면 될 것이고, 부족한 물은 물탱크로 실어오면 될 것이고, 거기에다가 비가 안 온다니 일 하는데 얼마나 좋아? 모래와 자갈이 현지에 많은 것은 건설공사에 오히려 득이 될 거야. 하다가 모르는 게 있으면 배우면 될 것이고, 길이 없으면 길을 만들어 나가면 돼!"

정주영 마인드와
마쓰시타의 마인드

06

: "이봐, 해봤어?", "고객에겐 90도로 인사해!"

마쓰시타_ 학력·서열 파괴와
현장중심 조직문화를 만들다

마쓰시타 고노스케는 어릴 적에 아버지의 파산을 경험했다. 그리고 다섯 형제가 요절하는 뼈아픈 시절을 보낼 만큼 가정생활은 순탄하지 않았다. 1921년 무메노와 결혼한 그는 1남 1녀를 두었으나 1927년 그의 외아들 고이치는 수막염을 앓다가 속수무책으로 세상을 떠났다. 두 살도 채 되지 않은 아들이 죽고 난 뒤 그는 아들의 주치의에게 "나는 이제 더 이상 사업을 하고 싶지 않다."라고 말했을 정도로 충격을 받았다.

그에게 남은 자식이라고는 외동딸 사치코뿐이었다. 사치코가 성년이 되자 사윗감을 찾았다. 명문가 출신을 중심으로 물색하던 끝에 마침내 천황가의 일원인 히라타 백작 가문의 차남 마사하루를 사위로 맞이하게 된다. 이 결혼으로 마쓰시타 고노스케는 일본 천황가를 비롯하여 미쓰이, 도요타 가문과도 연결된다.

마쓰시타 고노스케는 마사하루가 사내 경력을 순조롭게 쌓아갈 수 있도록 배려했다. 하지만 마사하루가 임원으로 승진하자 회사의 임원회의 석상에서 공개적으로 심한 질책을 하는 일이 많아졌다. 마사하루를 경영자로 키워보기 위한 훈련이라고 생각할 수 있었지만 너무나 심한 꾸중을 공개적으로 당하는 마사하루를 불쌍하게 본 임원 한 사람이 마쓰시타 고노스케를 찾아 가서 조언을 했다. "너무 공개적으로 심하게 꾸짖지 마시고 할 말이 있으시면 혼자 따로 불러서 조용히 얘기해 주시면 되지 않겠습니까?" 듣고 보니 맞는 말인지라 그 후 마쓰시타 고노스케는 자제했다고 한다.

1961년 마사하루는 마쓰시타 고노스케로부터 사장 자리를 물려받는다. 하지만 1964년 회사가 어려워지자 마쓰시타 고노스케는 스스로 영업 본부장이 되어 회사의 경영자로 돌아온다. 그는 딸의 입장을 생각해서인지 쉽사리 마사하루를 사장자리에서 해임하지 않았다. 결국 마사하루의 사장 재임기간은 16년간 계속됐다.

1977년 1월 세간을 경악시키는 일본 재계 뉴스가 터졌다. 마사하루는 경영일선에서 회장으로 물러나고 새로운 사장에 야마시다 도시히코가 임명됐다는 소식이었다. 당시 야마시타 도시히코는 마쓰시타 전기의 26명 임원 가운데 끝에서 두 번째인 25위의 서열이었고 나이도 다섯 번째로 어린 57세였다. 매스컴은 연일 마쓰시타 전기의 경영권 승계를 다루었는데 눈에 띄는 것 중에 하나가 새로 사장에 선임된 야마시다 도시히코의 학력이 고졸이라는 점이었다.

고졸 학력자가 마쓰시타 전기의 최고사령관이 될 줄은 아무로 몰랐다. 야마시타는 1938년 고교 졸업 후 18세의 나이로 마쓰시타 전기에 입사한 후 1950년 네덜란드 현지 공장장, 1962년 마쓰시타 전기의 자회사인 웨스트 전기 상무이사, 1965년 마쓰시타 전기 에어컨 사업부장을 지낸 경력의 소유자였다.

그는 사원시절 회사밖에 모르는 '맹렬사원'도 아니었고 임원시절 회사에서 오너에게만 충성을 다하는 '마쓰시타교'의 열렬한 신자도 아니었다. 오히려 부하직원들에게 회사 일만 생각하지 말고 자기 생활에 충실하고 특히 취미를 하나씩은 꼭 가지라고 권유하던 상사였다. 어쨌던 마쓰시타 전기의 학력파괴, 서열파괴의 개혁적인 인사로 마쓰시타 고노스케에 대한 매스컴의 평가는 천정부지로 뛰어 올랐다.

야마시타가 사장으로 발탁되고 난 뒤 회사 내부의 시선은 곱지 않았다. 일부에서는 드러내놓고 후계 인선을 다시 해야 한다면서 반발을 했다. 하지만 마쓰시타 고노스케의 속내는 달랐다. 당시 마쓰시타 전기는 성장속도가 둔화되는 시점에 있었다. 임원들 상당수는 그 원인을 가전제품의 보급이 포화상태에 도달했기 때문이라는 시각이 팽배했다. 그러나 마쓰시타 고노스케의 판단은 시장에 대한 공급 포화상태보다 매너리즘에 빠진 회사의 조직문화에 문제가 있다고 보았다.

야마시타 사장은 취임하자 마자 일대 개혁을 단행했다. 그는 '다시 태어나자'라는 슬로건을 내걸었다. 부사장제를 폐지하고 사업부문 간의 인사교류를 단행하며 국내보다 해외생산을 확대하는 계획을 밀어붙였다. 고참 임원들로부터 불만에 가득 찬 소리가 들려왔지만 그럴 때마다 마쓰시타 고노스케는 오히려 야마시타 사장을 불러 개의치 말고 개혁을 추진하도록 힘을 실어주었다. 야마시타 사장도 일부 예외적인 경우를 제외하고는 사업결정권을 각 사업부문장에게 위임하는 등 현장 중심의 유연한 조직문화를 만들어 갔다.

마침 비디오 규격전쟁에서 승리를 거둔 여세를 몰아 VHS사업에서 미국 시장을 대부분 장악하는 성과를 올렸다. 컴퓨터 사업에 불을 붙였고, 반도체 개발 사업에도 전력투구하기로 결정했다. 후에 마쓰시타 전기는 컴퓨터 사업에서는 발을 뺀다.

마쓰시타_ 주 5일 근무제와 임금인상 5개년 계획

마쓰시타 고노스케는 스스로 영업 본부장이 되어 어려워진 회사로 다시 돌아온 1964년 1월 경영방침 발표회에서 다음과 같이 선언한다.

"일본에서 가장 먼저 주 5일 근무제를 도입하겠다. 주 5일 근무제를 도입해도 주 6일 근무제의 회사와 동등한 수준의 임금을 유지할 것이다. 이 제도는 1965년부터 시행한다."

당시 일본은 생산가동률이 피크에 올라 있었고 고도성장의 와중에서 모든 기업들은 근무시간 연장에 골몰하고 있었던 시절이다. 주 6일 근무도 모자랄 지경인데 주 5일 근무제를 선언했으니 일본경제계에서는 반신반의 하는 사람들이 많았다. 마쓰시타 전기 내부의 임원들 중에도 경쟁력을 잃어버리지나 않을까 하며 걱정하는 사람들이 생겼다.

당시 구미기업에 대항하여 일본기업이 경쟁력을 유지하고 있었던 것은 첫째는 상대적 저임금이었고, 둘째는 상대적으로 긴 노동시간이었기 때문에 이를 포기하는 것은 바로 경쟁력을 상실하는 사태를 유발하는 것이기 때문이다. 노동조합에서도 노동시간이 17%나 단축되는데도 급여와 수당이 그대로 유지된다는 사실이 믿어지지 않았다.

걱정이 된 사내의 임원들이 경영방침 발표 후에 마쓰시타 고노스케를 찾아가서 만류를 했으나 그는 오히려 임원들을 설득했다. 현실적으로 지금은 당장 어렵겠지만 회사의 장래와 국가경제의 미래를 생각하면 반드시 시행해야 한다고 주장했다.

3년 뒤인 1967년에 세간을 놀라게 하는 또 하나의 발표가 있었다. '임금인상 5개년 계획'을 실시하여 종업원의 임금을 연차적으로 대폭 인상한다는 방침이었다. 또 다시 임원들이 만류하고 나섰다. 임원들을 설득하는 마쓰시타 고노스케의 논리는 간단했다. 임금을 높이는 만큼 생산성을 더 높이자는 것이었다.

임금인상 5개년 계획이 시작된 지 4년이 지난 1971년 마쓰시타 전기의 종업원 임금은 유럽에서 가장 높았던 독일과 비슷한 수준까지 올라갔다. 5년 째인 그 다음 해에는 미국의 평균임금을 따라잡았다. 이렇게 되니까 일본국내의 전기업체에서 마쓰시타 전기는 타 회사에서 따라오지 못하는 최고수준의 임금을 주는 회사로 부상했던 것이다.

일본 천황 히로히토가 사망한 것은 1989년 1월 7일이었다. 그로부터 3개월 후 4월 27일에 마쓰시타 고노스케가 세상을 떠났다. 일본 현대 정치사의 상징적 인물이었던 일왕과 일본 현대경제사의 상징적 인물이었던 기업가가 같은 해에 유명을 달리했다.

그와 동시에 일본의 고도성장, 대량생산, 대량소비 시대도 막을 내렸다. 일본에 불어닥친 버블 붕괴의 찬바람은 그것을 상징이라도 하는 것처럼 '잃어버린 일본경제'라는 이름을 달고 세상에 나타났다. 1990년부터 2010년까지의 지속적인 불경기를 일본에서는 흔히 '잃어버린 20년'이라고 얘기한다.

고객을 위한 창조력만이 우리의 살 길이다

오늘날 마쓰시타 전기는 사명이 바뀌어 '파나소닉(Panasonic)'으로 건재하고 있다. 2010년 기준 파나소닉은 전 세계에 680개의 자회사를 거느리는 굴지의 거대기업으로 성장했다. 마쓰시타 고노스케는 지난 100여 년 동안 일본 최고의 경영자로 추앙받고 있으며, '경영의 신', '판매의 신'이라는 호칭으로 사랑받고 있다. 그가 '판매의 신'으로 불리는 데는 시장의 고객에 대한 그의 일관된 자세 때문이라고 필자는 생각한다. 그는 어떠한 어려운 여건에 놓여 있어도 고객을 '하느님' 대하듯이 대했다. 그는 회사의 존재이유는 고객을 위하여 존재할 뿐이라는 생각으로 고객의 소리에 귀를 기울였던 것이다. 그의 경영철학으로 자리잡은 '오직 창조력만이 살 길이야.'라고 말한 것도 고객의 소리를 귀 흘려 듣지 않았기 때문이다.

1918년 두 평 남짓한 공간에 전기용품 가게를 차리고 직원이라고 해 봐야 아내와 처남 그리고 자신이 전부였던 시절, 어느 날 전기 수리를 하러 갔다가 우연히 들은 그 집의 두 자매가 서로 자기가 소켓을 먼저 쓰겠다고 말다툼하는 광경을 목격하고는 '쌍소켓'을 만들어 낸다. 그리고 이것이 바로 히트 제품이 된다. '쌍소켓'에 대한 반응은 그야말로 폭발적이었다. 찾는 사람들이 너무 많아 물량을 맞추기도 힘들 지경이었다. 전국 각지에서 대리점을 하겠다는 사람들이 물

밀듯이 몰려왔던 것이다.

당시 무질서하게 할인판매가 난무하던 일본 가전시장에서 정가제도를 최초로 도입하여 마쓰시타 전기제품을 모두 정가로 판매하기 시작했었을 때 동종업계 및 공정거래위원회의 압력 그리고 관 주도의 소비자 단체의 반발에도 꿈쩍하지도 않았던 그였다. 하지만 자신의 고객들로부터 가격인하를 요구하는 목소리가 나오자 대결단을 내려 14%나 가격을 인하하는 결정을 내린 것도 오직 고객을 '하느님' 대하듯 하는 자세에서 나온 결과물이었던 것이다.

마쓰시타 고노스케는 신입사원이 들어오면 늘 당부하던 말이 하나 있다. "고객을 보면 90도로 허리 숙여 인사하고, 고객이 사라지면 다시 90도로 허리 숙여 인사해야지!"

가전사업은 소비자를 직접 상대하는 업종이며 나아가 경박단소 업종은 비교적 소비자를 직접 상대하는 업종이 대부분이다. 이와 달리 중후장대 업종은 비교적 국가기간산업의 중심위치에 있어서 직접 소비자를 대하기보다 정부기관, 공기업, 기업 등의 조직을 상대로 비지니스를 해야 하는 경우가 대부분이다.

나라가 성장하려면 그 나라에 인프라가 먼저 조성되어야 성장의 발판을 마련할 수 있다. 인프라 부문은 소비자를 상대로 소비재를 생산하는 것과는 양상이 다르다. 때문에 거대자본, 기술, 노동이 동시에 투입되어야 함은 물론 사업 당사자에게는 처음으로 시도해 보는 도전해야 할 일이 부지기수다.

정주영_ 돈을 벌려면
세계의 돈이 몰리는 곳으로

　정주영은 건설업에 대해 이렇게 술회한 일이 있다. "건설사업이라는 세계는 다른 사업과 아주 다른 데가 많아요. 건설사업은 말 그대로 무에서 유를 창조해 내는 일이죠. 아무것도 없는 허허벌판에 현대식 초고층 빌딩들을 세워 도시를 만들기도 하고, 험준한 산 밑을 뚫어 길을 내기도 하고, 강과 계곡 위에 다리를 놓기도 하는 일들입니다. 그런데 여기는 세상의 어느 사업보다 창의력이 요구될 뿐 아니라 항상 엄청나게 많은 불확실성과 위험요소와 난관이 도사리고 있어요. 최고의 기술도 필요하고요. 사람이 어쩔 수 없는 기후와 자연재해와도 싸워야 하거든요. 유별나게 많은 각종 규제 문제도 해결해야 되죠. 거기다 막대한 투자가 요구되는 것이 건설업입니다. 이런 건설사업에서 실무와 경영능력을 쌓은 사람들은 어떤 일을 맡겨도 잘 해낼 수 있는 재목이 되는 것이죠."

　사람들은 누구나 처음으로 하는 일은 주저하게 된다. 처음 가는 길은 길이 없기 때문이다. 길이 없고 길이 보이지 않기 때문에 사람들은 가지 않으려고 한다. 정주영의 생각은 달랐다. 그는 길이 없으면 만들면 된다는 생각을 했다. 사람들은 해보지도 않고 하지 않으려고 한다. 사람들은 해보지도 않고 부정적인 결론부터 낸다. 가려고 하는 방향으로 검토를 해야 하는데 그 쪽에 길이 보이지 않으니까 아예 가지 않으려고 하는 방향으로 검토를 하는 것이다. 그러니까 검토의 결과는 부정적인 결론을 도출하게 된다.

1973년 말 세계경제를 뒤흔든 제1차 오일쇼크 사태가 터졌다. 중동 산유국들은 판매동맹으로 석유가격을 5배 인상했다. 한국은 위기를 맞이했다. 발전소를 돌릴 에너지와 자동차에 쓸 휘발유도 바닥이 날 정도였다. 또다시 한국경제는 위기를 맞이하고 있었다. 중동 산유국들은 마치 이스라엘과의 전쟁에서 패배한 앙갚음이라도 하듯이 석유가격을 올리고 또 올렸다. 세계의 돈이 중동 산유국으로 빨려 들어갔다. 세계의 에너지원은 석유에서 나오고 있었기에 석유를 확보하지 못하면 산업은 물론 모든 경제활동이 마비되어버렸다.

정주영의 '우리는 밖에서 벌어서 안을 살찌게 만들어야 해!' 라는 슬로건은 '돈을 벌려면 세계의 돈이 몰리는 곳으로 가야 해!' 로 방향 전환을 한다. 현대건설의 중동건설 진출은 이 슬로건에서 출발한다.

당시 떼돈을 벌어들인 중동의 산유국들은 국가적 인프라 건설에 투자계획을 집중시켰다. 하지만 인프라 건설을 담당할 수 있는 국가는 제한적일 수밖에 없었다. 유럽에서는 영국, 독일, 프랑스, 이탈리아 등의 4개국 뿐이었고 그 외 지역에서는 미국, 일본뿐이었다. 이들은 중동 인프라 건설의 특수를 만끽하기 위해 기회를 엿보고 있으면서도, 낮 기온이 40도 이상 올라가는 뜨거운 기후와 물까지 부족한 최악의 조건인 현장을 감내하려면 엄청난 추가 비용이 필요하다고 요구하고 있었다.

낮에 더워서 일 못하면 서늘한 밤에 일하면 된다

한국의 건설업계에서 아무도 중동지역을 쳐다보려고 하지 않았다. 중동지역을 출장 다녀온 정부관료들도 아무리 우리가 해외에서 돈을 벌어 와야 하지만 한국인들이 불처럼 뜨거운 사막지역에 가서 공사작업하기는 아주 어려운 일이라 더 이상 쳐다보지도 말라며 손을 놓고 있었다.

정주영은 뜨거워서 일 못하고 물이 없어 공사를 못한다는 반대의견에 이렇게 대답했다. "낮에 더워서 일 못하면 서늘한 밤에 일하면 될 것이고, 부족한 물은 물탱크로 실어오면 될 것이고, 거기에다가 비가 안 온다니 일 하는 데 얼마나 좋아? 모래와 자갈이 현지에 많은 것은 건설공사에 오히려 득이 될 거야. 하다가 모르는 게 있으면 배우면 될 것이고, 길이 없으면 길을 만들어 나가면 돼!"

정주영이 사내외의 반대에도 불구하고 중동 산유국 진출을 결심하고 있을 때 사우디아라비아에서 주베일 산업항 건설공사 국제입찰이 공고되었다. 20세기 최대의 대역사로 불리는 공사였다. 선진국 건설회사들은 카르텔을 조직하여 세기의 프로젝트를 낙찰받기 위해 담합을 하였고 이름도 들어보지 못한 한국의 현대건설이 입찰에 참가하리라고는 상상도 하지 못했다.

이 희대의 건설 프로젝트에서 현대건설은 9억 3천만 달러로 최저가 입찰에 성공하였다. 입찰에 성공은 했지만 현대건설은 석유관련 산업항 공사실적이 없고, 기술능력도 부족하며, 더구나 공사 가격을 너무 싸게 견적했기 때문에, 수주한 공사를 완성하지도 못하고 파산해버릴 수 있다면서 파상적 공세를 펼치는 선진국 경쟁회사들의 방해공작에도 위풍당당하게 대응하여 천신만고 끝에 최종 계약을 성사시켰다. 일찍이 1965년의 태국 고속도로 공사 완공을 비롯하여 베트남, 알래스카, 호주, 인도네시아 등 해외공사를 성공시킨 경험이 밑거름 역할을 해 주었던 것이다.

사우디아라비아 주베일 산업항 건설공사 계약금액인 9억 3천만 달러는 1976년 환율로 4600억 원에 해당하며 당시 한국정부 예산의 절반 규모였다. 석유가격 파동으로 한국은 수출금액보다 수입금액이 훨씬 더 많아 한국정부의 외환보유고는 바닥이 났었다. 언제 외환위기가 와서 '국가부도'를 선언해야 할지 모를 지경이었다. 이럴 때 현대건설이 계약한 거액의 해외공사대금의 계약금 입금으로 한국은 위험했던 외환위기를 사전에 예방할 수 있었다.

정주영_ 세계 초유의 조선소 건설과
선박건조 동시 진행

중동 진출보다 앞서 1972년 현대조선소 건설을 추진할 때였다. 정
주영은 조선소 건설에 필요한 자금 확보, 선박건조기술 확보, 선박수
주 확보의 3가지 핵심사항을 한꺼번에 해결해야 할 절체절명의 시기
를 맞이했다. 우선 조선소 건설에 소요될 8천만 달러의 차관을 얻어
야 했다. 미국과 일본을 접촉한 결과는 냉소적 반응이었다. 그는 영
국으로 시선을 돌려 바클레이즈 은행을 직접 방문했다. 은행 쪽에서
요구한 조건은 3가지였다. 선박수주계약, 조선기술, 차관상환능력을
증명하라는 요구였다. 하지만 정주영의 손에는 조선소를 건설할 울
산 해변지역의 백사장 사진 1장과 26만톤 급 유조선 설계도면 1장뿐
이었다.

정주영은 조선소 건설과 선박건조를 동시에 착수하기로 결심했
다. 일반적인 경우는 조선소를 먼저 건설하고 선박수주를 받아서 선
박건조를 해야 하는 순서를 밟는 것이 상식이었다. 그는 상식의 고정

관념을 깨뜨려버렸다. 그는 조
선기술을 의심하는 은행 측에
거북선이 그려진 500원짜리 지
폐를 보여주며 이렇게 말한다.
"영국이 철선을 만들기 시작한
것은 19세기지만 한국은 그보
다 3세기 앞선 16세기에 이미
철갑선을 만들어 전쟁에서 승
리한 나라이다. 조선기술을 논
하자면 영국은 한국보다 후진
국이다."

당시 정주영이 지갑에서 꺼내 영국의 은행 측에 보여준 오백
원 권 사진(지금은 사용되지 않는 지폐)

　　정주영이 차관문제를 해결하자 이번에는 그리스의 '리바노스' 라
는 선주를 만나는 행운을 잡는다. 리바노스는 가장 싼 값에 선박을
건조해 줄 수 있는 조선소를 찾고 있던 터였다. 정주영은 어느 경쟁
회사보다 싼 가격에 오퍼를 제공하였다. 리바노스는 26만톤 급 유조
선 2척을 계약한다. 이렇게 하여 조선소 건설 공사와 선박건조 공사
가 동시에 진행되는 세계 초유의 신화를 창조했던 것이다.

　　건설업의 중동 진출 때와 마찬가지로 정주영의 조선사업 진출은
반대자들의 두꺼운 벽을 돌파해야 했다. 조선소를 지을 자금도 없고,
기술도 없고, 거기에다가 해운시장 불황으로 기존 선진국의 조선업
계 조차 힘들어 하고 있는 상황에서 한국의 현대건설이 조선사업부
라는 새로운 조직을 만들어 막대한 자금이 소요되는 조선소를 건설
하려고 차관교섭을 위해 해외에 나섰을 때 그들의 반응은 한결같이

부정적이었다. 세계은행도 코웃음을 쳤다. '한국이 대형 조선소를 짓는다고? 웃기지 마시오.' 라는 냉혹한 분위기였다. 당시의 조선 선진국은 영국, 노르웨이, 일본, 미국 등이었다.

1972년 현대조선소 착공 이후 31년이 지난 2003년에 한국은 선박 건조량, 선박 수주량, 선박수주잔량 등 3개 부문에서 세계 1위를 차지하며 명실상부한 세계 최대 조선 국가의 위상을 갖게 된다. 오늘날 지구촌 오대양을 오가는 선박의 3분의 1은 한국에서 생산한 배들이다. 현대조선소에서 현대중공업으로 사명이 바뀌고 사업분야도 조선사업 이외에 해양플랜트 사업, 엔진사업, 중전기사업, 건설기계사업, 로봇제작 사업, 태양광 사업 등으로 다양하게 진화되었다.

당시 조선소를 건설할 울산만의 백사장 전경 사진. 사진 중앙의 하얀 말발굽 부분이 백사장이다.

정주영_ 기능공을
대한민국 중산층으로 만들다

1972년 정주영은 조선소 건설에 착공하자마자 사내 직업훈련원을 설립한다. 입사를 원하는 사람들에게 기능교육을 제공하기 위해서다. 그는 일자리가 없는 사람들이 기술을 배워 취직하려 하면 누구나 출신을 가리지 않고 훈련원에 받아들였다.

조선업이란 엄청나게 많은 기능인력을 필요로 하는 노동집약적 산업의 특징을 가진다. 하지만 한국의 실정은 기능인력이 턱없이 부족한 시절이었다. 특히 용접, 절단 등 선체를 만들기 위해 필요한 기술을 단기간에 가르쳐 공사현장에 투입해야 제대로 납기를 맞출 수 있었다. 1972년부터 1990년까지 18년 동안 사내 직업훈련원에서 정규교육을 마친 기능공(예비신입사원)의 수는 1만5천 명을 넘었다. 이 기간 동안 매년 훈련원을 통해 입사한 신입 기능공은 1천여 명이었으며 많을 때는 1천 8백 명까지도 훈련원을 통해 입사시켰다.

현대중공업의 기능공들은 일단 입사를 하면 입사 초기부터 임금

소득 면에서는 한국의 중산층 소득을 향유할 수 있었다. 1973년부터 1986년까지는 무노조 직장이었다. 1987년에 노조의 설립으로 몇 번 대립적 노사갈등을 겪기도 했지만 '우리 모두가 회사의 주인이다.'라는 노사협조의 분위기가 형성되면서 근로자들은 한국 최고의 임금 수준과 복지 수준에 도달했다. 1980년대 이후에 입사한 현대중공업 기능공 2세대들은 더욱 향상된 임금과 복지 조건을 제공받았다. 정주영은 자신이 늘 바라던 전 국민 중산층화의 토대를 강화하기 위해 기업의 종업원 중에서도 블루칼러(기능공)에 대한 대우를 남달리 고민했던 기업인이었다.

물건을 만드는 회사가 아니라 사람을 만드는 기업

: 그들의 조직 관리와 리더십 훈련

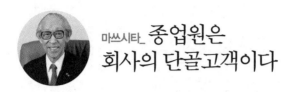

마쓰시타_ **종업원은 회사의 단골고객이다**

마쓰시타 고노스케는 현업에서 손을 떼고 상담역으로 물러난 뒤 그가 설립한 PHP연구소에 출근하면서 저술활동을 한 일이 있다. 그가 저술한 책은 여러 권 있지만 필자는 《사업은 사람이다》(事業は 人なり)라는 책을 통해 그가 사람에 대해 얼마나 많은 고뇌를 하고 성찰을 했는지 짐작할 수 있다. 그는 이렇게 말한다.

"사람이란 참으로 복잡 미묘한 부분이 있어서 다룰 때 꽤 까다로운 면을 갖고 있다. 사람은 한 사람 또 한 사람이 모두 다르다. 설령 같은 사람이라 할지라도 그 마음은 시시각각 변한다. 수학이라면 1 더하기 1은 반드시 2가 되지만 사람들의 마음은 꼭 그렇지만 않다. 3이 될 때도 있고 5가 될 때도 있고, 경우에 따라서는 0(제로)이 될 때도 있고, 마이너스가 되기도 한다. 정말 사람만큼 어려운 존재도 없어 보인다."

"물론 관점을 바꿔보면 시시각각 변하는 마음을 바라보는 묘미는 참 재미있다. 기계의 경우 스위치를 켜면 정해진 대로 움직이지만 궤도가 정해져 있기 때문에 기계는 그 이상은 하지 못한다. 하지만 사람은 다르다. 지금 이 순간에도 수십 수백 번씩 마음이 바뀌는 사람은 하는 방법에 따라서 또 생각하는 방법 여하에 따라서 그 잠재력을 무한대로 끌어내 발휘시킬 수도 있는 것이다. 나는 바로 이 대목에서 사람의 재능을 살리는 묘미가 있다고 생각한다."

"나는 오늘날까지 살아 오면서 계속 사람을 쓰는 입장에서 일했다. 특히 내 경우는 이미 여러 번 이야기 했듯이 나의 학문이나 지식이 부족하고 내가 원래부터 몸이 약한 체질이기도 해서 나는 다른 사람을 선택하고, 그 사람에게 적절하게 맡기는 형태로 일을 해왔던 것이다. 물론 기본 방침이나 목표 같은 건 제시하지만 이후에는 각 담당자에게 믿고 맡겨 그 사람만의 자주성을 끌어내도록 애썼다. 나는 그런 과정을 비교적 이른 시기부터 오늘날까지 지속해 왔다."

"그런 노력들이 결과적으로 큰 힘을 발휘했고, 그 덕에 실적이 오른 회사는 크게 성장할 수 있었다. 보기에 따라서는 굉장한 성공사례처럼 비춰질 수도 있다. 이를 두고 '당신은 남다른 용인술이 있는 것 같다'고 호평해 주는 이들도 있지만, 사실은 조금 다르다. 나는 그저 필요에 따라 적절한 사람에게 일을 맡긴 게 성공으로 이어졌을 뿐이라는 생각을 하고 있다. 그리고 사람을 쓴다 해도 그건 내가 창업자이면서 계속 사장, 회장이라는 입장에 있었기 때문에 형태상 그리 보일 뿐, 관점에 따라서는 내가 오히려 그들에게 쓰임을 받아왔다고도 할 수 있다. 임직원들이 '나'라는 경영자를 잘 사용해 줬기 때문에 좋은 성과를 거둔 것이다."

일본 오사카에는 마쓰시타 고노스케 기념관이 있다.

그 기념관 현관에는 이렇게 쓰여 있다.

"마쓰시타 전기는 제품을 만드는 회사가 아니라, 사람을 만드는 회사입니다."

이 말은 창업 초기부터 마쓰시타 고노스케가 종업원들에게 한 말을 되새긴 것이다. 그는 만일 고객들이 마쓰시타 전기가 무엇을 만드는 회사냐고 물으면, "제품을 만드는 회사가 아니고 사람을 만드는 회사"라고 대답하라는 말을 자주 했다. 그만큼 그는 인재를 중요시한 것이다. 그가 말하는 인재는 '사람다운 사람' 즉 '된 사람'이다. 마쓰시타 고노스케는 '된 사람'을 만들기 위해 종업원에게 질책할 때는 질책하고, 바로잡을 때는 바로잡아야 한다는 신념을 갖고 있었다.

마쓰시타 고노스케는 노조원의 절대적 지지를 받은 기업가였다. 일본은 봉건시대부터 윗사람의 지시에는 절대 복종하는 관습이 남아 있어서 창업자이며 사장인 그가 하는 지시는 종업원들이 충실하게 따라주었다. 하지만 '민주화 바람'이 불면서 일본기업의 분위기도 완전히 바뀌기 시작했다. 노동운동이 급속도로 확산되어 일부에서는 과격한 양상을 띠고 사내 곳곳을 돌아다니며 기세 등등한 모습을 보이곤 했다. 그런 모습을 보면서 그는 사람을 쓴다는 게 얼마나 어렵고 괴로운 일인지를 절감하고 있었다.

이런 생산현장의 분위기를 확인하면서 그가 생각해 낸 방법은 종업원을 모두 '단골고객'으로 여길 수는 없을까 하는 것이었다. 만일 이들이 모두 나의 '단골고객'이라면 나는 이들을 모두 소중히 여겨야 한다는 생각을 하게 된 것이다. 대개 단골들은 무리한 요구를 하기 쉽다. 무리한 요구를 무리하다고 여기지 않고 오히려 '고마운 일'이라고 여기는 데 바로 성공의 길이 있다고 생각한 것이었다. 회사 내의 임직원과 노조원을 모두 나의 '단골고객'으로 여긴다면 어느 정도의 무리함은 당연히 들어주고 또 안고 가야 하지 않겠는가? 오히려 한 걸음 더 나아가 '고맙다'고 여길 정도까지 되어야 하지 않겠는가? 라는 생각을 하기 시작했던 것이다.

그렇게 생각하자 마쓰시타 고노스케는 왠지 모르게 마음이 편안해 지면서 그때까지 괴롭다고 느끼던 고민들이 씻은 듯이 사라졌다고 술회한다. 그는 이렇게 말한다. "내가 이들을 사용한다고 생각하면 내 지시를 따르지 않는 사람은 건방지다라고 여기기 쉽다. 하지만 반대로 이들이 나의 '단골고객'이라고 생각하면 오히려 고마운 마음이 들 정도다. 그렇게 생각하니까 나는 일종의 위로나 위안을 얻을 수 있었다. 그 후에는 아무리 무리한 일들이 벌어져도 크게 괴로워하거나 실망하지 않았다."

> 경영자는 자기가 쓰는 사람을 단골고객으로 생각하고,
> 더 나아가 단골고객들로부터 내가 쓰임을 받는다고 생각해야!

결국 사람을 쓰는 경우 기본적으로 '쓴다'는 의식 자체를 갖지 않는 게 중요한 것이다. 그렇지 않으면 제대로 사람을 쓸 수 없게 된다.

경영자는 자기가 쓰는 사람을 '단골고객'으로 생각하고 더 나아가 '단골고객'들로부터 내가 쓰임을 받는다고 생각해 볼 필요가 있다. 바로 그 지점까지 도달한다면 사람을 쓴다는 일은 괴로운 일로 그치지 않고 오히려 하나의 기쁨으로 승화될 수도 있을 것이다. 물론 이런 생각을 가지는 게 어려운 일이지만 지위가 오르면 오를수록 더 많은 사람들을 부하로 두는 입장에서는 그런 생각을 가지려고 노력하는 태도가 필요할 것이다. 사람을 쓴다는 것은 곧 사람에게 쓰임을 받는 일이기 때문이다.

마쓰시타_ **열정만큼은
부서에서 최고여야 책임자다**

마쓰시타 고노스케가 두 번째로 강조한 것은 일을 할 때 가장 중요한 것은 '최고의 열의를 가지는 책임감'이라고 지적한다. 그는 회사의 부장에게 이렇게 지시한다. "자네 부서에는 여러 가지 일들이 있을 걸세. 아무리 자네가 부장이라도 그 많은 일을 혼자서 다 해 낼수는 없겠지. 자네가 신이 아니니까. 어떤 일에서는 부하가 더 재능 있는 경우도 있을 수 있고, 어떤 면에서는 부하가 자네보다 훨씬 낫다고 여기는 경우 역시 많이 있을 걸세. 그러니까 자네가 비록 책임자라 하더라도 각각의 전문적인 부분에 대해서는 지도할 수 없는 경우가 비일비재할 걸세. 당연히 책임자라고 해서 꼭 지도해야 하는 것도 아니고, 관리해야 하는 것도 아니지. 그렇다면 이때 무엇이 가장 중요할까? 그건 자네 부서의 경영에 대해서는 자네의 '열정'이 누구보다 강해야 하는 걸세. 자네가 자네의 부서를 경영한다는 '열정'만큼은 부서 내의 누구한테도 뒤져서는 안 되는 거야. 지식이나 재능

같은 부분에서는 뒤져도 좋아. 부서 안에는 우수한 사람들도 많을 테니 그들보다 뒤져도 상관없네. 하지만 이 일을 반드시 해내야 한다는 '열정' 만큼은 자네가 최고여야 하네. 그렇게 해야만 부서원들이 자네를 따라 열심히 일할 걸세. 우리 부장은 모자란 부분이 많지만, 그래도 일을 반드시 해내겠다는 '열정' 만큼은 진짜 대단해. 그것만은 우리들도 반드시 배워야 할 점이야 라는 마음을 갖도록 앞장서야 되는 거야. 만약 자네가 그렇게 일에 대한 '열정' 을 갖지 못한다면 부장으로서는 실격이나 다름없네."

사람들의 위에서는 책임자나 관리자로서의 요체는 여러 가지 있을 수 있지만 그는 '열정' 이 가장 중요하다고 생각했다. 물론 위에 선 사람으로서 업무적으로 탁월한 지식과 재능을 지녔다면 더 이야기할 필요가 없다. 지식이 있고 거기에 재능이 있으며 인격까지 뛰어나다면 꼭 부하가 아니더라도 많은 사람들이 좋아할 것이다. 하지만 실제로는 그렇지 않은 경우가 많다. 대개 사람이란 다른 사람보다 우수하다면 다른 면에서는 다소 모자라는 게 보통이다. 책임자나 윗사람이라고 해서 그 예외를 바라기는 어렵다. 책임자라고 해도 많은 면에서 부족할 수는 있다. 그러나 단 한 가지, 어떤 목표를 향한 '열정' 만큼은 다른 누구에게도 뒤져선 안 된다. 지식이나 재능이 최고가 아니어도 좋지만 '열정' 만큼은 반드시 최고여야 하는 것이다.

마쓰시타 고노스케는 자신을 생각해 보면 학문도 지식도 별로 없었다. 그런 점에서는 최고는커녕 최하위에 게다가 몸까지 허약했다.

이런 점에서 대개의 부하들보다 뒤떨어졌다. 그런 그가 창업자가 되고 사장이 되고 회장이 되어 수많은 이들의 위에 설 수 있었던 것은 어떤 목표를 해내는 데 있어서의 '열정'만큼은 누구에게도 뒤지지 않았기 때문이다. 그가 개업한 가게, 그가 설립한 회사를 경영한다는 점에서 그는 누구보다 강한 '열정'을 가졌다. 그런 '열정'이 책임자에게 있을 때 부하들도 저렇게 상사가 열심히 노력하는데 우리도 열심히 일해야 하는 거 아닌가 하는 생각을 갖게 되는 것이다.

하지만 아무리 재능있고 지식이 넘치는 사람이 리더가 되었어도 가게를 또는 회사를 책임지고 열심히 경영하려는 '열정'이 없으면 아랫사람들도 이 사람 밑에서 굳이 열심히 할 필요가 있을까? 하는 의구심을 가지기 마련이다. 리더는 스스로 비록 가진 것이 많지 않더라도 경영에 대한 '열정'만큼은 반드시 가져야 하는 이유가 여기에 있는 것이다. 그렇게 될 때 지식이 있는 사람, 재능이 있는 사람, 다른 힘이 있는 사람, 번득이는 아이디어를 가진 사람들이 '열정' 있는 사람에게 협력해 주는 법이다.

팀이면 팀, 부서이면 부서, 본부이면 본부, 사업부문이면 사업부문을 책임지고 있는 팀장, 부장, 본부장, 사업부문장은 세부적인 전문지식을 반드시 가질 필요는 없다. 책임자가 반드시 걱정해야 하는 것은 자신이 팀, 부서, 본부, 부문을 경영할 '열정'을 가졌느냐 그렇지 않느냐이다. 만약 그것이 없다면 그는 책임자의 자리에서 마땅히 내려와야 한다. 책임자나 관리자의 입장에 있는 사람들은 항시 그것을 자문자답해 봐야 한다.

10명이 근무하는 팀의 경우 10명 중에서 자신이 가장 '열정'을 가졌는지를 확인해야 한다. 100명이 근무하고 있는 본부라면 그 100명 중에서 본부장 자신이 100명 가운데 가장 '열정'을 가진 사람인가를 항시 자문자답해 봐야 하는 것이다. 그런 것들을 스스로 확인해 보고 자신이 최고의 '열정'을 가졌다고 자신감을 발휘할 수 있을 때 그는 구성원 모두의 재능과 지식을 충분히 살려 갈 수 있는 리더라고 말할 수 있는 것이다. 만일 그런 점에서 자신감을 갖지 못한다면 스스로 그런 '열정'을 배양할 수 있도록 끊임없이 노력해야 한다.

마쓰시타_ **솔선수범과**
바른 의사결정

> 경영자는 해내야 할 일은 반드시 해내야 하며,
> 부하가 못할 경우에는 솔선수범하여
> 직접 해내겠다는 결의를 반드시 다져야 한다

　마쓰시타 고노스케가 세 번째로 강조한 것은 '솔선수범'과 '바른 결정'이다. 그는 일본 칸사이 전력의 오타가키 회장의 경우를 예로 들어 설명한다. 오타가키 회장이 전력회사에 와서 보니 전력회사의 임직원은 전철을 모두 공짜로 타고 다니고, 또 전철회사의 임직원은 반액 할인된 요금으로 전철을 타고 다니고 있었다.

　이 사실을 안 오타가키 회장은 크게 화를 내면서 이것은 단지 형평성 차원의 문제가 아니라 '관습' 그 자체에 문제가 있다는 것을 지적했다. '잘못된 관습'은 당장 고쳐야 한다는 것이다. 그래서 노무담당 임원을 불러 "자네 이런 말도 안 되는 관습이 아직도 존재한다면 우리가 어떻게 소비자들을 대할 면목이 있겠는가? 빨리 해당 제도를 없애도록 하게."라고 지시했다.

하지만 당시의 그 임원은 노동조합의 동의없이는 불가하다는 이유를 들어 어렵다고 보고했다. 또 이 문제는 해당 칸사이 전력만의 문제가 아니라 다른 전력회사의 노조와도 협의를 거쳐야 하고 전철회사의 노조와도 협의를 거쳐야 하기 때문에 쉬운 일이 아니라는 설명을 곁들였다. 이전에도 같은 문제가 제기되어 회사측에서 몇 번이나 없애려 했지만 모두 실패하고 말았다는 것이다.

오타가키 회장은 "그래요? 그럼 어쩔 수 없죠. 그만둡시다."라고 말하며 단념해 버리는 경영자가 아니었다. 그는 오히려 더 단호하게 말했다. "그래? 자네가 못한다면 어쩔 수 없지. 내가 직접 해보겠네. 아무리 노조라도 불합리한 관습을 고집해서는 안 되지. 만일 노조가 회사의 제안을 거부하고 쟁의에 돌입한다면, 이를 신문 전면 광고에 내어 세상 사람들에게 직접 호소하겠네. 그렇게 하면 여론이 누구 말이 옳은지 판단해 줄 거 아닌가? 하지만 이 일을 내가 직접 하면 노무 담당 임원은 굳이 필요 없겠지. 그럼 자네가 관둬야지. 자네가 정말 관둘 셈인가?"

회장의 발언에 담당 임원은 깜짝 놀라서 "회장님께서 그렇게까지 말씀하신다면 제가 최선의 노력을 다하도록 해보겠습니다."라고 답했다. '잘못된 관습'에 관하여 메스가 가해지자 예상대로 여러 가지 어려움에 봉착했지만 노조의 저항은 오래가지 못했다. 노조도 시민의 입장에서 객관적으로 봤을 때 노조의 요구가 올바른 요구라면 쟁의든 뭐든 수단을 동원하여 투쟁했겠지만 부정적인 여론을 감안했을 때 무작정 자신들의 요구만을 주장할 수는 없었던 것이다. 결국 노조는 회사 측 제안을 받아들일 수밖에 없었다. 이 일로 일본 칸사이전력은 부조리한 관행에 맞서 싸워 이긴 시민의 편이라는 이미지가 제고되었고, 회사는 전기요금의 손실분이 이익금으로 돌아와 우수경영의 사례로 회자되었다.

경영자는 해내야 하는 일은 반드시 해내야 하며 그것을 부하가 못할 경우에는 솔선수범하여 직접 해내겠다는 결의를 반드시 다져야 한다. 상사가 부하에게 일을 맡기는 게 중요한 것은 사실이다. 아무리 훌륭한 사람이라도 혼자 할 수 있는 일의 범위는 한정되어 있기 때문이다. 따라서 어느 정도의 일을 부하에게 맡길 것인가를 결정하는 일이 중요한 포인트가 된다.

어떠한 일이든 회사의 일은 기본적으로는 공적인 일이다. 기업이 그 활동을 통해 사회에 공헌하고 공동체를 향상시키기 위해 모든 과정에 관련된 이들이 함께 이뤄내는 일이 회사의 일이다. 따라서 그 일을 맡은 사람이 할 수 없다라고 포기하더라도 기업의 입장에서는 기업의 사명을 달성하기 위해 필요한 일이라면 결코 포기해서는 안 된다. 그런 의미에서 오타가키 회장은 '자네가 할 수 없다면 내가 하겠다'라고 말한 것이다.

부하에게 일을 맡기는 건 매우 중요하지만 그에 못지않게 언제든 상급자인 자신이 솔선수범할 수 있는 기백을 갖춰야 함은 더 중요하다. 부하에게 일을 맡길 때에는 적어도 그런 마음가짐을 단단히 가지고 일을 맡겨야 한다. 형태상으로는 부하에게 일을 맡기지만 정신적으로는 자신이 직접 일을 한다는 마음가짐이 가장 중요하다. 몸은 맨 뒷줄에 자리해도 마음만은 항상 맨 앞줄에 있어야 한다. 그렇게 해야만 부하도 상사의 기백을 느끼면서 '나는 상사 대신 이 일을 하고 있다'라는 자각과 책임감을 가질 수 있는 것이다.

경영에서 의사결정은 매우 중요한 문제이다. 어떤 일을 헤쳐 나갈 때 모든 것은 의사결정에서 시작되고 의사결정에서 끝난다. 기업은 여러 사람들이 모여 함께 일해 나가는 곳이기 때문에 책임자의 의사결정 여하에 따라 구성원 전체가 일사불란하게 움직일 수 있다.

의사결정을 할 때는 첫째 '바른' 의사결정이 중요하고, 둘째 '빠른' 의사결정이 중요하다. 바른 의사결정의 중요성은 아무리 강조해도 부족할 것이다. '우리의 의사결정이 공동체를 위한 공동선을 창조할 수 있는 것인가?'가 무엇보다 먼저 판단되어야 한다. 그런 후에는 의사결정은 가급적 빠르면 빠를수록 좋다. 많은 사람들을 이끄는 책임자가 기로에 선 상황에서 좌고우면 하면서 주저주저한다면 그리하여 시의 적절한 시간이 지나가고 만다면 기업은 큰 피해를 입을 수 있다.

오늘날처럼 변화가 심하고 경쟁이 치열한 상황에서는 책임자의 빠른 의사결정은 매우 중요하다. 하지만 최고책임자 혼자서 의사결정을 하다 보면 타이밍이 안 맞을 수도 있고 현장감각이 부족하여 잘못 판단할 수도 있다. 수천 명, 수만 명이 근무하는 대기업에서 일일이 최고책임자가 모든 의사결정을 한다고 생각할 수는 없다. 최고책임자는 의사결정을 부하에게 맡기는 것 자체가 의무이며 책임이다.

여기에서 의사결정의 권한이양이 발생한다. 권한이양 속에서 의사결정은 속도가 붙는다. 사장은 부문장에게, 부문장은 본부장에게,

본부장은 부장에게, 부장은 팀장에게, 팀장은 팀원에게 의사결정을 맡긴다. 이것이 바로 기업업무의 자주경영이다. 사원이라도 직책에 걸맞은 자주경영을 하게 된다. 이렇게 자주경영이 기업 내부에 뿌리 내리게 되면 각 업무현장의 단위에 맞는 의사결정이 나오게 된다. 기업 내부의 각 현장에서 모든 종업원은 '바른' 의사결정과 '빠른' 의사결정을 체험하게 되며 시시각각 경험하는 의사결정을 통하여 업무현장의 자주경영은 성숙과 성장의 열매를 실현하게 되는 것이다.

일본에서는 오랜 관습으로 제2차 세계대전 종전 전까지는 기업의 사장은 '주인'이고 기업의 종업원은 '하인'이라는 풍조가 남아 있었다. 따라서 사장의 지시는 무조건 받들어야 하는 절대명령이나 다름없었다. 하지만 패전 이후 정착된 자유민주주의 체제 하에서는 기업주, 사장, 종업원은 모두 인간으로서 평등하고 사장의 지시라고 해서 맹목적으로 무조건 따라야 하는 것이 아니라는 새로운 의식이 대두되었다.

이렇게 달라진 사회풍조에서는 종업원을 보는 시각이 달라져야 했다. 마쓰시타 고노스케는 스스로를 변화시켰다. 그는 종업원을 대하는 태도를 바꿨다. 종업원을 부린다는 태도가 아니라 종업원은 '나의 일'을 '내 대신' 해주고 있는 소중한 존재라고 인식했다. 업무를 지시할 때 형태상으로는 '이렇게 하라', '저렇게 하라'라고 명령하더라도 실질적으로는 '이렇게 해주길 부탁드립니다.'라고 말하는 마음을 가지려고 노력했다. 그는 그런 변화를 항시 마음속에 두지 않고는 사장이란 직책을 맡을 수 없다고 술회한다.

경영자는 반드시 '방향지시기' 역할을 해야 한다

　여기에는 한 가지 단서가 붙는다. 사장은 '방향지시기' 역할을 반드시 해야 한다는 것이다. 사장은 종업원에게 일을 부탁하는 마음을 가지면서도 일의 방향은 분명하게 지시할 수 있어야 한다. 사장은 후방에 있고 종업원은 맨 앞줄에 나서 있어도 좋지만 종업원이 나아가야 할 방향성만큼은 후방에 있는 사장이 명확하고 분명하게 지시해야 한다. 이것을 다른 표현으로 말하면 경영의 미션, 경영의 비전, 경영의 이념이라고도 얘기할 수 있다. 구체적으로는 종업원이 실천해야 할 단기목표를 명확하게 제시하는 것이다.

　물론 이러한 노력은 사장에게만 요구되는 것은 아니다. 사장으로부터 권한이임을 받은 부문장, 본부장, 부서장, 팀장도 항시 그 점을 유념해야 한다. 사장은 회사 전체의 목표를 보여줄 수 있어야 하고 이에 기초하여 각 조직단위에서는 단위목표를 제시해야 한다. 결국 책임자로서의 역할은 '목표를 제시하는 데서 시작하고 목표를 거두는 데서 끝난다'라고 해도 과언이 아니다.

마쓰시타 **몸은 맨 뒷줄에 있어도**
마음만은 맨 앞줄에

마쓰시타 고노스케는 중소기업과 대기업에서는 종업원이 경험할 수 있는 경험의 내용이 다르다고 설명한다. 중소기업에서는 종업원이 매일매일 살아 있는 경험을 할 수 있는 반면, 대기업에서는 조직이 방대하기 때문에 종업원이 중소기업만큼 살아있는 업무경험을 할 수는 없는 직장이라는 것이다.

따라서 종업원을 키우기 위해서는 구성원이 비교적 적은 중소기업이 훨씬 유리하다. 업무가 너무 세분화 되어있지 않은 중소기업이라면 종업원이 회사의 전체상을 일목요연하게 볼 수 있고, 사장도 회사의 구석구석까지 일일이 챙길 수도 있으며, 종업원 개개인과 언제든지 대화할 수도 있다. 그런 환경에서는 특별한 훈련이나 교육 없이도 종업원이 매일매일 담당하는 업무를 통해 종업원 스스로 현장경험을 통해 성장해 나갈 수 있는 것이다.

사업은 생물과 같은 성질을 가지고 있어서 시시각각 변화한다. 이렇게 유동적인 환경에서 일을 해야 하는 사람은 단지 머리 속으로 얻은 이론만으로는 업무를 감당할 수 없다. 끊임없이 변화하는 환경과 상황조건에 따라서 실제로 경험을 통한 업무방식을 스스로 터득해 나가야 하는 것이다. 그렇기 때문에 중소기업에서는 사람을 키우기 쉽지만 회사의 규모가 점점 더 커져서 대기업이 되면 사람을 키우기에는 현실적으로 어려운 조직이 되어 버린다. 업무분장이 세분화되고 전문화되는 과정을 통하여 종업원은 특정부문이나 자신의 담당업무만 알게 되기 때문이다. 이렇게 되면 종업원은 개별업무에 대한 제한된 전문지식은 가질 수 있겠지만 비즈니스의 거시적 관점이나 경영전반에 관해서는 전혀 무지한 사람으로 될 수밖에 없다. 예를 들면 제품을 설계하는 종업원은 시장상황이나 판매현장의 생생한 정보를 모르면서 제품설계에 매달리는 현상이 나타나는 것이다.

그렇다면 경영현장을 실제로 경험할 수 있도록 종업원을 키울 수는 없는 일인가? 말처럼 쉽지 않은 일이다. 회사의 상사나 경영자는 각자가 경험한 것을 기초로 여러 가지 조언을 해 줄 수는 있다. 하지만 조언은 조언일 뿐이다. 단언하건대 결코 그것만으로는 불가능하다. 이것은 학교 공부만으로는 사람을 키울 수 없는 것과 같은 이치다.

소금이 짜다고 얘기만 들은 사람과 소금을 직접 먹어보고 짠맛을 맛본 사람과는 비교를 할 수 없다. 설탕이 달다고 말만 들은 사람과 설탕을 직접 먹어보고 단맛을 맛본 사람과는 비교가 안 된다. 소금이나 설탕이나 모두 직접 먹어보지 않은 사람은 그 맛을 제대로 설명해 줄 수 없다. 직접 먹어 본 사람만이 소금 맛과 설탕 맛을 제대로 설명해 줄 수 있다. 회사경영에서도 마찬가지다. 회사의 어느 조직에서의 일도 마찬가지다. 그 일을 직접 해본 사람과 그 일을 해보지 않은 사람은 비교가 안 된다.

현실적으로 큰 회사일수록 업무는 세분화되고 전문화되어 있다. 이에 따라 종업원은 자신의 전문분야에서만 반복적으로 일을 하게 되고 전문분야 이외의 일에 대한 경험을 하기란 좀처럼 쉽지 않다. 때문에 회사의 경영자나 상사는 부하 종업원이 한 분야가 아니라 여러 분야의 경험을 할 수 있도록 배려해 주는 마음을 가져야 한다. 조직 내 구성원들이 다채로운 경험을 할 수 있도록 순환배치를 고려해 주는 윗사람이 되어야 한다.

어느 회사에 두 명의 상사가 있다. 능력을 볼 때 두 명 다 엇비슷하다. 다만 한 상사 아래서는 부하들이 일을 열심히 하고 잘 성장하고 있는데 또 다른 상사 아래서는 부하들이 활기가 없고 별로 성장하지 못하고 있는 상황이 있을 수 있다. 회사 내에서 흔히 볼 수 있는 광경이다. 사람은 대개 비슷한 능력과 열정으로 일을 하고 있지만 어느 사람의 아래에서는 성장하고 어느 사람의 아래에서는 성장하지 못하는 경우가 있다. 이와 같은 결과의 차이는 사람을 잘 쓰는 사람과 사람을 잘 못 쓰는 사람의 차이라고 말 할 수 있다.

그런 차이가 나는 이유는 여러 가지 있겠지만 마쓰시타 고노스케는 상사가 '부하의 말에 얼마나 귀 기울이는지' 여부를 가장 큰 이유로 본다. 평소에 부하가 말하는 얘기를 귀담아 듣는 상사 아래에서는 비교적 사람이 잘 성장한다. 반면 평소 부하의 말에 귀 기울이지 않는 상사 밑에서는 부하의 성장도 기대하기 어렵지만 업무적 발전도 기대하기 힘들다.

그렇다면 왜 그런 차이가 발생할까? 상사가 부하의 말에 귀를 기울이면 부하는 자주적으로 생각하는 습관을 갖게 되고 그것은 곧 부하의 성장에 기여하게 된다. 자신이 생각한 것을 상사가 잘 들어 주면 부하 입장에서는 기쁘고 자신감을 갖게 된다. 부하는 계속해서 새로운 아이디어를 생각하게 되고 새로운 제안을 할 수 있게 된다. 이와 같은 일을 통해 부하는 시야의 폭이 넓어지고 사고의 깊이도 한층 더 깊어질 것이다.

반면 자신의 말을 상사가 귀 기울여주지 않는다면 부하 입장에서는 재미없고 자신감도 결여된다. 같은 경험을 몇 번 하다 보면 '말해봐야 별 수 없다' 라는 자포자기의 심정이 생겨 아예 입을 닫아 버리거나 새로운 아이디어를 생각하려고 하지 않을 것이다. 그저 타성에 젖어 일하게 되고 성장도 멈춰 버리게 된다. 물론 일반적인 경우 상사와 부하 중 상사가 경험이 더 많고 일에 대해서도 더 상세히 아는 경우가 많다. 대개 부하직원은 일에 대한 경험과 지식이 상사보다 일천하다. 그렇기 때문에 직원이 나름대로 의견을 제안해도 상사의 눈에는 별 것 아닌 것처럼 보일 수 있다. 또 바쁜 업무로 부하가 말하는 내용을 일일이 경청하지 못하는 경우도 많다.

하지만 어떤 경우에도 중요한 건 부하의 말에 '귀를 기울인다' 는 적극적인 상사의 태도가 필요하다. '정말 좋은데', '괜찮은 생각인데' 라고 여겨지는 말만 듣는 게 아니라 다소 문제가 있다고 느끼는 경우라도 '자네가 그렇게 생각한 거라면 한 번 해보자' 라고 대답하는 자세가 부하에게 다가가는 적극적 태도인 것이다. 잘못되는 경우도 간혹 있을 수 있지만 대개는 성공하는 경우가 훨씬 많다. 이를 통해 부하도 성장하고 회사 내 곳곳에서 다양한 의견과 아이디어가 나오기 시작하는 분위기가 정착될 수 있다.

마스시타 고노스케는 이렇게 말한다. "종업원을 키우기 위해 부하가 자유로이 의견을 개진할 수 있는 분위기를 만들면서 부하의 의견에도 충분히 귀 기울이고 그것을 적극적으로 다루는 태도는 정말 중요하다. 이를 잘하면 회사가 가진 역량과 중지를 모으게 되고 중지가 모이면 상사 혼자의 생각이나 재주로 임하는 것보다 훨씬 더 높은 성과를 올릴 수 있다. 그래서 부하의 의견에 귀 기울이는 사람 아래서는 종업원도 성장하고 일의 성과도 오르는 선순환 구조가 만들어 진다."

동시에 상사가 부하에게 업무지시를 하는 경우에도 명령이 아니라 가급적 상담하는 형태로 진행하는 것도 중요하다. 예를 들면 단지 '이렇게 하라' 라고 지시형태로 얘기 하는 게 아니라 '이렇게 하려는데 자네 생각은 어떤가' 혹은 '자네가 이렇게 해주겠나' 와 같은 형태로 지시하는 것이다. 그렇게 하면 부하도 '알겠습니다. 말씀하신 대로 해보겠습니다.' 라고 하거나 '괜찮은 생각이신 것 같습니다. 그럼 이렇게 해보는 것은 어떨까요?' 라면서 보다 적극적으로 의견을 제시하는 경우가 많다. 그렇게 부하의 의견이 하나 둘 더해지다 보면 더 나은 방안이 나올 수 있는 가능성이 높다. 또 상담하는 형태로 지시가 이뤄지면 거기에 부하의 판단이 더해지기 때문에 그 일에 대하여 조직 단위나 담당자 단위의 자주경영이 성장하게 된다.

마스시타_ 기업의 목표는 좋은 종업원, 좋은 사회인 만들기다

사람은 자유로운 의지와 자주적인 책임에 따라 일할 때 가장 보람을 느낄 수 있다. 또 창의적인 열정이 있을 때 업무성과도 오르고 개인의 성장도 기대할 수 있다. 따라서 기업에서 종업원을 키우기 위해서는 자유로운 의지와 자주적인 책임을 부여하는 환경을 조성하는 것이 중요하다.

회사는 조직이다. 조직은 목표를 가진다. 목표는 이뤄내야 하는 것이다. 어떤 조직이 어떤 목표를 이뤄내기 위해서는 같은 방향성을 가지고 일사불란하게 움직여야 한다. 그렇게 되려면 상사는 관용과 엄격함을 두루 갖춰야 한다. 어쩌면 근본적으로 사람을 다루기 힘든 일 일지도 모른다. 잘한 일에는 칭찬을 잊지 않아야 하지만 잘못한 일에 대해서는 엄격한 주의나 질책이 있어야 한다. 종업원이 잘못을 저지르지 않게 하기 위해서는 무서움이라는 게 주어지지 않으면 안 된다.

무서움이라는 게 있어야 스스로 엄히 다스리게 되는 게 사람이다. 만약에 무서움이란 게 없다면 사람은 상황을 안이하게 받아들이는 속성을 가지게 된다. 그렇기 때문에 조직을 책임지고 있는 상사는 일관성 있는 무서움이나 엄격함을 지니고 있어야만 한다. 평소에는 상냥하게 부하에게 상담하는 형태로 이끌어 가다가도 뭔가 잘못된 것을 발견했을 때 또는 뭔가 잘못이 있어서 이것을 바로 잡아줘야 할 때는 엄격하게 주의를 주고 단호하게 질책하는 자세를 가져야 한다. 이런 것을 어중간하게 해서는 안 된다. 이런 것을 대충해서는 더욱 안 된다. 잘못을 지적하는 일관된 엄격함이 없다면 조직은 허물어지는 모래탑이 되고 말 것이다.

질서를 잃어버린 조직은 이미 조직이라 할 수 없다. 결국 종업원도 제대로 키우지 못하고 만다. 사원은 과장을 무서워 해야 하고, 과장은 부장을 무서워 해야 하고, 부장은 임원을 무서워 해야 하고, 임원은 사장을 무서워 해야 한다. 이처럼 조직 구성원은 각자의 입장에서 무서움을 느끼면서 자신을 바로잡을 수 있어야 하고, 자신의 성장을 추구해야 한다. 이때 부하가 느끼는 무서움이란 호랑이를 만났을 때 느끼는 무서움이 아니다. 원칙을 벗어났을 때와 잘못을 저질렀을 때 감당해야 하는 '사랑의 회초리'에 대한 무서움이다. 안이한 온정주의는 도리어 조직에 폐해를 끼치고 종업원의 성장을 가로막는 장애물이 될 수 있는 것이다.

기업에 다니고 있는 사람들은 자기가 다니고 있는 개별 기업에 소속되어 있지만 우리 사회에 공동생활을 영위하고 있는 사회공동체의 일원이기도 하다. 따라서 개별 기업의 좋은 종업원이 되어야 하는 당위성도 있지만 또한 우리 사회공동체의 일원으로서 좋은 사회인이 되어야 할 필요성도 있다. 우리는 항시 주위 사람들과 조화를 이루고 지역사회를 향상시키는 노력을 게을리해서는 안 된다. 공공장소에서 올바른 공중도덕에 입각해서 행동하는 것도 당연히 요구된다. 그런 면에서 기업에서 일하는 사람들은 좋은 사회인이 되어야 바람직하다.

따라서 기업이 사람을 키운다고 할 때 단순히 좋은 종업원, 좋은 기업인을 기르는 것 만으로는 불충분하다. 좋은 기업인과 동시에 좋은 사회인을 동시에 키운다는 점을 고려하지 않으면 안 된다. 단순히 기업의 입장에서 볼 때 기업에 충실하고 회사의 성장과 발전에 능력을 발휘하는 종업원이라면 괜찮다라고 생각할 수 있지만 좋은 사회인을 동시에 키워야 하기 때문에 사회인으로서의 인성교육도 매우 중요하다.

인성교육이란 사람으로서의 기초를 다지는 교육이다. 기초는 기초 그 자체가 중요하기 때문에 분명하고 명확하게 가르쳐야 한다. 사람이 사람이 되는 기초교육 위에 다양한 사회적 연마과정이 필요하고 그러한 교육을 거쳤을 때 비로소 한 명의 건전한 사회인이 탄생되는 것이다. 물론 기초교육인 인성교육은 비단 기업만이 할 수 있는 것이 아니다. 가정교육, 학교교육, 사회교육은 물론 모든 교육기관의 연대가 필요한 교육이다.

오늘날 사회에는 매우 다종다양한 직업이 있다. 또 많은 사회인들이 회사에 취직을 하여 일하고 있으므로 하루 중 대부분의 시간을 회사에서 보내는 경우가 많다. 그런 의미에서 보면 사회인 육성의 장으로서 오늘날 기업이 담당할 역할은 상당히 크다고 할 수 있으며 그

책임 역시 상당히 무겁다고 할 수 있다. 이러한 관점은 사람을 키운다는 과정에서 분명하고 새롭게 인식되어야 한다.

하나의 식당가게나 편의점에 한 종업원이 취직을 했다고 생각해 보자. 사장은 그 종업원에게 손님에게 감사함을 표현하는 인사말 한마디까지 엄격한 교육을 해야 한다. 상점에서 일하거나 서비스업에서 일하는 사람에게 반드시 익혀야 할 매너이기 때문이다. 동시에 이것은 우리 사회공동체에 필요한 사회교육이기도 하다.

어떤 기업들은 이런 부분을 소홀히 다루고 있는 곳도 있는데 이런 기업들은 좋은 종업원 키우기에 대해 다시 생각해 보아야 한다. 기업이 커지면서 전문적인 교육을 외부에 맡기고 있는 기업체도 늘어나고 있는데 결코 바람직한 현상이 아니다. 기업은 좋은 종업원 교육뿐만 아니라 좋은 사회인 육성에도 적극적으로 나서야 한다. 좋은 사회인을 육성한다는 명제는 오늘날 모든 기업이 함께 되새겨야 할 명제인 것이다. 좋은 종업원, 좋은 사회인이라는 목표에 따라 사람을 키우는 작업이 무엇보다 중요하다.

정주영_ 목표의식과 영감을 퍼뜨리는 바이러스 같은 리더

정주영은 종업원에게 끊임없이 목표의식을 심어주고 성과를 요구하는 리더였다. 그는 조직원에게 무한한 영감을 퍼뜨리는 바이러스 같았다. 종업원의 지식이나 능력보다 종업원의 의지와 열정을 높이 사는 리더였던 정주영이 종업원에게 요구하는 자세는 항상 '최선'을 다 하라는 것이었다. 그는 '최고'로 잘 하라고 말하지 않았지만 언제 어디서나 '최선'을 다 했다고 자신있게 말 할 수 있어야 한다고 강조했다.

정주영은 쌀가게 점원시절 자전거를 잘 탈 줄 몰랐다. 그는 쌀 가마를 고객에게 배달하려다가 빗길에 넘어지는 바람에 진흙탕 길에 쌀 가마를 굴리는 수모를 당했다. 어떻게 하면 쌀 가마를 싣고 배달을 잘 할 수 있을까라는 고민은 정주영에게 주어진 당장의 과제였다. 기술과 요령을 배우는 길밖에 없다고 생각했다. 사흘 밤낮을 연습했다. 얼마 안 가서 그는 쌀 두 가마를 싣고도 날쌔게 자전거를 타고 달릴 수 있는 기술과 요령을 터득했던 것이다.

정주영은 자기가 꼭 해야 할 일에 대해서는 스스로 경험해야 한다고 생각했다. 아무리 사소한 일이라도 대충대충하는 자세로는 장래에 닥칠지도 모르는 큰 일을 도저히 해 낼 수 없다고 말했다. 자신이 해야 하는 일에 대하여 일의 목적을 달성하기 위해서 인간이 가질 수 있는 최고의 자세는 '최선'을 다하는 자세라고 강조했다.

정주영은 종업원들에게 빈대 이야기를 자주했다. 그가 인천부두에서 막노동을 하고 있을 때의 일이다. 노동자 합숙소에는 빈대가 들끓어서 잠을 잘 수 없는 지경이었다. 생각한 끝에 빈대를 피하기 위해 큰 밥상 위에 올라가서 잠을 청했다. 하지만 결과는 참패였다. 빈대는 밥상 다리를 타고 올라와서 그의 몸을 물어 뜯었다. 또 생각한 끝에 밥상 다리 네 군데에 양재기에 물을 가득 채워 다리를 담았다. 이번에는 효과를 보았다. 그러나 며칠 지나자 빈대에 또 물렸다. 반짝 효과였던 것이다.

어떻게 하여 빈대가 물 채운 양재기에 담은 밥상 다리를 타고 올라오는지 살피기 위해 그는 한밤중에 전등불을 켜고 살펴보았다. 빈대들이 물이 들어 있는 밥상 다리를 탈 수 없게 되자 벽을 타고 천정으로 올라가는 광경을 목격했다. 그리고는 천정에서 자신의 몸을 향해 낙하하는 것을 발견한 것이다.

정주영은 깨달았다. 빈대는 미물이다. 빈대 같은 미물도 자기의 목적을 달성하기 위해 온갖 방법을 찾아내서 저렇게 몸을 던져 '최선'을 다하는데 만물의 영장이라는 인간이 죽을 힘을 다해 온갖 방법을 찾아 낸다면 못 할 일이 어디 있겠나? 라는 생각을 한 것이다. 그는 빈대의 목적을 달성하기 위해 '최선'을 다하는 모습에서 누구도 가르쳐 주지 못한 삶의 교훈을 체득했다.

시간은 흘러간다. 단 한순간도 멈추지 않는다. 그렇기 때문에 시간을 어떻게 쓰느냐는 것은 목적을 달성하려는 인간에게 가장 소중한 것이다. 일에는 혼자 할 수 있는 일도 있지만 세상을 위하는 큰 일에는 혼자 할 수 없는 일이 많다. 일을 성사시키기 위해서는 필요한 사람을 만나야 한다. 누군가를 만날 필요가 있다는 생각이 들면 곧장 뛰어나가서 사람을 만나야 한다. 미적미적거릴 시간이 없다. 미적거리는 사람과 뛰어나가서 행동하는 사람은 차이가 난다. 특히 사업은 치열한 경쟁의 현장이다. 내가 미적거리고 앉아 있을 때 경쟁자는 뛰어다닌다. 똑같은 아이디어를 생각했더라도 먼저 실행에 옮긴 사람이 모든 것을 가져간다.

일을 빨리 하려면 일을 단순하게 생각할 필요가 있다. 결정을 하기까지는 다각도로 신중하게 해야 하지만 일단 결정한 일은 간단하게 생각한다. 결정한 일을 복잡하게 생각하고 주저한다면 타이밍을 놓치고 만다. 일을 할 때는 빨리 하는 것과 대충하는 것을 혼동해서는 안 된다. 빨리한다는 것은 최대한의 집중력을 발휘해서 최선을 다한다는 것이다. 정해진 시간 안에 일을 끝내기 위해 대충대충 하는 것은 일을 빨리한다는 진정한 의미를 모르는 것이다. 모든 일은 총력을 다해 빨리하여 정해진 시간 안에 처리할 때 가장 좋은 결과를 가져온다.

현대건설 조선사업부에서 현대조선소를 건설하면서 유조선도 함께 건조할 당시 현장에 선 정주영의 모습

정주영은 종업원에게 업무지시를 할 때 시간을 충분히 주지 않는 것으로 정평이 났었다. 정주영이 지시할 때 가장 많이 요구한 마감시간은 "내일 아침까지 보고해요."이다. 시간을 많이 준다고 해서 좋은 성과가 나오지 않기 때문이다. 종업원은 어차피 여러 가지 업무를 하고 있기 때문에 마감시간이 긴 업무는 우선순위가 나중으로 미뤄질 수도 있다.

정주영은 이렇게 말한다. "사람이 일을 하는 데는 물리적인 한계라는 게 있지. 가령 열흘 걸릴 일이 있을 때 마감기한을 스무 날 이후로 주면 그 일을 두 배 더 잘 할 수 있는가? 반대로 5일만 주었을 때 그 일이 엄청나게 부실해 질 수 있는 것인가? 그것은 아니지. 중요한 것은 남들하고 똑같이 일해서는 남들보다 결코 앞설 수 없다는 것이야. 남들이 5일 걸릴 일을 2일 만에 해치우고 남들이 두 달 걸릴 일이라면 한 달에 끝내야 남보다 앞설 수 있는 거야."

정주영_ 나는 일할 때가 즐겁다

> 경영자는 직원들에게 추억거리보다 직원들의
> 삶에 필요한 올바른 가치와 부를 안겨줘야 한다

　정주영은 '아침형' 인간을 좋아했다. 그는 나폴레옹은 하루 4시간만 잠을 잔 위인이고 충무공 이순신은 아무리 늦게 취침해도 새벽 4시면 어김없이 기상한 장군이라는 말을 자주 인용했다. 그는 새벽 4시면 일어나서 신문을 읽고 간단한 운동으로 몸을 풀고 아침 6시면 출근했다.

　정주영 회장은 일본에서 근무하는 필자에게 전화 지시가 어려운 사안에 대해서는 직접 불러 대면지시를 하곤 했다. 한번은 서울 청운동 자택으로 새벽 5시까지 오라고 불렀다. 필자는 밤 비행기를 타고 가서 새벽 4시 반에 청운동 자택을 방문했다. 열려 있는 대문을 지나 현관 미닫이를 열고 응접실에 들어서는데 변중석 사모님께서 몸뻬바지 차림으로 반겨주셨다. 그때 응접실에 걸려 있던 붓글씨가 눈에 들어왔다. '일근천하무난사'(一勤天下無難事: 사람은 자신이 부지런하면 세상에 어려울 일이 없다.)라는 커다란 글씨가 액자에 들어 있었던 것이다.

이 글은 정주영의 좌우명이기도 했다.

정주영은 늦게 일어나면 너무 많은 일을 놓친다고 생각했다. 최고 경영자는 모든 일에 앞장서고 솔선수범하지 않으면 안 된다고 생각했다. 윗사람이 솔선수범하지 못하면서 종업원들에게 이래라저래라 해서는 어떤 말도 먹혀 들어가지 않는다. 누구보다 일찍 일어나서 누구보다 먼저 출근한다는 것은 회사일을 챙기는 '열정'이 없으면 할 수 없는 일이다. '열정' 속에는 간절함이 들어 있고 반드시 이루어야 한다는 절실함이 포함되어 있다. 그저 의무감으로 아침 일찍부터 출근하는 것과는 일의 품질이 달라질 수밖에 없다.

정주영은 그의 자서전 《이 땅에 태어나서》(1998)에 이렇게 술회하고 있다.

"의무감으로 아침 일찍부터 일을 시작할 수는 없다. 나는 일을 할 때가 즐겁다. 힘들고 피곤할 때도 있지만 내가 즐거워하는 일을 하기 위해서는 누가 시키지 않아도 일찍 일어날 수 있다. 아침에 일어나는 기분은 소학교(초등학교) 때 소풍 가는 날 아침처럼 즐겁다. 가슴이 설렌다. 그날 할 일이 즐거워서 기대와 흥분으로 마음이 설레기 때문이다. 잠에서 깨어나면 오늘 해야 할 일들이 눈에 선하고 마음이 설레는데 어떻게 침대 속에서 미적거리며 시간을 낭비할 수 있겠는가?"

"하루 중에 피곤이 몰려올 때가 종종 있다. 차를 타고 이동할 때,

비행기를 타고 이동하는 시간은 내가 짬짬이 눈을 붙이는 시간이 될 수 있다. 나는 눈을 붙이면 누가 업어가도 모를 만큼 깊은 잠에 떨어진다. 한번은 헬기를 타고 서산농장으로 가다가 잠이 들었는데 내가 잠이 든 사이에 헬기가 기상악화로 추락할 뻔한 적이 있었다고 했다. 갑자기 헬기가 급상승하다가 급강하 하는 바람에 같이 가던 일행이 모두 혼비백산 하였는데 나만 모르고 잠들고 있었다고 한다. 나는 별로 꿈을 꿔 본 기억이 없다. 잠이 들면 숙면을 취하기 때문이다. 숙면을 위해서 무슨 준비를 하는 것이 아니다. 열심히 일을 하고 집에 돌아오면 저절로 깊이 잠들게 마련이다. 게으름을 피우고 시간을 낭비한 사람들은 잘 때에도 게으름을 피우며 잠을 청한다. 열심히 일한 사람은 서너 시간 깊은 잠을 잔 다음에 거뜬하게 일어나지만 게으른 사람은 열 시간을 자도 피곤이 풀리지 않는다면서 이불 속에서 미적거린다."

"재미있는 사실은 열 배 더 일하고 노력하는 사람은 열 배 더 피곤해야 하는데 그렇지 않다는 것이다. 열 배 더 노력하는 사람은 몸은 피곤할지 모르지만 얼굴은 생기와 에너지가 넘친다. 하지만 게으른 사람과 시간을 낭비하는 사람은 얼굴에 생기가 없고 피곤과 권태로 가득하기만 하다. 따라서 피곤하다고 무조건 쉬어야 한다고 생각하는 것은 잘못된 생각일 수 있다. 병이 든다면 병의 원인을 찾아내서 그 원인을 없애줘야지, 그저 고통만 줄여주기 위해 진통제를 자꾸 투여 해 봤자 병이 낫기는커녕 더 깊어지는 이치와 같다. 자신이 피로에 시달리고 있다고 생각하는 사람은 잠을 더 많이 잘 생각을 하기보다 혹시 내가 일이 하기 싫어서 게으름을 부리고 있는 것은 아닌지, 엉뚱한 곳으로 에너지를 낭비하고 있는 것은 아닌지, 그 원인을 잘 생각해 봐야 한다."

"내가 현대건설을 일으키고 한창 공사현장을 뛰어다닐 때 직원들이 나를 무척 무서워했다. 단양 시멘트공장에서는 나를 '호랑이'라고 불렀는데 결국 그 별명으로 브랜드를 붙여 '호랑이 표' 시멘트가 나오게 되었다. 내가 틈나는 대로 공사현장에서 뛰면서 으르렁거렸던 이유는 단순하다. 내가 있을 때와 없을 때 직원들은 걸음을 걷는 속도부터 시작해서 모든 것이 달라진다. 초창기에는 현장 인부들을 일사불란하게 움직이도록 하기 위해 호통을 치기도 했고, 듣기 싫은 소리를 지를 때도 있었다. 경영자의 현장감독이 사업 성패에 아주 중요한 역할을 하기 때문이다. 내가 선천적으로 게으름을 싫어하기 때문이기도 하지만 한정된 자본과 제한된 인력으로 소기의 성과를 내면서 경쟁자들을 따라잡고 추월하자면 경영자부터가 벌 벗고 뛰어다니면서 직원들과 함께 최대한의 집중력을 발휘할 수 있도록 독려해야 한다. 경영자가 안락한 사무실에 앉아서 지시만 하고 있으면 그걸 알고 있는 직원들이 과연 원하는 만큼 열심히 일을 할 수 있을까? 누구보다 먼저 경영자 자신이 열심히 일하는 모습을 솔선수범해서 보여줘야 한다. 경영자도 현장에서 배울 수 있는 것이 많다. 책상에 앉아서 보고를 듣는 것은 빙산의 일각에 불과하다. 간접적인 보고와 실제 현장에서 직접 파악한 상황이 다른 경우는 비일비재하다. 또 현장을 직접 보면 좀 더 효율적으로 일을 할 수 있는 아이디어가 떠오르기도 한다. 현장에서 세세한 부분들을 효율적으로 다듬고 또 다듬다 보면 작은 효율이 모이고 쌓여서 커다란 시간절약과 비용절약으로 되돌아온다."

"내가 직원들을 저승사자처럼 몰아붙일 때 마음에 상처를 받는 사람도 있을 수 있다. 경영자로서도 미안한 마음이 들기도 한다. 하지만 경영자가 직원들에게 해줄 수 있는 가장 좋은 선물은 먼저 회사를 살리고 회사를 발전시키며 고용을 지속적으로 확대하는 것이다. 잘못하고 있는 직원을 보고도 인정에 끌려 단호하게 호통도 못치는 마음 약한 경영자는 호인이라는 이미지는 얻을 수 있을지 몰라도 훌륭한 경영자라는 소리는 듣지 못한다. 회사가 실패하고, 회사가 문을 닫는다면 경영자는 직원들에게 아무것도 보답하지 못한다. 결국 직원들에게 '성격은 좋아도 실패한 사장'으로 남을 것이다. <u>경영자는 직원들에게 추억거리보다 직원들의 삶에 필요한 올바른 가치와 부를 안겨줘야 한다. 그것이 경영자의 제1의 목표다. 회사는 단순히 월급을 주는 곳이 아니다. 직원들이 성장하는 곳이 되어야 한다. 직원들이 성장해서 더 큰 일을 할 수 있도록 더 큰 사람을 만드는 곳이 되어야 한다.</u> 나 자신이 혹독한 경험과 시련 속에서 성장해 왔기에 그런 과정을 통해 많은 것을 배우고 절대 포기하거나 좌절하지 않고 성공을 행해 나아갈 수 있었다. 현대의 직원들은 이런 혹독한 훈련과정을 거치기에 남들보다 더 빠르게, 더 높게, 더 많이 성장할 수 있다고 생각한다. 회사는 직원들의 성장과 발전을 최대한 키워나가는 교육훈련장의 역할도 해야 하는 곳이다."

정주영은 현대그룹의 창업에 그치지 않고 대한민국 산업의 근대화 역사를 창조한 위대한 리더라는 칭송을 받는다. 여러 설문조사에서 항상 국가발전에 이바지한 최고의 기업가로 선정되었다. '무에서 유를 창조' 한 리더로서 그가 보여준 사고와 행동은 오늘날의 경영자뿐만 아니라 미래의 경영자에게도 귀감이 될 수 있는 전설적 존재임에 틀림없다.

정주영_ 근면, 검소, 친애의
'현대정신'

> 부지런한 사람이 굶어 죽었다는
> 얘기는 예나 지금이나 들어 볼 수 없다

　2006년 11월 미국 〈타임스〉지는 아시아판 창립 60주년을 맞이하여 '60년간 아시아의 영웅'을 발표하면서 기업인으로서는 유일하게 정주영을 선정했다. 인도의 마하트마 간디, 중국의 등소평, 미얀마의 수치 여사 등 아시아 국가의 최고 지도자들이 선정되는 자리에 유일하게 기업인으로 이름을 올린 것이다. 인구 1억 3천만으로 세계 3위의 경제대국이라는 일본에서도, 인구 14억으로 세계 2위의 경제 대국이 된 중국에서도 수많은 기업가들이 나와서 혁혁한 성과를 실현하였지만 어느 한 사람도 선정되지 못한 '아시아 영웅'의 대열에 한국의 정주영만이 선정되었다. 거기에는 그만한 이유가 있을 것이다.

　2010년 한국의 '자유경제원'에서 전국의 20여 개 대학의 대학생을 상대로 '한국에서 다시 부활하기를 바라는 기업인'이 있다면 누구인가? 를 설문조사 한 일이 있다. 설문조사 결과는 정주영 65%, 이병철 25% 등으로 나타났다. 해방 이후 한국 기업가의 부호 1호로 꼽히는 이병철 회장보다 정주영 회장이 3배에 가까운 지지를 받았다. 여기에도 그만한 이유가 있을 것이다.

한국에서 정주영은 단순히 기업가로서 평가받지 않는다. 기업가라기보다 한국산업의 근대화를 선두에서 진두지휘한 '불굴의 인간'으로 평가받는다. 그의 기업정신은 '창조적 예지', '적극적 의지', '강인한 추진력'으로 표현된다. 그의 기업정신은 현대정신이 되어 현대차그룹을 비롯한 2세대 기업에 면면히 전해져 오고 있다.

정주영이 만든 현대의 사훈은 '근면', '검소', '친애'이다. 빈손으로 사업을 시작했던 정주영의 사업 밑천은 근면이었다. 내가 부지런해야 다른 사람보다 더 많은 일을 할 수 있다. 시간은 누구에게나 똑같이 평등하게 배분되어 있다. 그 제한된 시간을 어떻게 쓰느냐에 성패가 좌우된다. 부지런한 사람이 굶어 죽었다는 얘기는 예나 지금이나 들어볼 수 없다. 사람이 부지런하면 천하에 무서울 게 없다. 농사꾼의 아들로 태어난 정주영은 그의 부친으로부터 '근면은 농사꾼의 생명이다' 라고 귀에 못이 박이도록 들었다. 결국 '근면'은 그의 생명이 되었다. '근면'은 그를 '아침형 인간'으로 만들었던 것이다.

> **나는 돈을 쓸 때 그 돈의 액수보다
> 그 돈이 쓰이는 가치를 먼저 생각한다**

정주영은 '검소'를 몸소 실천했다. "내가 흥청망청 쓰지않고 절약해서 모아야 다른 사람을 도와 줄 수 있다. 내가 쓰고 싶은 대로 다 쓰고 나면 남는 것이 없는데 어떻게 다른 사람을 도울 수 있나. 다른 사람을 도와주고 있는 사람은 모두 자신에게는 검소한 사람이다." 정주영이 대학생을 상대로 강연하였을 때 한 대학생이 이렇게 질문을 했다.

"회장님은 지금 주머니에 현금을 얼마나 가지고 있는가요? 그리고 회장님은 씀씀이가 대단히 큰 분이라는 소문이 있는가 하면 또 그와 반대로 구두쇠라는 소문도 있습니다. 특히 지독한 구두쇠라는 얘기가 많은데요. 회장님 댁 소파는 30년 이상을 써서 낡아빠졌고 손목시계는 옛날부터 차시던 오래된 것이고, 구두는 떨어질 때까지 신으신다는 소문이 있습니다. 어느 것이 진짜인지 궁금합니다."

정주영은 다음과 같이 대답했다. "세어 보지는 않았지만 지금 내 주머니에는 몇 만 원쯤 있는 것 같고, 두 번째 질문에 대한 대답은 내가 아주 큰 손이라는 말과 내가 지독한 구두쇠라는 말이 다 맞는 것 같습니다. 언뜻 말장난 하는 것처럼 들릴지 모르지만 내가 큰 손도 되고 구두쇠도 된다는 말입니다. 나는 돈을 쓸 때 그 돈의 액수보다 그 돈이 쓰이는 가치를 먼저 생각합니다. 가치 있는 일이라면 큰 돈이라도 선뜻 써야 하고 그렇지 않으면 단 돈 몇 만 원이라도 그냥 쓰지 못하고 돈의 쓰임새를 조목조목 따지기 때문입니다."

정주영은 신입사원들을 위한 특강이나 현대의 종업원들을 위한 강연에서 자주 이런 얘기를 했다.

"현대 직원은 모두 자기집을 가져야 해. 집을 먼저 마련하겠다는 목표를 가져야 해. 셋방살이 하면서 비싼 가전제품을 사들이고 전세

방에 살면서 자동차를 먼저 구입하는 것은 순서가 뒤바뀐 거야. 아주 작더라도 자기의 보금자리인 집부터 장만 해야 해. 열심히 땀 흘려 일해 돈을 버는 것도 중요하지만 돈을 모아 목돈을 만드는 것과 돈을 쓰는 방법은 더 중요한 거야. 내 집부터 마련하고 나면 그 다음에는 자기계발에 돈을 써야 해."

정주영은 두 벌 신사라는 말이 회자될 정도로 신사복을 여러 벌 가지는 걸 좋아하지 않았다. 양복은 여름옷 한 벌, 겨울옷 한 벌이면 족하다고 생각했다. 그리고는 가장자리가 낡아서 떨어질 때까지 입었다. 하지만 그의 옷차림에 대한 기준은 대단히 엄격했다. 옷차림은 항상 깨끗하고 단정해야 한다고 강조했다. '옷은 나를 드러내 보이기 위한 것이 아니라 비싼 옷이든 값싼 옷이든 깨끗하고 단정하게 의관을 갖추는 것이 상대방에 대한 존중의 표시이고 예의를 갖추는 마음가짐'이라고 말했다.

정주영은 담배를 피우지 않았다. 그는 담배 피우는 직원을 보고 이렇게 말했다.

"이봐. 담배를 피우면 배가 불러? 연기만 들이마시는 거잖아? 배도 부르지 않고 몸에 해로운 것밖에 없는 담배를 왜 피워?"

정주영은 술은 조금 마셨다. 술에 대한 정주영의 자세는 엄했다. 절대 취하도록 마시지 않았다. 정주영이 술에 취해 주정을 했다거나 술에 취해 비틀거리는 모습을 본 사람이 없을 정도다. 필자가 일본에 근무하는 17년 동안 정주영 회장이 출장 온 횟수는 80여 번이 넘었다. 사업적으로 수많은 고객과 술자리 회동을 같이 하였다. 정주영은 고객이 마련한 술자리에 가기 전에 필자에게 이렇게 말하곤 했다.

"이봐. 우린 곰탕 한 그릇씩 먹고 나서자."

빈 속에 술을 마셔서 좋을 일은 하나도 없다. 그렇다고 고객이 권하는 술을 마시지 않는 것은 예의가 아니다. 고객의 기분을 상하지 않게 하고 자신이 술에 만취하지 않기 위해 정주영은 미리 예방적 조치를 한 뒤에 약속장소에 도착했다.

'친애'는 정주영에게 있어서 몸에 베인 개인적 특성이라 할 수 있다. 정주영의 자세, 태도, 경험, 지식, 지혜 등은 그의 '친애' 정신의 산물이었다. 그의 친애정신은 조직의 가치와 문화를 형성하는 데 거름이 되었다. '친애' 정신이 만든 조직문화로 주인의식, 자주의식, 신용의식이 생겼다.

주인의식은 조직문화에서 가장 중요한 의식이다. 이 자리에서 이 일은 내가 주인이다라는 생각이 있을 때 성취의 간절함은 살아난다. 성취의 간절함은 절실함이 되고 절실함은 열정으로 표출되어 실질적 행동이 될 수 있다. 주인의식은 열정으로 나타나는 것이다.

그 다음으로 중요한 것은 자주의식이다. 자주의식은 스스로 돕는 자조의식이다. 자주의식에서 도전정신, 모험정신, 개척정신, 어떤 난관도 스스로 극복해 나갈 수 있는 자신감이 살아 날 수 있다. 스스로 긍정하는 자긍정신은 자주정신에서 발현되는 에너지이다.

정주영은 사람이 부지런히 일하여 돈을 벌고, 번 돈을 조금씩 저축해 나가면 자연히 신용이 생기고, 신용이 생기면 성취감이 생기고,

성취감이 생기면 또 조금 더 큰 신용이 생기고, 더 큰 신용이 생기면 그것은 곧 자신의 자본이 될 수 있다고 말한다. 즉 신뢰는 신용이고, 신용은 곧 자본이 된다.

정주영_ 신용을 잃으면
다시 얻을 수 없다

1970년 경부고속도로 공사가 한창 진행되고 있을 때였다. 소백산 맥을 뚫는 당제터널 공사는 난공사로 유명했다. 이 지역에는 암반이 나오지 않고 모래와 흙만 쏟아져 나오는 퇴적층이 많아 터널을 파고 앞으로 나가려고 하면 천정이 와그르르 무너져 내렸다. 낙반사고가 비일비재하였고 인부들은 생명에 위험을 느끼면서 현장을 떠나려고 해 공사는 지지부진하고 있었다.

공기는 늦어졌고 고속도로의 전 구간이 개통되느냐 마느냐는 당제터널 공사에 달려있었다. 터널공사는 발파를 한 뒤에 벽을 콘크리트로 바르고 굳기를 기다려 또 발파를 해나가며 전진하고 있었다. 콘크리트는 굳는 데만 일주일 걸렸다. 이러다가는 도저히 개통 예정일에 맞출 수 없는 것은 불문가지였다.

해결책은 이틀이면 굳어버리는 조강시멘트를 사용할 수밖에 없는데 비용이 일반시멘트보다 3배가 비쌌다. 정주영은 결단을 내렸다.

단양 시멘트 공장의 모든 생산라인을 일반시멘트에서 조강시멘트로 전환시켰다. 수송수단도 바꿨다. 제때 배달되지 않는 열차수송 대신에 전량 비싼 트럭수송으로 대체했다. 공사인부도 두 배로 늘리고 현금으로 노임을 지급하는 비상수단을 취했다. 개통 예정일을 지키기 위한 초강수 비상수단이었다.

정주영은 '돈'보다 '신용'을 선택했다. '돈'은 잃어도 또 벌 수 있지만, '신용'은 잃으면 다시 얻을 수 없다는 것을 정주영은 누구보다 잘 알고 있었던 것이다. 드디어 1970년 6월 27일 당제터널의 마지막 굴이 뚫렸다. 그로부터 열흘 뒤인 7월 7일 경부고속도로는 예정 대로 개통식을 열 수 있었다. 주인의식, 자주의식, 신용의식을 가져야만 해 낼 수 있는 도전, 모험, 개척정신이었으며 난관을 스스로 극복해 내는 자긍정신의 발현이었다.

정주영의 난관돌파를 위해 정면으로 도전하는 행위를 보고 사람들은 '불도저'라는 별명을 붙였다. 무엇이든 안 하면 안 된다. 그러나 무엇이든 하면 된다. '하면 된다'라는 켄두이즘(Candoism)이 탄생하는 이유이다. 정주영은 어떤 사안에 대하여 생각할 때 다른 사람보다 더 치밀하게 계산하고 다른 사람보다 더 치열하게 생각하고 다른 사람보다 더 절실하게 사고했다.

'불도저'라는 별명대로라면 무계획, 무모함이 생각나지만 정주영은 한 번도 무계획하거나 무모하거나 함부로 사업을 시작하지 않았다. 그는 더 빨리, 더 높게, 더 멀리 날려는 노력을 멈추지 않았다. 더 비용을 줄일 수 있는 방법은 무엇일까? 더 완벽하게 할 수 있는 방법은 무엇일까? 더 좋은 품질을 만들 수 있는 방법은 무엇일까에 대한 해법을 찾기 위해 부단히 노력을 경주했던 것이다.

　많은 사람들이 장애를 만나면 비켜가기를 원한다. 한 번 비켜서 돌아가는 데 익숙해지면 요령을 피우게 되고 잔꾀를 쓰게 된다. 반드시 극복해야 할 일에도 비켜갈 궁리만 하게 된다. 고정관념이나 편견의 노예가 되면 순간순간 쉽게 적응하려 하게 되고 장애를 돌파할 생각은 하지 못한다. 자기가 가지고 있는 학식이 울타리가 되어서 그 울타리 안에서 꼼짝달싹도 못하는 사람이 되고 마는 것이다.

　이런 데서는 혁신적 발상이 나올 수 없다. 특히 위험도가 높은 사업에서는 창조적이고 혁신적인 발상이 지속적으로 조성되어야 한다. '불도저'라고 해서 아무데나 마구잡이로 운전하는 것이 아니다. 눈앞의 지형을 파악하고 굴곡을 살펴보고 그에 맞춰서 방향을 바로잡고 완급을 끊임없이 계산하고 거기에 맞춰 조절하지 못하면 움푹 팬 구덩이에 빠져서 꼼짝도 못하는 신세가 되어버린다. 굳세고 왕성한 힘으로 밀고 나가되 시시각각 유연한 조종술이 필요한 것이 '불도저'이다. 많은 사람들이 정주영을 '컴퓨터가 달린 불도저'라고 별명을 붙인 이유이다.

　정주영은 '무모하다'는 말을 좋아하지 않는다. 그런 말은 해보지도 않거나 최선을 다하지 않거나 일을 포기해버리고 싶은 사람들의 핑계에 불과하다고 생각한다. 정주영은 어떤 일이 될 수 있을지 몰라 난색을 표하는 직원들에게 '이봐, 해봤어?'라는 말을 자주 했다. 무모함보다 더 나쁜 것은 해보지도 않고 포기하는 일이다.

　다른 사람들이 무모하다고 말하는 것이라도, 어렵다고 말하는 것이라도 일단 시작하면 그 일을 성공시키기 위해 더 많이 생각하고 더 많이 노력하고 더 많이 열정을 바쳐 최선을 다하게 된다. 모든 일이 해본다고 해서 다 성공할 수는 없다. 하지만 최선을 다하는 과정을 통해 우리는 많은 것을 배울 수 있고 얻어낼 수 있다. 애초에 시도해 보지도 않는다면 우리에게 남는 것은 무엇이 있을까? 그냥 지금 내가 가지고 있는 것을 지켰다는 의미밖에 아무것도 없다. 우리는 자기가 가지고 있는 것을 내놓지 않으면 아무것도 더 얻을 수 없다.

정말 무모하다고 할 수 있는 것은 명확한 가치동기 없이 그냥 분위기에 편승해서 휩쓸리듯 일을 시작하는 것이다. 가능성이 낮은 일을 하는 것은 무모한 것이 아니다. 낮은 가능성을 성공시키기 위해 최선을 다 할 수 있기 때문이다. 그렇다면 최선을 다할 생각이 없는 일을 하는 것은 무모하다고 할 수 있다.

어떤 일을 새롭게 시작하려면 그 일이 얼마나 어려운 일인가 또는 그 일이 얼마나 힘든 일인가를 따질 것이 아니다. 대신 그 일이 얼마나 가치 있는 일인가, 그 일이 얼마나 모든 사람에게 도움을 주는 일인가를 숙고해야 한다. 일의 가능성은 고정되어 있는 것이 아니다. 가능성이란 그 일을 맡은 사람이 어떤 자세로 일을 하느냐에 따라 가능성이 커지기도 하고 작아지기도 할 수 있다. 우리가 얼마나 최선을 다 하느냐에 따라 가능성은 축소와 확대의 양면으로 크기를 달리할 수 있는 것이다.

정주영만큼 '신용'을 강조한 인물은 드물다. 우리는 돈과 같은 금융자산을 자본으로 생각한다. 세상에는 돈으로 계량할 수 없는 무형의 자산이 더 많다. 신용은 개인에게나 기업에게나 돈보다 더 중요한 자산이다. 개인기업이 중소기업으로 성장하고 중소기업이 중견기업으로 성숙하고 중견기업이 대기업으로 발전하고 대기업이 세계적인 글로벌 기업으로 커가는 열쇠는 신용에 있다.

공신력이 없으면 기업은 성장할 수 없다. 오늘날에는 신용평가기관이 기업이나 국가의 신용등급을 매기고 있다. 주식투자를 하는 투자가들은 기업의 신용등급을 먼저 파악한다. 국제신용평가기관의 국가신용등급이 떨어지면 그 나라의 경제가 휘청거릴 정도로 영향을 준다.

정주영_ 사업을 하는 것은 사람을 얻는 일이다

신용은 평판이다. 신용을 얻는다는 것은 좋은 평판을 얻는다는 것이다. 좋은 평판을 쌓아가는 일은 용이한 일이 아니다. 신용을 얻는 데 지름길은 없다. 부지런하게 성실하게 묵묵히 최선을 다하면서 사업을 전개해 나가야 한다. 때로는 이익이 없는 사업을 할 수도 있고, 금전적 손해를 보면서도 신용을 지키기 위해 과감한 결단을 내려야 하는 경우도 있다.

기업은 이윤창출을 목적으로 가진다. 이윤창출 대신에 신용을 선택해야 하는 일은 기업가에게는 대단히 어려운 결단이다. 그만큼 신용을 쌓고 지키는 것은 어려운 일이다. 지키지 못할 약속을 섣불리 하지 않는 것은 매우 중요하지만 그것보다 중요한 것은 일단 맺은 약속은 어떤 대가를 치르더라도 반드시 지키는 것은 더 중요하다.

좋은 평판이 쌓이고 쌓여서 신용이 되지만 나쁜 평판이 쌓이고 쌓여서 불신이 된다. 그렇기 때문에 다방면의 평판이 좋아야 한다. 직원과 맺은 약속을 우습게 생각하는 경영자는 경영자의 자격이 없다. 하청업자나 협력회사와의 약속을 얕잡아 보는 경영자는 경영자의 자격이 없다. 고객과 주주에게 한 약속을 지키지 못하고 변명으로 모면하려 드는 경영자는 경영자의 자격이 없다.

그러한 경영자는 결국에는 신용을 쌓지 못한다. 다방면의 평판이 좋아야 신용이 쌓이는 것이다. 현대건설은 수많은 국제공사를 수주하여 실행하는 과정에서 국내은행의 지불보증 없이 현대건설의 어음한 장만으로 해외 은행으로부터 20억 불, 30억 불씩 융자를 받을 수 있었다. 신용이 곧 막대한 자본이 될 수 있었던 것이다.

정주영은 이렇게 말한다. "모든 것의 주체는 사람이다. 가정과 사회, 국가의 주체도 역시 사람이다. 다 같이 건강하고 유능해야 가정과 사회, 국가의 안정과 번영을 이룰 수 있다. 번영을 이루는 초석은 개인의 신뢰, 사회의 신뢰, 국가의 신뢰를 쌓는 데 있다. 신용은 신뢰 사회를 만드는 초석이다."

신뢰는 정주영이 일생을 통해 추구한 최우선의 가치였다. 그는 이렇게 말한다. "사업을 하는 것은 사람을 얻는 일이고, 사람을 얻는 일은 바로 그 사람의 신뢰를 얻는 일이다. 신뢰가 없다면 인간이 어떻게 공동체를 구성할 수 있겠는가? 신뢰가 없다면 사회를 어떻게 구성하고 국가를 어떻게 구성할 수 있겠는가?"

1994년 정주영은 '현대인재개발원'(당시 김진수 원장)에게 경영환경의 국제화와 글로벌 스탠더드에 맞추어서 새로운 기업경영이념과 기업상을 재정립할 것을 주문했다. 현대인재개발원에서는 정주영의 경영철학을 충실히 반영하고 현대정신과 사훈의 뜻을 되새겨 새롭게 현대의 경영이념을 가다듬고 기업윤리강령을 명문화 했다.

현대경영이념의 주요내용은 다음과 같다.

- 미래 사회를 선도할 세계 일류 기업을 지향한다.
- 인간 존중의 이념으로 사원의 자기실현을 지원한다.
- 창의와 기술로 항상 새로운 분야를 개척한다.
- 고객 최우선 정신으로 고객 만족을 극대화한다.
- 풍요로운 국가 건설과 인류사회의 발전에 공헌한다.

위의 경영이념을 바탕으로 정주영은 '가치경영'을 경영목표로 표방하도록 지시했다. 가치경영은 만인에게 이로움을 생산하여 분배하고 미래를 능동적으로 개척하고 발전시켜 인류에게 새롭고 차원 높은 행복한 삶의 가치를 부여한다는 의지의 표현이다.

'가치경영'을 실현시키기 위해 다음과 같이 네 가지 전략방향을 하부목표로 설정하고 있다.

- 다양하고 더 많은 고객이 만족할 수 있는 높은 가치를 제공하여 고객 중심의 경영을 최우선으로 삼는다.
- 기업 구성원들의 복지 향상과 자아실현의 장을 마련하여 구성원의 가치를 극대화한다.
- 지속적이고 영구적인 기술개발과 경영 효율성을 제고하며 세계 시장에서의 경쟁력을 높이기 위해 총체적 가치를 확대한다.
- 인류 사회의 일원으로서 공동체 사회적 책임을 다하며 인간 삶의 행복한 가치를 창조하는 데 기여한다.

세상을 구하는 리더

: 정주영이 존경하던 이순신의 리더십

정주영_ 유비무환의 선비 무인 리더

마쓰시타 고노스케가 존경한 일본의 역사적 인물은 전반부에 살펴봤던 사카모토 료마다. 그러면 정주영이 존경한 한국의 역사적 인물은 누구일까? 정주영이 가장 존경한 인물은 충무공 이순신 장군이다.

정주영은 왜 이순신 장군을 존경했을까? 그는 필자에게 이렇게 말한 바 있다. "이순신은 자신의 안녕보다 국가의 안녕을 먼저 생각한 사람이다. 이순신은 자신의 안녕보다 백성의 안녕을 먼저 생각한 사람이다. 이순신은 자신의 안녕보다 부하의 안녕을 먼저 생각한 사람이다."

이순신은 1545년에 출생하여 1598년에 전사했다. 부친 이정, 모친 변 씨 사이에 한양 건천동(서울 중구 인현동)에서 4남의 자식 중 3남으로 태어났다. 그의 조부 이백록은 조선 중종 때 조광조 등 지치주의(至治主義)를 주장하던 사림파와 뜻을 같이 하였다가 '기묘사화'의 참화를 당했다. 이를 가까이에서 본 부친 이정은 평생 관직을 멀리하였으며 모친 변 씨는 자식의 가정교육을 엄격히 시키는 현모였다.

서울 건천동에서 같이 살았던 서애(西厓) 류성룡은 '징비록'에서 어린 시절의 이순신에 대하여 다름과 같이 묘사하고 있다.

"순신은 어린 시절 얼굴 모양이 뛰어나고 기풍이 있었으며 남에게 구속을 받으려 하지 않았다. 다른 아이들과 모여 놀라치면 나무를 깎아 화살을 만들어 그것을 가지고 동리에서 전쟁놀이를 하였으며, 자기 뜻에 맞지 않는 자가 있으면 그 눈을 쏘려고 하여, 어른들도 그를 꺼려 감히 그의 앞을 지나려 하지 않았다. 또 자라면서 활을 잘 쏘았으며 무과에 급제하여 발신하려 했다. 순신은 말 타고 활 쏘기를 좋아하였으며 더욱이 글씨를 잘 썼다."

1576년(선조9) 32세 때 식년 무과에 병과로 급제하여 권지훈련원봉사로 처음 관직에 나갔다. 그 후 함경도의 동구비보권관에 보직되고 그 다음 해에 발포수군만호를 거쳐 1583년에 건원보권관 및 훈련원참군에 보직된 후 1586년에 사복시주부가 되었다.

그 후 국경을 지키는 조산보만호 겸 녹도둔전사의로 보직되었을 때 여진족 우두머리인 '우울기내'를 사로잡아 조정에 이름이 알려졌다. 이순신은 육군의 업무는 국방에 있고 국방은 백성의 안전을 수호하기 위해 자나 깨나 방비를 튼튼히 해야 한다면서 유비무환을 강조했다.

여진족은 지난 번의 수모를 갚기 위해 병력을 증강하고 훈련을 강화했다. 이를 심상치 않게 여긴 이순신은 변방을 지키는 군사를 증파해 줄 것을 조정에 요청했다.

하지만 조정에서는 이를 무시해 버렸다. 얼마 후 여진족은 대거 침입해왔다. 이순신은 중과부적으로 전술적 피신을 취하지 않을 수 없었다. 조정에서는 이를 중죄로 간주하여 당장 잡아들여 처형하려고 하였다. 이순신은 자신이 처형당하는 것을 조금도 두려워하지 않고 자신이 요청한 증병을 제때에 들어주지 않은 조정에도 문제가 있다고 당당하게 항변하였다. 간신히 처형은 면했으나 이순신은 관직을 박탈 당하고 백의종군 하라는 억울한 처벌을 감수해야 했다.

이순신은 훗날 전라도 관찰사 이광에게 다시 발탁되는 행운을 잡는다. 그는 전라도의 조방장, 선전관으로 임명된다. 드디어 1589년에는 정읍 현감으로 승진한다. 같은 해에 정여립 모반사건이 발생했는데, 모반사건에 연루된 문신 정언신이 옥중에 갇혀 있을 때 아무도 감히 그를 면회하지 못했다. 이순신 혼자서 옥중으로 가서 정언신을 위로했다. 이순신은 신뢰와 의리를 지키는 것을 삶의 중요한 가치로 생각했다. 이후 유성룡의 천거로 고사리 첨사로 승진하고, 이어서 절충장군으로 승진하여, 만포 첨사와 진도 군수를 역임한 후 1591년 47세 때 전라좌도수군절도사가 되었다.

이순신은 유비무환의 호국정신으로 좌수영을 근거지로 함선을 제조하고, 특히 판옥선을 개조하여 거북선을 만들도록 조선장 나대용 군관에게 지시하였다. 한편 군량 확보를 위해 해도에 둔전을 설치할 것을 조정에 강력히 요청했다. 이순신은 관할지역의 지형을 조사하고 해류 및 해안조류의 향방을 세밀히 조사하여 전투 시 필요한 요충지 파악에 힘썼다. 임진왜란 하루 전날(1592년 4월 12일) 일 년여에 걸친 거북선 제조를 완료했고 화포의 시험발사에도 성공했다.

1592년 4월 13일 임진왜란이 발발했다. 전국시대(戰國時代)의 일본열도를 통일한 도요토미 히데요시가 보낸 침략군은 조총을 앞세워 순식간에 조선 전역을 짓밟았다. 조선은 이웃 명나라에 지원군을 요청했다. 명나라 군대는 1596년에 조선에 왔다. 일본군의 강화요청으로 명·일 간에 비밀 강화회담이 진행되었다. 강화회담의 내용은 조선을 두 개 지역으로 나누어서 남쪽은 일본이 차지하고 북쪽은 명나라가 차지한다는 것이었다. 조선은 이 강화회담에서 제외되었다. 이를 알게 된 영의정 류성룡은 분통이 터지고 화가 치밀어 몸져 눕게 되었다. 명나라 군대와 일본 군대 사이의 명·일 회담은 비밀리에 진행되어갔다.

1597년 지지부진하던 비밀 강화회담은 결렬되고 말았다. 일본군은 다시 대거 조선에 침입했다. 정유재란이었다. 이때 일본군 선봉장 고니시 유키나가는 자신의 경쟁자인 가토 기요마사와 사이가 좋지 않았다. 이런 사정은 조선에서도 알고 있었다. 그는 보급루트를 차단하고 있는 이순신을 잡기 위해 역정보를 조선에 흘리는 기만전술을 썼다. 가토 기요마사가 모월 모일에 바다를 건너간다는 정보를 조선 조정에 스파이를 통해 보낸다. 역정보의 함정에 말려든 조정과 선조는 이순신에게 출정 명령을 내린다. 하지만 이순신은 꼼짝도 하지 않았다. 선조는 화가 나서 이순신을 왕명 불복죄로 잡아 들이라고 명한다.

이순신은 고니시 유끼나가가 보낸 정보가 거짓정보의 함정임을 간파하고 있었다. 부하들의 목숨을 헛되이 하지 않기 위해 선조의 출정명령을 듣고도 움직이지 않았던 것이다. 또 당시 선조의 노여움을 부채질한 것은 이순신을 시기한 원균의 모함 상소가 있었다. 상소를 받아 든 선조는 자신의 어명을 거역하여 미운 털이 박힌 이순신을 당장 하옥하라고 명한다. 결국 이순신은 서울로 압송되어 옥에 갇히는 몸이 되었다.

인두로 온 몸을 지지는 혹독한 고문에도 이순신은 남을 핑계 대거나, 헐뜯는 말은 한 마디도 하지 않았다. 다만 자신의 그동안 행적을 자초지종 차분히 고하면서 자신의 행위가 정정당당했음을 설명하고 소신을 굽히지 않았다. 선조는 이순신을 처형하라고 지시했지만 류성룡, 정탁 등의 간절한 변호로 간신히 처형을 면한다. 그리고는 생애 두 번째의 백의종군 명령을 받고 권율 장군 산하의 육군병사로 강등된다.

1597년 7월 16일 새로 부임한 삼도수군통제사 원균은 일본군의 유인술에 빠져 거제도 칠천량의 해전에서 참패를 당한다. 이순신이 애지중지했던 3척의 거북선이 침몰됐고 160척의 판옥선이 궤멸 당했다. 원균을 포함한 1만1천여 명의 조선 수군이 사망했다. 이순신의 무적함대는 모두 수장되어버렸다. 장수 배설이 12척의 병선을 끌고 간신히 도망치지 않았으면 조선 수군은 전멸했을 것이다.

선조가 새로 임명한 원균이 대패하자 조정은 경악하였다. 선조에 대한 울분으로 침통한 가운데 병조판서 이항복은 이순신을 다시 삼도수군통제사로 기용하기를 건의한다. 선조는 마지못해 이순신을 복직시킨다. 다시 삼도수군통제사로 제수된 이순신이 돌아와 살펴보니 남은 것은 병선 12척과 병사 240명이 전부였다.

1597년 9월 이순신은 명량해전에서 병선 12척으로 적선 31척을 격침시키고 132척을 파손시키는 승전고를 올렸다. 이어서 1598년 11월 이순신은 일본으로 총퇴각하기 위해 집결한 적선 500여 척을 상대로 최후의 해전을 벌였다. 노량해전이었다. 적선 350척을 격침시키고 적군 5만여 명을 수장시켰다. 이 마지막 전투에서 승리를 거두고 이순신은 최후의 순간에 적의 유탄을 맞고 전사했다. 그의 나이 53세, 1598년 11월 19일이었다.

이순신은 총 23전 23승으로 전승의 기록을 보유하고 있는 세계전쟁사의 유일한 인물이다. 세계해전사상 전무후무한 기록이다. 그의 해전 중에서 큰 전투 몇 개의 내용을 살펴 보면 아래와 같다.

옥포해전	1592년 5월 7일 적선 46척 격침. 적군 2400여 명 사망. 아군 피해 부상자 2명. 병선손실 0.
사천 해전	1592년 5월 29일 적선 21척 격침
율포 해전	1592년 5월 30일 적선 7척 격침
당포 해전	1592년 6월 2일 적선 39척 격침 사천, 율포, 당포 해전 합계 67척 격침. 적군 10000여 명 사망. 아군 피해 전사자 11명. 병선 손실 0.
한산도 대첩	1592년 7월 8일 일본군 해상 보급로 차단. 남해안 제해권 장악을 위해, 견내량에 진을 치고 있는 적을 한산도 앞 바다로 유인하여 육군에서나 할 수 있는 '학익진'(鶴翼陣)을 해전에서 펼쳐 승리 적선 59척 격침. 적군 2500여 명 사망. 아군 피해 부상자 10명. 병선 손실 0.
안골포 해전	1592년 7월 10일 적선 42척 격침. 적군 1800여 명 사망. 아군 피해 전사자 19명. 병선 손실 0.
부산포 해전	1592년 9월 1일 적선 130척 격침. 적군 3만여 명 사망. 아군 피해 전사자 6명. 병선 손실 0.

명량 해전	1597년 9월 16일 적선 330척 10만여 명 병사집결. 아군 12척 240여 명 병사집결 조류의 향방과 유속의 급류를 이용하여 승리 적선 31척 격침. 파손 132척. 적군 1000여 명 사망 아군 피해 전사자 11명 병선 손실 0.
노량 해전	일본의 도요토미 히데요시가 1598년 8월 18일 운명하자 일본군은 총퇴각 명령을 내렸다. 하지만 이순신이 퇴로를 막고 있어 일본군은 감히 퇴각을 못하고 있다가 3개월 뒤 드디어 1598년 11월 18일 총퇴각을 결정하고 500여 척에 병사를 모두 싣고 집결하여 마지막 결전을 벌인다. 1598년 11월 18일-19일 적선 350척 격침. 적군 5만여 명 사망 아군 피해 전사자 4명. 부상자 200여 명. 병선 손실 0.

이순신 장군이 직접 지휘한 해상전투의 총수는 23전이며 이 전투 중에서 이순신은 23승으로 전승을 거두었다. 이순신이 궤멸시킨 일본 수군 소속 병선 격침 수는 총 1163척이며 수장된 일본 수군의 수는 8만7700여 명이다.

반면에 조선 수군 병선 손실 0. 조선 수군 52명 사망. 임진왜란 및 정유재란의 7년 동안 침입한 일본군 수군 함선 총 2천여 척의 절반 이상을 이순신이 격침시켰다.

이순신 장군의 사후에 선조는 우의정에 추증했다. 1604년에 선무공신 1등에 녹훈되었고, 덕흥부원군에 추봉되었으며, 좌의정에 추증되었다.

1793년(정조17년)에 정조에 의해 영의정에 추증되었다. 이순신 장군은 통영의 충렬사, 여수의 충민사, 아산의 현충사 등에 제향되었다. 현충사는 1707년(숙종33년)에 유생들이 충무공의 사당을 세울 것을 상소하여 숙종 왕의 사액(賜額) 현충사로 입사되었다.

이순신은 수많은 해전에서 한 번도 패하지 않았다. 이순신의 전투에는 실패가 없었다. 아군의 병선 손실이 단 1척도 없다는 기적과 같은 사실이 모든 것을 말해 준다. 이순신은 '싸움을 하기 전에 미리 이겨놓고 싸움을 하는' 선승구전(先勝求戰)의 군신(軍神)이었다.

1594년 9월 3일자 이순신의 〈난중일기〉에는 이렇게 적혀 있다.

"새벽에 밀지가 왔다. 임금께서 수륙 여러 장수들이 팔짱만 끼고 서로 바라보면서 한 가지라도 계책을 세워 적을 치는 일이 없다라고 하셨지만, 3년 동안 해상에서는 그런 일이 없었다. 여러 장수들과 함께 죽음을 맹세하고 원수를 갚으려고 하루 하루를 보내지만 적이 험난한 소굴에 웅거하고 있으므로 경솔히 나가 칠 수는 없다."

이순신은 지는 싸움은 아예 쳐다보지도 않았다. 이순신은 오직 이기는 싸움을 하려 했다. 일본군의 역정보를 받은 선조가 즉시 공격을 명했지만, 이순신은 이에 따르지 않았다. 전제군주체제인 당시에 장수가 왕명을 거역한다는 것은 상상도 못할 일이었다. 이순신은 자신을 사로잡기 위해 기만전술로 아군을 끌어들이는 전장에는 왕이 명령을 해도 출전하지 않았다. 이순신은 감수할 위험, 피할 위험을 철저하게 구분했다. 때문에 어명을 어겼다는 빌미로 감옥에 끌려가서 온갖 고문과 고초를 당해도 자신의 소신을 굽히지 않은 선비다운 기개를 보였다.

정주영_ 솔선수범의 선비
무인 리더

이순신은 평소에 부하 장수들에게 긍정적 자세를 체득하라고 강조했다. 이순신은 긍정의 화신이었던 것이다. 그는 부하들에게 이렇게 말했다.

"아무리 어려운 위기에서도 항상 작은 가능성은 있는 법이다. 그 가능성을 찾아내고 그것을 확대시키는 능력과 노력을 배양하라."

"집안이 나쁘다고 탓하지 말라. 좋은 직위가 아니라고 불평하지 말라. 윗사람이 자기를 알아주지 않는다고 불만 갖지 말라. 자본이 없다고 절망하지 말라."

"장수의 의리는 충성에 있고, 그 충성은 백성을 향해 있어야 한다."

"무릇 장수는 나라와 백성의 정의를 먼저 생각하여 나라와 백성에 충성해야 한다. 비록 군주의 명이라도 나라와 백성의 정의에 어긋난다면 어찌 따를 수 있겠는가?"

이순신은 명량해전을 앞두고 12척의 전함밖에 없어서 두려움에 떨고 있는 휘하의 장수들과 조선 수군들에게 승리의 의지를 다질 수 있도록 다음과 같은 격려의 말로 다독였다.

"적은 330척의 전함으로 진격해 오고 있지만 우리에게는 12척의 전함이 아직 남아 있다. 지금 우리 수군들과 백성들은 두려움에 떨고 있지만, 우리는 이 두려움을 용기로 바꿀 수 있어야 한다. 모두의 두려움을 용기로 바꿀 수만 있다면, 그것은 천 배, 만 배의 힘으로 증폭될 수 있다. 적을 업신여기면 반드시 패한다. 하지만 한 사람이 골목을 지키면 천군을 상대하여 막을 수 있다. 싸움에 임해 죽고자 하면 반드시 살 것이고, 싸움에 임해 살고자 하면 반드시 죽을 것이다."

이순신은 부하들에게 명확한 가치와 비전을 부여했다. 그는 부하들에게 동기를 부여하고 목적의식을 분명하게 갖도록 했다. 그는 부하들이 일치단결하여 전투에 임할 수 있도록 정신무장을 더욱 강조했다.

명량해전에서 장수들이 무서워하면서 앞장서는 전함이 없자, 자신이 탄 대장선을 앞장 세웠다. 이순신은 솔선수범으로 전투를 지휘했다. 그는 절체절명의 위기관리 능력으로 일본군 전함을 대량 격침시키고 대승을 거두었던 것이다. 이순신이 쓴 〈난중일기〉에는 대장선을 앞장세워서 적진으로 진격해 들어갈 수밖에 없었던 심경을 사실 그대로 솔직히 기록했다.

하지만 그가 선조에게 올린 상소문에는 자신이 앞장섰다는 말은 숨겼다. 그는 부하 장수들이 서로 앞장 서 주어서 명량해전에서 크게 승리할 수 있었다고 기록했다. 그리고 전투를 도와 준 백성들의 이름과 심지어 노비들의 이름까지도 일일이 상소문에 기록했다. 그는 승리의 전공을 모두 부하 장수들과 그를 도와 주었던 백성들에게 돌렸던 것이다. 이순신에게 성공은 모두 하늘이 준 선물이고, 이순신에게 실패는 모두 자신의 잘못으로 탓하는 삶의 태도가 여실히 나타나는 증거다. 이순신은 성웅이기 이전에 위대한 인격자다.

필자는 해상전투에서 전승을 거둔 이순신의 핵심 리더십을 아래와 같이 정리해 본다.

첫째, 위대한 인격자
둘째, 탁월한 긍정력
셋째, 뛰어난 판단력
넷째, 천재적 창의력
다섯째, 헌신과 겸양의 미덕

이 중에서 마지막으로 꼽은 '헌신과 겸양의 미덕'은 오늘날 훌륭한 리더가 갖추어야 할 가장 가치있는 리더십이다.

정주영_조선을 구하는 리더와 대한민국을 구하는 리더

> 건설로 번 돈을 모두 쏟아붓고 망한다 해도
> 현대자동차의 독자모델은 포기할 수 없다

    1977년 5월이었다. 정주영 회장은 조선호텔 스위트룸에서 리처드 스나이더 당시 주한 미국대사를 만난다. 당시는 한국에서 미국대사의 영향력은 지대하였다. 미국대사는 정주영을 비밀리에 만나자고 연락해 왔다. 스나이더 대사는 정주영에게 말한다. "기회 있을 때 마다 말씀 드렸지만 오늘 다시 한 번 더 말씀 드립니다. 귀사의 자동차 독자개발을 포기해 주십시오. 자동차 독자개발을 포기한다면 모든 힘을 다해서 도와 드리겠습니다. 미국의 자동차 3사(지엠, 포드, 크라이슬러) 중 어느 곳이라도 선택해 주면 현대가 원하는 조건으로 조립생산을 할 수 있도록 지원하겠습니다. 하지만 만약 이 제안을 거절한다면 현대는 미국을 비롯하여 해외 여러 사업에서 어려움을 겪게 될 지 모릅니다."

정주영은 1년 전인 1976년 1월에 고유모델 '포니' 1호를 내놓아 세계시장을 향한 포문을 열었다. 자동차의 고유모델을 가지기 위해 정주영은 비장한 결심을 한다. 독자 고유모델 개발 이전에 시도했던 미국의 포드자동차와의 기술제휴 교섭은 결렬되었다. 왜냐하면 포드의 생각은 녹다운 부품을 한국에 실어내어서 한국에서는 조립생산만 하려는 기본방침을 변경할 생각이 없었기 때문이다. 포드의 이러한 생각은 정주영의 생각과 정면 대치되었다. 정주영은 기술제휴만 하고 자동차 생산은 독자적 경영으로 생산, 판매, 수출을 해야 한다고 생각하고 있었다.

정주영은 자동차산업은 한국이 선진공업국 대열에 진입하는 데 반드시 갖추어야 할 필수산업이라 생각했다. 자동차 한 대를 만드는 데 약 2만여 개의 부품이 필요함으로 자동차산업은 철강, 기계, 전자, 전기, 석유화학 산업을 아우르는 종합산업으로서 연관효과가 크다고 생각했다.

뿐만 아니라 한국의 미래를 생각할 때 반드시 독자모델로 우뚝 서야 국가 기반산업화할 수 있다는 것이 정주영의 생각이었다. 쉽게 돈만 벌자는 생각으로 미국의 하청생산기지가 되어버리면 위험부담 없이 안정된 생산을 할 수 있지만 그 후에는 독자개발을 하고 싶어도 불가능해질 것이 뻔하고 한국의 자동차산업은 기술자립을 할 기회를 갖지 못하게 될 것이 분명했다.

정주영은 미국대사의 제안을 일언지하에 거절한다. "대사님이 염려해 줘서 감사합니다. 그러나 제가 건설사업을 해서 번 돈을 모두 쏟아붓고 망한다 해도 나는 후회하지 않을 것입니다. 왜냐하면 그게

밑거름이 되어 한국의 자동차산업이 훗날 성공하는 데 디딤돌이 될 수 있다면 저는 그것을 보람으로 삼을 것입니다."

정주영은 자동차 조립생산은 처음부터 달갑지 않게 생각했다. 당장은 편하고 사업에 대한 위험이 전혀 없기 때문에 안전하지만 독자모델 개발을 할 수 없고 차종의 결정권을 갖지 못하고 수출시장에 대한 결정권 조차 모두 예속되어버리기 때문이다. 정주영은 자동차 생산과 신규모델 개발의 기술축적을 전혀 할 수 없는 하청조립 생산을 하지 않기로 결심했기에 처음부터 고유모델 개발을 서둘렀던 것이다.

미국 정부는 미국 자동차산업의 대 중국시장 수출 교두보 겸 생산기지를 한국에 둘 생각으로 주한 미국대사가 현대를 설득하려고 나섰다가 정주영에게 일언지하로 거절을 당했다. 미국의 해외 주재국 대사들은 자국기업의 수출과 해외시장 확보에 지대한 관심을 가지고 자국기업의 이익을 위하여 필사적으로 활약하는 것으로 정평이 나 있었다. 당시 한국이 처해 있었던 정치적 경제적 여건으로 보아 미국은 현대를 쉽게 설득할 수 있으리라 생각했을 것이다. 하지만 정주영은 현대의 이익을 생각하기보다 한국의 이익을 생각하고 현대의 장래를 생각하기보다 한국의 장래를 생각했다. 현대는 고유모델 개발 입장을 발표했다.

현대자동차그룹은 2015년 현재 전 세계 10개국에 34개의 생산공장을 갖추고 있다. 연간 800만 대 생산과 판매를 돌파하여 세계 5위 자동차메이커로 위상을 공고히 했다. 특히 글로벌 브랜드 '제네시스'의 초대형 럭셔리 세단 'EQ900'이 개발 출시되어 고품격, 고급차 시장에서 두각을 나타냈다. 미국자동차 시장조사기관인 'JD파워'가 실시한 신차품질검사에서 2006년, 2009년, 2014년, 2015년 연속 1위를 차지했다. 서구의 자동차메이커들은 자본과 기술의 열악한 환경을 헤치고 짧은 기간에 비약적 도약을 실현한 현대자동차의 발전사를 세계자동차산업역사에서 이해할 수 없는 돌연변이로 평가하고 있다.

조선의 이순신은 조선을 구하는 리더였다. 이순신을 가장 존경하던 정주영은 대한민국을 구하는 리더였다. 이순신은 나라를 먼저 생각하는 장군이었고 정주영도 나라를 먼저 생각하는 기업가였다. 외국인 중에서 정주영이 존경하는 역사인물은 프랑스의 나폴레옹과 미국의 링컨이다.

어린 시절 집에서 세 번째 가출했을 때 그는 부기학원을 다녔다. 학원에서 돌아오면 친구도 없던 터라 숙소에 처박혀 죽어라 책만 읽었다. 그때 읽은 책들이 '나폴레옹 전', '링컨 대통령' 등이었다. 다른 책이 많지 않았기에 읽은 책을 읽고 또 읽었다. 정주영은 특히 가난한 평민의 아들로 태어나 강인한 정신력과 용감무쌍한 도전력으로 마침내 프랑스 공화국 황제로 등극하여 영국을 제외한 유럽을 통일하고 프랑스를 유럽의 중심국가로 만든 나폴레옹에게서 무한한 용기와 희망을 얻었다고 한다.

정주영은 링컨이 자신과 비슷한 환경에서 자란 시골소년이었음을 알고 링컨과 같은 인물이 되려고 생각했다. 산골에서 태어나 도시로 나온 소년생활이 비슷했고, 안 해본 일이 없을 정도로 노동생활을 한 것도 비슷했고, 항상 책에 굶주려 온 것도 비슷했다. 링컨이야말로 오로지 국가의 미래를 생각한 지도자였다고 생각했다. 노예해방을 저지하려는 반대파들의 집요한 공략으로 미국은 북부와 남부 둘로 분리되어 전쟁이 일어났다. 링컨은 뛰어난 지도력으로 남북전쟁에서 승리를 거두었고 노예해방이라는 자신의 신념을 미국 땅에 실현시켰다. 링컨의 지도력이 없었다면 미국 국민은 인권, 평등, 자유 등에서 지구촌을 선도하는 리딩국가를 만들지 못했을 것이다.

정주영_ 한국의 기업은
선비들이 일으키고 이루어낸 것

정주영이 국가의 장래를 위해 헌신한 사례는 네 가지 큰 기둥으로
정리해 볼 수 있다.

첫째는 기업인으로서의 활동이다.
정주영이 그의 자서전에서 회고한 말을 들어 보자.
"나는 '현대'를 통해서 기업이 할 수 있는 모든 일을 다 했다. 경
부고속도로 건설이 그러했고, 부산항을 비롯한 항만건설들이 그러했
고, 발전소들이 그러했으며, 오늘날 우리나라 전력의 50%를 공급하
면서도 사고 없이 높은 가동률을 내는 원자력 발전소도 '현대건설'
의 업적이다. 만약 '현대'가 그런 역할을 하지 않았다면 우리 경제는
최소한 10년에서 20년은 뒤떨어져 있을 것이라고 나는 생각한다. 우
리 '현대'는 장사꾼의 모임이 아니다. 이 나라 발전의 진취적인 선도
역할과 경제 건설의 중추적 역할을 사명으로 하는 유능한 인재들이

모인 집단이다.”

　“그동안 우리 기업인들은 눈에 불을 켜고 발바닥이 부르트도록 뛰어다니면서 악착같이 해외시장을 개척했고, 물 불 안 가리고 일했고, 인재 양성도 했다. 그 때문에 오늘날 한국이 이만큼이라도 자립하고 성장, 발전했다는 것에 대해 인색하게 평가해서는 안 될 것이다. 또한 그렇게 기업이 국가발전에 크게 기여하고도 항상 논란과 비난의 대상이 되었던 것은 우리나라 경제가 불과 20여 년이라는 짧은 기간에 급성장하면서 국민 생활의 구석구석에 큰 영향을 주고 있기 때문이라고 생각한다.”

　정주영이 염려했듯이 기업이 악착같이 일하여 오늘날의 부를 생성했음에도 불구하고 한국에서는 정부주도형 성장에 따른 ‘정경유착’이나 ‘특혜’ 시비가 뒤를 따라 다녔다. 정주영은 ‘정경유착’과 ‘특혜’ 시비를 아주 싫어했다. 자신이 아무리 정정당당하게 피땀 흘리고 남들보다 몇 배를 더 일하고 노력하여 부를 쌓아도 사회적 분위기는 이런 시비에서 벗어날 수 없었기 때문이었다. 왜냐하면 민간주도형 개발이 아니라 정부주도형 개발이기 때문에 기업이 권력에 아부하여 ‘특혜’를 받을 수 있는 경우가 있을 수 있고, 권력이 부패하여 ‘정경유착’이 되는 측면이 존재하기 때문이다.

　정주영은 국내에서 정부주도로 하는 일은 아무리 잘해도 시비의 대상에서 벗어날 수 없다는 것을 직감했다. 그래서 타 기업들이 모두 국내에 안주하고 있을 때 일찍이 해외로 진출하였던 것이다. 경쟁이 극심한 해외에서 돈을 벌어 온다면 그것을 가지고 ‘정경유착’이라고 말할 수는 없을 것이기 때문이다.

현대건설은 각고의 노력 끝에 해외부문과 국내부문의 사업을 7대 3의 비율로 유지할 수 있게 된다. 정주영은 국내부문의 사업이 '정경유착'이라는 말로 격하되는 것을 서운하게 느낀다. 한국의 경제발달사는 미국 경제발달사보다 훨씬 인간중심이었다고 그는 이렇게 말한다.

"미국 경제발달사를 아는가? 그들은 서부개척이다, 철도부설이다 하면서 총으로 사람 죽이기를 다반사로 했고, 금융가의 지하에서는 위조증권을 마구 찍어냈었다. 무엇보다 수많은 인디언들이 희생 당했으며, 자기들끼리도 서로 죽이기를 식은 죽 먹기로 했다. 그것에 비교하면 한국의 기업은 선비들이 일으키고 이루어낸 것이다. 우리 기업에서 권총 들고 설친 이는 단 한 사람도 없지 않은가? 우리는 부아가 터지면 기껏 상대편 집에 돌이나 몇 개 던지고 말 정도이다. 우리 기업인들의 경쟁은 미국 기업인들의 경쟁에 비교하면 비교도 할 수 없게 선비적인 것이었다."

한국의 기업인 중에 이러한 메시지를 준 인물은 정주영이 처음이었다. 한국의 기업은 선비들이 일으키고 이루어 냈다는 것은 선비들이 한국의 기업활동을 추진했다는 말이다. 그는 단순히 전통시대의 '장사꾼'이나 '상인'이 아니라, 현대사회에서 선비정신, 선비의식을 체득한 '선비'로서 국가의 장래를 생각하고 국민생활의 미래를 위해서 기업행위를 해왔다는 것을 의미한다.

때마다 지도자한테 뭉텅이 돈을 바쳐야 하는
이 나라가, 나라이기는 한 것이냐?

둘째는 대통령 선거와 정치참여 활동이다.

정주영의 일생에서 빼놓을 수 없는 거취의 한 자락은 정치에 입문해서 한국의 14대 대통령 선거에 출마했던 사실이다. 앞에서 잠시 살펴보았지만 그는 1992년 통일국민당을 창당해 제14대 국회의원이 되었다. 이어서 대통령 선거에 출마했다. 그의 갑작스런 정치참여 결정은 가족들의 반대에도 불구하고 현실화되었다. 그러나 그의 결정은 결코 갑작스럽게 나온 결정이 아니라는 생각을 필자는 갖고 있다. 정주영의 말을 들어 보자.

"많은 사람들은 내가 돈만으로 부족해서 권력까지 탐을 내는 가당찮은 욕심을 부린다고 했다."

"많은 사람들이 나의 정치참여 결심을 돌출행위로 치부하거나 과욕, 또는 노망으로까지 매도했다."

"기업을 하면서 수많은 정치 지도자, 정치인들을 만났지만 마음으로 존경할 만한 정치인다운 정치인을 만났던 기억이 별로 없다. 그런 수준의 사람들이 모여서 하는 정치였기 때문에 외국 언론으로부터 '포니' 자동차 수준에도 못 따라오는 한국의 정치 수준이라는 말을 들을 수밖에 없었던 것이다."

"성금이라는 명목으로 거두는 정치자금은 정권이 바뀔수록 단위가 점점 커져갔는데, 큰 불편 없이 기업을 꾸려가려면 정부의 미움을 받지 않아야 했다. 그래서 때마다 지도자한테 뭉텅이의 돈을 바쳐야 하는 이 나라가, 나라이기는 한 것이냐는 한심스러운 생각을 참 많이도 했다. 그렇게 돈을 거두어 가면서도 뭔가 조금만 비위에 거슬리면 기업의 형평성도 무엇도 아무것도 없이 느닷없는 보복적 세무조사로 쳐들어 왔다."

"결국은, 그때 그때 떳떳할 수 없었던 정권의 필요에 의해 속죄양으로 너무 여러 번 기업을 단죄 받게 했던 것이, 우리나라 국민들의 기업에 대한 편견을 낳게 한 주범이라고 나는 생각한다. 큰 기업은 덮어놓고 부정축재와 정경유착의 본산지라는 부정적인 편견도 잘못된 정치가 만들어 놓은 것이고, 기업이 크는 것을 기업경영자 한 사람이 엄청난 부자가 되는 것으로 착각하게 받아들이도록 만든 것도 어리석은 정치의 산물이다."

"크게 비약해야 할 21세기를 바로 눈앞에 두고, 잘못된 정치 탓으로 우리나라가 비약하기는커녕 나라를 점점 수렁으로 빠뜨리고 있는 한심한 정치 현실을 모르는 척 하고 있을 수 없었다. 더 이상의 시행착오를 해서는 안 되었다. 정권도 새로워져야 했고 정치도 달라져야 했다."

> 누군가 소매를 걷어붙이고 나서서
> 시궁창을 청소할 사람이 필요하다.
> 죽으면 맨몸으로 가는 게 인생인데
> 망한다고 해도 아까울 것 없다

정주영은 정치참여를 적극 반대하는 가족들을 불러놓고 이렇게 말했다.

"옛날에 짚신 한 켤레 신고 맨몸으로 고향을 떠난 사람인데, 우리가 망한다고 해도 구두는 신고 있을 것 아니냐? 나라 꼴이 이 모양인데 그냥 앉아서 욕이나 하며 내 안전만 도모하는 것이 소위 사회 지도층이라는 사람들이 할 일이냐? 시궁창을 시궁창인 채로 내버려 두면 언제까지나 시궁창일 수밖에 없다. 누군가 소매를 걷어붙이고 나서서 청소할 사람이 필요하다. 그걸 내가 해보겠다는 것이다. 우거지국 먹고 살 각오를 해 둬라. 죽으면 맨몸으로 가는 게 인생인데 망한다고 해도 아까울 것 없다."

정주영은 입법부 국회의원과 행정부 고위 관료와 사법부 요원들은 도덕성과 청렴성으로 재무장하여 선비정신을 찾아야 한다고 말했다.

정주영은 전경련 회장 시절 정부의 고위 공무원들의 비리와 부정부패를 목격하고 정치인과 정부는 비리와 부정부패를 척결하여 투명한 사회를 만드는 것이 제일 시급한 과제라고 여러 번 경고했다. 특히 입법활동을 하는 국회의원과 법을 집행하는 고위 관료와 법의 분쟁을 해결하는 사법부 요원들이 비리와 부정부패로부터 깨끗이 벗어나 도덕성과 청렴성으로 재무장하여 선비정신을 찾아야 한다고 강조했다.

또 정주영은 정권을 잡은 집단이 공무를 담당할 사람의 자질, 능력, 도덕성, 청렴성을 기준으로 합당하게 인선하여 요직을 맡겨야 함에도 불구하고 선거에서의 논공행상을 기준으로 나눠먹기식 요직배

분을 하는 관행을 보고 매우 분개했다. 그는 한국의 정치를 '정치꾼'으로부터 해방시키고 선진화시켜야 한다고 주문했다. 하지만 기존의 정계는 정주영의 주문에 꿈쩍도 하지 않았다. 이러한 정황이 그로 하여금 직접 정치에 뛰어들게 만들었던 것이다.

정치에 뛰어들기로 한 정주영에게 정치지망생으로서의 꿈과 목표는 너무나 분명했고 간절했다. 고희가 넘은 나이에도 그의 이상을 실현시키겠다는 일념으로 대권도전에 나섰다. 당시 대통령 선거에서 그가 국민으로부터 선택 받지 못한 것은 한국 국민의식의 한계였을 것이다.

정주영_ 올림픽 유치활동, 한국의 미래가 달려있다

　1988년 '서울올림픽'은 한국의 현대사뿐만 아니라 세계의 현대사에 큰 영향을 미친 국제대회였다. 그에 앞서 개최된 1980년 모스크바올림픽과 1984년에 개최된 LA올림픽은 공산진영 대 자유진영 간 대치 상태에서 '반쪽 올림픽'이 되었다. 모스크바올림픽에는 서방의 자유진영에서 대거 불참을 선언했고, 그 다음에 개최된 LA올림픽에는 소련 및 동구권 공산진영의 대거 불참으로 반쪽 대회가 되었던 것이다.

　그러나 1988년에 개최된 서울올림픽에서는 소련 및 동구권 공산진영의 국가들이 전폭적으로 참여함으로써 처음으로 공산진영과 자유진영이 함께 어울리는 화합대회를 열 수 있었다. 세계 올림픽 역사상 최대규모인 160개 국가들이 모여 성대한 대회가 열렸던 것이다.

　서울올림픽 유치 논의가 얘기 되던 초기에 한국 내에서는 부정적 견해가 지배적이었다. 1979년 7월 문교부는 올림픽 유치 기본계획을 밝힌 바 있다. 그 당시 1988년 올림픽 개최 희망도시는 베이징과 나고야 정도였다. 하지만 베이징은 당시의 중화인민공화국이 IOC에 가입하고 있지 않아 유동적이었으므로 일본의 나고야가 경쟁 상대였다. 1979년 9월 국민체육심의회의는 정부에 올림픽 유치를 정식으로 건의하였고 박정희 대통령은 이를 결재했다. 2년 뒤에 열릴 예정인 1981년 9월 20일에 개최될 IOC총회를 목표로 유치신청서를 작성하기로 했다.

하지만 올림픽 유치를 결정한 박정희 대통령이 1979년 10월 26일 시해 당하는 사건이 발생했다. 1979년 12월 12일 전두환 신군부 세력의 등장 및 1980년 5월 18일 광주민주화운동 등의 국내 정치상황의 격변으로 정부는 1981년 2월 26일에 가서야 공식개최 신청서를 IOC에 제출했다.

신청서를 제출하고도 5월까지는 한국은 본격적인 유치활동을 시작하지도 못하고 있었다. 서울은 나고야의 유치활동에 비해 압도적으로 열세였다. 나고야 시는 일본 정부의 후원으로 약 1조 5천억 엔의 예산확보를 위해 거국적 모금운동을 시작한 상태였고 각국의 IOC 위원들을 상대로 로비활동을 전개하고 있었다.

한국에서는 유치신청서를 IOC본부에 제출해 놓고도, 이렇게 큰 이벤트의 비용을 감당할 수 있겠는가, 나고야 시와의 유치경쟁에서 과연 이길 수 있겠는가 하는 패배적 견해가 지배적으로 나타나기 시작해서 진퇴양난의 상황이 이어졌다.

올림픽 유치의 약점으로는 국토가 분단되어 있고, 공산권의 반대에 부딪힐 수 있고, 일본보다 한국은 국제사회의 영향력이 훨씬 미약하다는 점 등이 거론되었다. 올림픽 유치에 소극적인 관계자들은 '올림픽의 어마어마한 비용을 다른 국가사업에 우선적으로 돌려야 한다. 국토분단이 되어 있어서 안전을 염려하는 국가들과 공산권 국가들의 참여가 축소될 것이다. 일본보다 낮은 국제 신인도에 의해 총회의 득표결과가 불리하다' 등을 거론하면서 무리하게 올림픽 유치를 진행하기보다 유치신청 철회의 명분을 찾는 것이 더 유익하다는 등의 의견을 개진했다.

드디어 1981년 4월 27일 제2차 올림픽 유치 대책회의에서 정부는 유치 철회의 명분을 찾자는 결론을 내렸다. 유치신청을 철회하기 위한 출구전략으로 김택수 IOC 위원 및 김집 KOC 위원은 일본에 막후교섭을 취했다. 내용은 "한국이 88서울올림픽 유치를 철회할 터이니 대신 86아시안게임의 서울 개최를 일본 측이 보장해 주고, 서울올림픽 유치신청을 철회토록 종용하는 일본 측 사절단을 서울에 파견하라"는 것이었다. 즉 한국이 철회 명분을 가질 수 있도록 일본 측이 협조해 달라는 내용이었다.

하지만 일본 측 JOC 위원은 한국의 제안을 일언지하에 거절했다. 일본의 속셈은 올림픽경기 유치 경쟁에서 나고야 시가 반드시 승리할 거라는 자신감의 발로였다. 당시 스포츠 전문가들의 압도적인 견해는 서울이 경험 부족으로 나고야보다 불리한 위치에 있다는 평가였다. 또 서울이 평양과 대치 상태의 도시이기 때문에 북한을 지지하는 공산진영의 격렬한 반대가 있을 것으로 예측했다.

한국에서는 88서울올림픽 유치에 대한 부정적 시각이 점점 팽배해 지고 있었다. 설사 올림픽 유치에 성공한다 해도 턱없이 부족한 재원을 어디서 구할 것이며, 엄청난 시설공사에 따른 재정 적자를 어디서 매울 것인가 하는 우려의 목소리는 점점 높아져 갔다.

하지만 이미 올림픽 개최의 유치신청서를 제출해 놓은 상태였다. 명분 없이 유치신청을 철회한다는 것은 국제신인도를 크게 떨어뜨리는 행위였으며, 국제사회에 새롭게 도약하고자 하는 한국의 이미지에 먹칠을 하는 것과 같았다.

한국은 1970년 제6회 아시안게임을 유치했었다. 유치에 성공해 놓고도 개최능력이 안 된다는 반대파의 주장에 밀려 결국 대회를 포기하고 반납한 전력이 있다. 결국 1966년에 제5회 대회를 열었던 태국이 제6회 대회를 이어서 개최하게 되는 파행이 발생했다. 이러한 일은 국제 스포츠계에 한국의 이미지를 추락시키는 부끄러운 과거였다. 여기에 또다시 올림픽대회 마저 유치를 해놓고 포기를 한다는 것은 한국인의 자존심을 여지없이 손상시키는 일이었다.

차선책으로 한국 정부는 88서울올림픽대회 유치를 정부주도가 아닌 민간주도의 형태로 바꾸어서 추진하기로 결정했다. 이제 와서 개최국을 결정하는 IOC 총회에 참가하지 않을 수는 없는 일이었다. 승산은 없지만 누군가는 이 일을 맡아서 추진해야 했다. 정부보다 민간이 맡아서 추진한다면 만약 유치 실패라는 결과를 초래하더라도 덜 민망할 것이라는 생각에서 내린 결론이었다. 민간추진위원회 위원장에 정주영 회장(당시 전경련 회장)을 선임하여 통보했다. 정주영 회장은 갑작스레 맡겨진 일이지만 당황하지 않았다. 그는 일을 맡은 이상 최선을 다해 유치경쟁에 나서기로 결심했다.

이러한 분위기 속에서 서울의 스포츠 시설을 살펴보기 위해 IOC

조사단이 내한하였다. 다행스럽게도 미국의 돈 밀러 NOC 위원 및 영국의 리처드 팔머 NOC 위원이 서울은 시설계획이 훌륭하여 올림픽 개최에 어려움이 없을 것 같다고 언급했다. 이어서 연달아 서울을 방문한 캐나다, 멕시코, 이탈리아 위원으로 구성된 조사단도 남서울 종합운동장과 인천의 보조 경기장 시설이 세계 수준급이라는 긍정적 평가를 내렸다. 이러한 평가는 올림픽 유치를 반드시 해야 하는 한국에 큰 힘을 실어주었다.

1981년 5월 서울올림픽 민간추진위원장에 취임한 정주영은 올림픽 개최 후에 발생할 수 있는 재정적자 부담을 완화하기 위한 방안을 검토하기 시작했다. 그는 8천억 원의 올림픽 경비 조달과 이전 캐나다 올림픽 때의 적자 올림픽 사례 등을 유념하여 경기장, 숙소 등은 민간시설을 최대한 동원하기로 작정했다.

그는 선수촌 건설에 대한 기본방향을 만들었다. 외국선수들이 투숙할 선수촌, 외국기자들이 투숙할 기자촌 등은 설계시작부터 일반 주민용 아파트로 설계하여 올림픽 기간 동안 선수들과 기자들이 사용하게 한 다음에 올림픽이 끝나면 시민을 대상으로 일반 분양할 수 있도록 제안했다. 올림픽 대회를 위해 새로운 투자에 큰 비용을 쓰기보다 각 도시나 각 대학에 있는 기존 경기장들을 규격에 맞게 개수해서 활용하자는 아이디어를 내놓았다. 이는 올림픽 대회 이후를 대비하는 방안이기도 했다.

정주영은 유치활동 기간에 전시장에 낼 홍보영상물과 인쇄물 준비를 위하여 필요한 약 1억 8천만 원의 비용을 서울시가 예산이 없다면서 승인해 주지 않자 다음 해의 예산에서 변제해 주는 조건으로 홍보영화를 신속하게 제작하도록 독려했다. 다음 해에도 서울시는 예산을 책정해 주지 않고 오히려 기부채납을 요구하였다. 정주영은 서울시에 기부채납하는 형태로 올림픽 유치 홍보영화제작 비용을 개인이 부담하고 말았다.

일본은 1981년 4월 스위스 로잔에서 열린 IOC 집행위원회 및 국제경기연맹총연합회의 연석회의에서 도쿄올림픽의 경험을 강조하며 나고야는 88올림픽대회를 성공적으로 치를 수 있다는 훌륭한 유치 보고회를 열었다. 당시 서울은 유치의사만 밝혀 놓고 아무런 정부의 방침이 확정되지 않아 대표단을 보내지도 못했다. 회의장에서 일본을 지지하는 일부 위원으로부터 '한국을 신청서에서 아예 빼버리자'는 주장이 나오기조차 했다. 분위기는 일본 나고야로 기울어져 갔다.

이런 상황에서 5월에 정주영을 유치위원장으로 선임한 정부는 제3차 올림픽 관계 장관회의를 열어 IOC 위원들이 있는 국가 주재 공관에 뒤늦게나마 적극적인 로비를 전개하도록 지침을 내렸다.

외무부가 조사한 IOC 위원들 중 서울 개최를 지지하는 의사를 시사한 위원은 중화민국(당시의 국명, 1992년 이후부터 대만), 스페인, 뉴질랜드, 파키스탄, 파나마, 터키, 이탈리아, 콜롬비아의 위원들 정도였다. 1981년 6월 29일 네덜란드의 커델 위원은 "올림픽 개최지는 정치적 고려나 또는 친소관계로 결정되는 것이 아니라 경기 시설과 환경 등 객관적인 타당성에 따라 결정되는 것"이라며 나고야 쪽에 기우는 발언을 했다. 또 노르웨이의 얀 굴브란첸 올림픽부위원장은 "서울 지지를 위해서는 더 구체적인 검토가 필요하며 나고야 시가 유치활동을 매우 활발히 전개하고 있다."라고 말했다. 7월 1일 핀란드 위원은 일본은 대부분의 IOC 위원들 경비를 부담하면서까지 나고야에 초청하여 적극적으로 유치활동을 전개하고 있으며 서울보다 경쟁에서 앞서가고 있는 것이 분명하다고 관측했다.

1981년 7월 4일 프랑스의 모리스 에르조그 위원이 처음으로 한국은 올림픽 경기를 유치할 수 있는 능력이 있는 국가라며 지지의사를 밝혔다. 이어 7월 13일 독일의 빌리 다우메 위원이 한국에 사업차 수차례 방한한 일이 있어 한국을 잘 안다면서 한국의 경제력과 국력으로 보아 개최에 문제가 없으며 평화애호국가로서의 지위 향상과 동서교차의 의의로 볼 때 서울 유치가 바람직하다는 견해를 밝혔다.

한편 캐나다의 리처드 파운드 위원은 나고야의 적극적 유치활동 및 한국의 정치적 문제를 고려할 때 서울이 유치에 성공하기는 어렵고, 현재 투표한다면 60표 이상이 나고야를 지지할 것이라며 일본을 지지하는 발언을 했다.

1981년 7월 30일부터 8월 1일까지 이탈리아 밀라노에서 개최된 범미스포츠총연합회 정기총회에 한국은 조상호 KOC 위원장을 대표로 하는 유치홍보 대표단을 파견했다. 이후 한국 대표단은 각국의 위원들을 접촉하여 성향분석을 했는데 한국이 접촉한 50여 명의 위원들 중 17명으로부터 긍정적 반응을 확인했다. 30% 정도의 지지율이었다.

1981년 7월 31일 사마란치 올림픽위원장은 서울이 개최국으로 결정될 경우 공산국가들의 참가는 문제가 없을 것이며 서울이 훌륭한 개최 후보지라는 보고를 받았으나, 처음 신청한 국가가 바로 유치에 성공하기는 어렵다는 부정적 견해도 함께 표명했다.

1981년 8월 10일 국무총리 주재 올림픽 유치 대책협의회가 열렸다. 여기에서 일본에 의한 한국의 중도 포기설 유포로 서울 개최의 진의가 의심받고 있다는 우려가 제기되었다. 또한 일본과의 지나친 경쟁은 우방국 간의 우호 관계를 훼손시킬 우려가 있으며, 일본 국내에서 나고야 개최 반대 여론이 있으므로 한국이 개최지로 확정될 경우의 대책 등도 논의되었다.

문교부는 유치활동 점검보고서를 작성했는데 그때까지 한국 측이 접촉한 IOC 위원들 중 적극 지지 5명, 호의적 고려 16명, 중립 18명으로 분석되었다. 지역적으로 미주, 호주는 대체로 한국에 호의적이었고, 유럽과 중동은 한국에 대한 불안감을 표시했으며, 아프리카는 유보적 태도를 취했다.

1981년 9월 9일 일본 나고야 유치를 강력히 추진하고 있던 일본올림픽위원회는 대책회의를 열어 JOC 대표를 공산권 국가에 보내 서울 개최 시 나타날 수 있는 한국의 국내외 정치문제를 제기하도록 독려하고, 중동 지역에는 일본과 경제적 연계를 갖고 있는 산유국을 적극 포섭할 것을 결의했으며, 중남미와 아프리카 국가를 상대로 아직 국제항공협정을 체결하고 있지 않은 대한항공이 일본항공보다 나은 조건을 제시 못하도록 감시할 것을 결의했다.

이렇게 88서울올림픽 대회 유치가 긍정적 전망과 부정적 전망이 엇갈리는 가운데 한국에서는 서울시장, 정부의 경제관료, 그리고 김택수 IOC 위원으로부터 부정적인 비판론이 제기되었다. 이런 교착상태를 정리하기 위해 당시 정무 2장관이었던 노태우 장관은 전두환 대통령의 결단을 촉구하였고, 대통령의 마지막 재가로 올림픽유치 대표단이 구성될 수 있었다.

정주영_ 매일 숙소로 배달된
꽃바구니

　개최지를 결정할 IOC 총회를 20여 일 남겨 놓은 상황에서 한국
정부의 관계부처는 연석회의를 열고 표 대결의 결과를 점검하였다.
그러나 표심의 향방을 확실히 점칠 수는 없었다. 민간유치위원장 정
주영은 1981년 9월 15일 서울을 떠났다. 대표단이 서울을 떠날 때
정부로부터 들은 훈령은 '창피만 당하지 말라' 정도였지만, 정주영
은 올림픽 유치는 반드시 성공시켜야 한다며 대표단에게 자신감을
잃지 말도록 격려했다. 그는 현지에서 모든 일에 앞장서서 진두 지휘
했다.

　정주영은 먼저 올림픽 위원회 사무국장 리처드 팔머를 면담했다.
그는 개최 희망 도시인 서울과 나고야를 직접 방문하고 현지조사
보고서를 제출한 바 있는 당사자였다. 그는 정주영에게 이렇게 훈
수했다.

　"시설 면에서 서울은 나고야보다 유리한 조건에 있다. 문제는 한

국이 외교관계를 가지지 못한 국가가 많다는 정치적 사정에 있다. 일본이 강력한 로비활동을 하고 있으니 한국도 이에 못지않은 활동을 기대한다."

바덴바덴에 도착하자 마자 정주영은 현대의 프랑크푸르트 지점을 지원 부대로 정하고 각종 일정을 면밀히 세웠다. 임대주택을 얻어 그곳을 대표단 본부로 삼고 현대의 현지주재원을 전원 집합시켜 유치 활동을 적극 지원하도록 지시했다. 핵심요원은 별도로 총회 회의장과 가까운 시내 사무실을 별도로 얻어 본격적 활동을 할 수 있게 배려했다. 정주영은 마치 기업에서 해외수주 전략을 전개할 때처럼 일일 점검을 시작했다. 개인로비 활동의 전개, 철저한 사전 정보 입수, 현지의 경비 지원체제 구축, 치밀한 사후관리 등으로 득표전략을 수립했다.

당시를 회고한 정주영의 말을 인용한다.

한국의 대부분의 대표단은 9월 24일, 25일에 도착했다. 꾸준히 유치 활동을 해왔던 일본의 나고야 시는 개막 이틀 전인 18일에 시장까지 도착해서 왕성한 활동을 하고 있었는데, 우리 IOC 위원과 서울시장은 개막일이 지나도 나타나지 않았다. 세계 각국의 IOC 위원들이 투숙한 브레노스파크 호텔은 IOC 위원들에게만 출입이 허용되었기 때문에 우리의 IOC 위원이 빨리 와서 투숙해 줘야만 그를 만난다는 구실로 드나들며 다른 나라 IOC 위원과 접촉할 수 있는데, 참으로 답답하고 한심한 노릇이었다. 바덴바덴 시내 사무실에는 조상호 씨(당시 KOC 위원장. 88서울올림픽 조직위원회 부위원장)

혼자서 거의 모든 일을 했다.

정주영은 조선·자동차 사업과 연줄이 있는 영국 IOC 위원장을 개인적으로 찾아가 교섭했다. 이어서 벨기에, 룩셈부르크 등의 위원을 만났다. 직접 만나서 교섭하는 데 한계를 느낀 정주영은 각국의 IOC 위원들이 투숙하고 있는 숙소에 생회를 매일 보내 이필해 보자는 아이디어를 냈다. 그것을 한국의 IOC 위원인 김택수의 이름으로 보내자고 제안했다. 그러나 김택수 위원은 내가 IOC 위원인데 왜 동료들한테 꽃바구니를 보내느냐고 거절하는 바람에 결국 정주영의 이름으로 각국 IOC 위원과 부인들에게 꽃바구니를 매일 배달했다. 꽃바구니 만들기에는 현대주재원의 부인들이 매일 봉사했다. 생화 보내기로 각국 위원들과 그들의 부인들에게 한국인의 친절함과 따뜻한 마음씨가 전달되었다. 각국 위원들은 매우 깊은 인상을 받았다. 한국의 민간올림픽추진위원장 정주영이라는 낯선 이름을 그들은 매일 아침 접하여 모두 외우게 되었던 것이다.

이원홍(당시 문화공보부 장관) 씨의 회고담을 들어보자.

정주영 회장은 밤도 없고 낮도 없었다. 언제 취침하는지 알 수 없었다. 세계적 사업가는 그렇게 뛰어야 하는 모양이다. 나도 하루 두서너 시간 눈 붙이는 것이 고작이었는데 내 눈에 보인 정 회장은 일하는 모습밖에 볼 수 없었다. 아침 7시면 전략회의를 주재한다. 득표 상황도 점검한다. 하루의 중요일과도 정한다. IOC 위원이 있는 곳이면 새벽이고 밤중이고 가리지 않고 달려간다. 숙소든 식당이든 별장이든 정 회장이 찾아가지 않는 곳이 없다. 회의장 밖을 종일 지키고 서 있었던 것도 한두 번이 아니다. 그리고 밤이면 다시 모여 활동 상황을 점검했다.

정주영은 로비 활동을 통해서 상대적으로 위축되어 있는 중동 및 아프리카 등 저개발국가 IOC 위원들에게도 겸허하게 성심성의의 마음으로 한국의 유치 의사와 개최 능력을 소개하고 후진국들도 언젠가는 올림픽을 개최할 수 있다는 희망을 북돋워 줌으로써 한국에 호의적인 심정을 가질 수 있도록 그들의 마음을 선회시켰다.

정주영은 이미 나고야 시 쪽으로 마음이 쏠린 선진국 위원들보다 소외되고 있는 중동 및 아프리카 IOC 위원들을 집중 공략하는 작전을 썼던 것이다. 중동위원들은 자기네 나라에서 건설을 많이 했던 현대를 이미 알고 있었다. 나쁘지 않은 현대의 이미지가 좋은 쪽으로 그들의 마음을 움직였다.

1981년 9월 25일 점검을 해 본 결과는 한국을 지지하는 IOC 위원이 아시아 12명 중 7명, 유럽 27명 중 12명, 미주 17명 중 14명, 중동 및 아프리카 13명 중 6명으로 총 39명으로 파악됐다. 아직 과반수가 안 되었다. 한편 공산진영과 북한은 공식, 비공식적으로 서울올림픽 유치를 반대했다. 북한은 IOC 위원을 비롯하여 9명의 대표단이 참가했는데 서울에서 올림픽이 개최될 경우에는 올림픽 경기에 불참하겠다는 뜻을 표명했다.

공산진영은 공식적인 루트를 통해서도 방해 공작을 펼쳤다. 소련 위원은 한국이 정치적으로 불안하며 과거 아시안게임을 반납한 예가 있고, 만약 서울에서 대회가 개최되면 공산권 국가들이 참가를 거부할 것이라는 견해를 회의석상에서 말했다. 하지만 공산권이 모두 같은 입장은 아니었다. 폴란드 기자는 "폴란드는 소련의 영향을 받지 않으며 폴란드 기자단은 서울을 지지한다."고 밝혔다.

1981년 9월 29일 한국대표단은 마지막 유치홍보 발표를 마쳤다. 한국 측의 예상은 서울 32표 일본 28표 중립 21표로 양측 지지가 거의 비슷할 것이라고 분석했다. 1981년 9월 30일 열흘 동안 계속된 총회의 마지막 날 올림픽개최지 확정 공식투표가 이뤄졌다. 사마란치 위원장은 투표결과를 발표했다. 유효투표 79표 중에서 서울이 52표를 얻고 나고야는 27를 얻었다. 과반수를 훨씬 넘는 압도적인 지지로 서울이 개최지로 결정되었다.

정주영_ 실패하면 나의 책임, 성공하면 모두의 공로다

　당시의 국제적 분위기는 미국과 소련 간의 냉전이 계속되고 있었다. 양국의 군비경쟁에서 소련은 미국을 앞서는 우위를 점하였다. 1979년 소련의 아프가니스탄 침공, 연이은 1980년 모스크바올림픽 보이콧 사태 그리고 1984년의 LA올림픽 보이콧 사태 등으로 냉전 분위기는 최고조로 대립하고 있었다. 이러한 국제적 분위기는 올림픽 유치경쟁에 투영되었다. 소련을 필두로 한 공산진영은 공식·비공식적으로 서울의 유치활동을 방해했다. 그러나 개발도상국 개최를 주장한 중남미·중동·아프리카 위원들의 서울 개최 지지와 미국의 확고한 후원 등은 서울올림픽 개최권 획득에 긍정적으로 기여했다.

　국내 분위기에서는 올림픽 유치에 대한 찬반론이 강하게 대립했고, 유치활동의 개시 시점의 지체, 일본 나고야 시의 경쟁력 우위, 특히 엄청난 재정부담 등의 이유로 유치 반대론이 우세했었다. 이런 과정에서 올림픽 개최에 소요되는 재정 부담을 줄이는 방안으로 올림픽 선수촌 및 기자촌 건설을 처음부터 아파트로 건설하여 사용한 후 민간에 분양하자는 아이디어는 재정부담을 걱정하는 반대론자들의 마음을 선회시키는 결정적 요인으로 작용했다.

정주영은 현지에서 열정적인 유치활동을 벌여 분위기의 흐름을 한국 측에 유리한 방향으로 이끌었다. 정주영은 "유치에 실패하면 나의 책임이고, 성공하면 모두의 공로"라고 말했다. 그는 바덴바덴의 국제올림픽위원회 총회에서 서울 개최의 승리를 끌어낸 주도적 견인차 역할을 담당했다. 하지만 88서울올림픽 준비과정에서 단 1원의 올림픽 수익사업에도 간여하지 않았다. 그는 현대가 얻을 수 있는 작은 이윤을 추구하기보다 국가가 얻을 수 있는 큰 이윤을 추구했던 것이다.

정주영은 세계적인 국제대회를 서울에 유치하여 한국의 발전상을 국제사회에 알리고 한국의 발전상을 직접 눈으로 보는 기회를 통해 자유민주주의 체제가 공산사회주의 체제보다 월등한 정치체제임을 공산진영의 국가들이 확인해 주기를 기원했다. 정주영의 기원은 실제로 현실이 되었다. 서울올림픽은 냉전 완화의 기폭제가 되었다.

서울올림픽은 국제올림픽 역사상 최대 국가가 참석한 대회로 자유진영과 공산진영의 벽을 넘어서 동서화합의 촉진제가 되었다. 또한 한국의 현대사적 차원에서 1988년 서울올림픽의 성공적 개최는 한국사회의 갈등해소에도 크게 기여했다. 1988년 9월 12일 사상가 함석헌 옹을 위원장으로 하는 서울올림픽평화대회 추진위원회가 결성됐다. 이어서 '서울평화선언'을 채택했다.

선언의 전문은 다음과 같다.

모든 사람은 이념, 인종 및 종교의 차이를 초월하여 전쟁과 폭력의 위협으로부터 벗어나 평화롭게 살기를 갈망한다. 이는 곧 인류 공동의 염원인 행복의 권리를 향유할 수 있는 길이기 때문이다. 따라서 대한민국 수도 서울에서 개최되는 제24회 하계올림픽대회가 명실공히 평화의 제전이 되게 하기 위하여 1988년 9월 17일부터 10월 2일까지는 무기와 증오심을 버리고 폭력과 테러의 위험이 없는 평화의 기간이 되어야 하며 이를 계기로 세계평화가 영원히 뿌리를 내리게 하여야 한다. 이것은 오늘을 살고 있는 세계의 모든 사람에게 부과된 인류 역사의 소명인 것이다. 이에 우리는 이미 각자가 서명한 바 있는 평화호소문의 이념을 받들어 1988년 9월 12일 서울올림픽대회에서 이를 서울평화선언으로 채택한다.

1988년 9월 서울평화선언이 채택된 이후 3개월 동안 총 92개국 644명의 서명이 이루어졌다. 각국의 국가원수들을 비롯하여 인도의 테레사 수녀, 남아공의 투투 주교, 노벨평화상 수상자들이 서명했다. 특히 당시 공산진영에 있던 헝가리의 카로이 그로스 노동당중앙위 총서기가 서명함으로써 냉전완화에 기여했다.

냉전완화의 분위기는 즉시 한국의 외교영토 확장에 연결되었다. 당시의 국제사회는 자유진영, 공산진영, 비동맹진영으로 3분화되어 있었는데 일본과 북한은 비동맹진영과 외교관계를 수립하고 있었으나 한국은 자유진영 국가 이외에는 외교관계를 맺지 못했었다.

88서울올림픽 개최 이후 그 이듬해인 1989년에 한국은 공산진영 국가였던 헝가리, 폴란드, 유고슬라비아 등과 수교를 맺었다. 특히

1989년 11월에는 서독과 동독의 분단을 상징하고 있던 베를린 장벽이 붕괴되었다. 베를린 장벽의 붕괴로 독일은 통일을 맞이하게 되었다. 1990년에는 불가리아, 몽골, 체고, 루마니아 등과 수교를 맺었다. 모두 공산진영 국가들이었다. 이어서 같은 해에 소련과 수교를 맺으면서 마침 개혁, 개방을 슬로건으로 내걸고 새로운 기치를 펼친 고르바초프 서기장에 의해 소련연방체제는 붕괴되고 러시아라는 국명으로 대통령체제가 탄생되었다.

1991년에는 라트비아, 리투아니아, 에스토니아, 알바니아와 수교를 맺었다. 같은 해에 한국은 북한(조선민주주의 인민공화국)과 유엔 동시가입이 이루어졌다. 1992년에는 중국(중화인민공화국), 베트남 등과 수교를 맺었다. 이 모든 외교적 성과는 88서울올림픽 대회를 유치하여 한국이 성공적으로 치러냈기에 가능했던 것이다.

1970년부터 한국에 비판적 관점을 유지했던 영국의 에이단 포스터 카터(리드대학 명예선임연구원)는 다음과 같이 서울올림픽 개최의 의미를 회고했다.

> 서울올림픽이 대성공을 거두리라는 것은 물론, 한국이 개최지가 될 것이라는 것을 예상한 사람은 많지 않았다. 그 당시 대한민국과 수교한 공산국가가 없었다는 것에 대한 우려는 기우였음이 드러났다. 80년과 84년 올림픽과 달리 국제정치는 서울올림픽을 망치지 못했다. 평양의 보이콧 주장을 무시하고 중국·소련·동구권 국가들이 선수단을 파견했다. 두 번째 우려는 올림픽 개최가 한국의 독재를 정당화할 가능성이었다. 역사의 변증법은 정반대로 작용했다. 서

울올림픽은 한국 민주주의의 복원을 축하하는 잔치가 됐다(불행히도 같은 일이 2008년 베이징에서는 재연되지 않았다). 서울올림픽은 두 가지 면에서 성공했다. '코리아' 라는 국가 브랜드가 세계지도에 확고한 모습으로 등장했고, 또한 노태우 전 대통령의 북방외교에 순풍으로 작용했다.

> **올림픽 유치의 성공은 내 생애에 있어서 가장 보람되고 기쁜 일이었다**

정주영은 1977년부터 1987년까지 10년 간 재직한 전경련 회장직을 이임하면서 서울올림픽 유치에 대해 이렇게 회고했다.

"내가 전경련 회장을 하며 경제 외적인 일로 내놓고 얘기할 것을 굳이 찾는다면 88서울올림픽을 꼽을 수 있습니다. 체육계의 협력을 얻어서 전경련이 주도한 88서울올림픽은 우리 경제인들이 유치했다고 얘기해도 크게 잘못된 말은 아니라고 생각합니다. … 88서울올림픽 유치는 대한체육회와 서울시가 소극적이었으므로 당시 우리가 일본을 이기고 유치한다는 것은 아무도 예상 못했을 겁니다. … 총회 마지막 날 투표결과를 개표하니까 52 대 27표라는 결과가 나왔거든요. 전경련의 각국 경제협력위원장들, 회장단 등 우리 경제인들이 모두 분발해서 직접 발로 뛰며 노력한 결과였습니다. 대한체육회가 포기했던 것을 독일 바덴바덴에서 우리 경제인들이 유치하는 데 성공했던 것이죠. 내가 전경련 회장을 안 했으면 끌고 갈 힘도 없었고 생각해 볼 수도 없는 일이었습니다. 전경련 재임 중에 전경련 바깥일이 긴 하나 국가를 위해서 한마음이 되어서 그렇게 일해본 것이 내 생애에 있어서 가장 보람되고 기쁜 일이었습니다."

정주영의 국가관이 잘 표현되어 있는 그의 어록을 다시 한번 인용한다. "우리가 잘되는 것이 나라가 잘 되는 것이며, 나라가 잘 되는 것이 우리가 잘 될 수 있는 길이다." 정주영은 '나'와 '우리'와 '나라'에 대한 소신을 실현하는 데 최선을 다했다. 한국은 88서울올림픽의 성공적 개최를 통하여 개발도상국가에서 선진국가로 부상할 수 있는 실질적 계기를 마련했던 것이다.

정주영_ 금강산과 개성 땅을
밟게 한 실리적 남북경제협력

  정주영의 국가를 위한 헌신의 네 번째 큰 기둥은 남북통일을 위한
초석을 한반도에 깐 일이다.

  정주영은 탈이념적 구상으로 실리적 남북경제협력을 추진했다.
민간인 최초의 일이었다. 그는 1980년 초부터 자신의 기업을 포함한
한국경제의 돌파구를 남북경협과 북방경제권에서 찾는 것을 구상해
왔다. 그리고 1989년과 1998년의 공개적 방북활동을 통해 자신의
오래된 구상을 일정하게 실현했다. 경협을 구상하고 실현하기까지
무려 20년 가까이 소요된 셈이다. 정주영은 근본적으로 이성적이고
실리적인 사업가다. 그는 분단장벽 너머에 있는 자원과 시장을 그냥
두고 볼 수 없었다. 남북분단은 확실히 국제 시장환경에서 한국기업
의 경쟁력을 취약하게 만들고 있기 때문이다. 이것은 경영외적 장애
요인이 될 수밖에 없었다.

  외국의 신용평가기관들이 흔히 지적하는 한국의 국가신용 등급의

최대 불안요인은 '분단 리스크'였다. 한국 현대사에서 분단 리스크는 정치인이나 기업인들에게 당연한 것으로 전제되어 왔다. 오히려 정치인들은 이런 분단 리스크를 헤쳐 나가기보다 국내 정치용으로 활용해 온 것이 사실이었다.

하지만 정주영은 냉전이 한창이던 1980년대부터 공산권과 북한에 대하여 주목하였고 이들을 상대로 경협 구상을 구체화시켜 나갔다. 한국의 재벌이나 기업인 가운데 남북경협과 북방경제권을 연동시켜 거대한 구상을 하고 이를 실현시키려고 끈질기게 도전한 사람은 정주영이 유일하다.

정주영은 남북이 서로 윈·윈하는 경협을 통하여 일단 상호신뢰의 물꼬를 트게 되면 첫째, 재화와 물물이 거래될 수 있어 통관이 이루어지고, 둘째 남북 주민 간에 상호 소식을 주고 받을 수 있는 통신이 이루어지며, 셋째 남북 주민이 상호 왕래할 수 있는 통행이 이루어질 수 있는 방법이 현실화된다고 생각했다. 즉 남북 간에 통관, 통신, 통행이라는 3통이 이뤄져야 통일의 발걸음을 옮길 수 있다는 것이다.

기업인으로서 정주영이 공산권과 경협을 적극적으로 구상한 배경에는 국제적인 탈냉전 분위기를 접하면서 남북대화와 교류의 길이 열릴 가능성을 봤기 때문이었다. 한국은 1972년 12월 무역거래법 개정으로 대 공산권 경제교류가 허용되었다. 박정희 대통령은 1978년 6월에 남북 간 교역, 기술, 자본 협력의 효율적 추진을 위해 민간 경제인 협의 기구를 구성하자고 북한에 제의했다(북한이 동의하지 않아 불발됐다).

정주영은 정부가 북한에 대화와 교류를 적극 제안하는 분위기를 활용하여 1983년 파격적인 북한 접근 방식을 강조했다. 한국의 경제적 필요에 기초하여 실리적으로 북한과 경협을 추진하자고 주창한 것이다. 이것은 남북을 통틀어 최초로 제기된 남북 경협 주장이었다.

1983년 10월 2일에 한국청년회의소에서 행한 정주영의 주장을 들어보자.

"나는 통일문제도 다른 한편으로는 경제로서 파악할 수 있다고 믿고 있습니다. (중략) 통일이 될 수밖에 없는 아주 큰 요인은, 특히 서로 필요하다는 경제적 동기가 가장 크지 않을까 생각됩니다. 정치적인 동기, 한민족이라는 감상적인 동기가 모두 경제적 동기와 서로 교착하면서 통일이 되고, 그래서 새로운 생활의 장, 경제의 권을 마련할 수 있다고 보는 것입니다."

1988년 10월 7일에는 북한 생활상의 어려움을 듣고 "풍요로운 한국의 생활필수품을 북에 공급하자"고 역설했다.

88서울올림픽은 외교관계가 없던 한·소 교류가 본격화되는 계기가 되었다. 소련은 공산진영의 종주국이었으므로 한국과 소련은 그때까지 외교관계가 전혀 없었다. 소련은 한국의 발전된 모습을 88서울올림픽 대회 때 자신의 눈으로 확인하고 양국 간의 경협차원에서 석탄, 가스, 목재, 섬유공장, 자원개발 등에 한국기업의 투자를 희망했다. 또 서울·모스크바 간 직항로 개설, 서울과 모스크바 무역사무소의 영사업무 취급 합의 등 한·소 관계 진척은 한·중 관계보다 빨리 진행되었다.

당시 소비재 업종이 없었던 현대는 소비재 판매는 타 한국기업에 맡기고 시베리아 자원개발 참여가 한국기업의 재도약을 위하여 필수 조건임을 포착하였다. 정주영의 적극적 대소 경제외교는 양국 간의 정체된 논의를 풀어가는 실마리가 되었다. 1988년 11월 정주영은 일본을 방문하여 이시카와(일본상의 회장 겸 카지마 건설 회장) 및 미무라 (미쓰비시 상사 회장) 등과 컨소시엄 의사를 타진하고 12월에는 미국을 방문하여 파슨즈, 백텔 등 세계 3대 건설업체 회장을 만나 시베리아 공동진출 방안을 협의했다.

드디어 1989년 1월 6일 정주영은 한국의 기업인으로는 처음으로 소련을 방문한다. 정주영은 석유, 가스 등 대형프로젝트는 단독 투자보다 각국 기업과의 공동 투자가 안전하다고 판단했다. 1989년 7월 24일 정주영은 38명의 전경련 경제사절단을 이끌고 다시 소련을 방문한다. 모스크바에서 '한소경제협회' 회장으로서 소련상공회의소와 공동으로 창립총회를 열고 양국 경제인들 간에 공동성명을 채택했다.

1989년-1990년 사이에 정주영은 여섯 차례나 소련을 방문했다. 정주영이 구상한 북방경제권의 중심은 한반도였다. 때문에 미개발자원이 풍부하고 지리적으로 한반도와 가까운 소련의 극동지역인 연해주와 시베리아 진출에 초점을 맞추었던 것이다. 현대는 석유가스개발, 임산자원개발, 석탄광석개발, 수산자원개발에 역점을 두고 소련과 중국에서 자원을 조달하여 생산기지를 이동시키고 현지 노동력을 투입하는 등의 계획을 세워 송유관과 가스관을 한반도에 연결시키는 동북아 경제공동체 건설을 구상했다. 이런 구상의 실현을 위해서는 남북경협이 필수적이었다. 소련 측에서도 북한의 저임금 노동력이 매력이 있다고 권유를 해왔다. 정주영의 북방경제권 구상은 처음부터 남북경협이 필수적으로 전제되는 연동형이었던 것이다.

정주영의 북한 첫 방문은 1989년 1월 소련을 첫 방문하고 돌아온 10여 일 후에 실현되었다. 그의 북한 방문은 역사적 소명감에서 추진되었다. 21세기 통일한국을 대비하기 위해 남북경협을 추진한다는 생애 마지막 전략적 목표를 세웠던 것이다. 그가 평양공항에 도착하였을 때 북측은 북한에 생존해 있는 정주영의 일가친척을 모두 동원해 40여 명이나 공항에 대기시켰다. 정주영은 이런 사태에 미동도 하지 않고 북한 당국자에게 이렇게 말했다. "나는 일하러 여기 왔습니다. 내일 내 일정이 어떻게 되어 있는지 미리 말해 주십시오. 친척들은 일과 후 밤 9시 30분 이후에 만나면 됩니다."

1992년 2월 2일 정주영은 북한의 대남사업 책임자 김용순에게 베이징에서 만나자고 제의했다. 2월 23일 김용순이 답신을 보내오면서 현대와 북한의 경협 대화는 급진전되었다. 북한은 비료 5만 톤, 비닐 1억 제곱미터, 디젤유 5만 톤, 납사 2만 톤의 지원과 김책제철소, 원산조선소, 탄광 및 광산설비, 비료공장, 전자공장 등의 현대화에 현대의 지원을 요구했다.

정주영_ 남북이 서로
통행, 통신, 통관하자

남한과 북한은 육지가 붙어 있어서 육로로 갈 수 있는데
구차하게 제3국을 거쳐서 갈 필요가 어디 있는가

　북한과의 실무대화가 무르익어갈 무렵 정주영은 소 떼 몰이 방북을 준비하고 있었다. 그러나 정주영의 소 떼 몰이 방북은 쉽게 결정되지 않았다. 정주영의 첫 방북은 서울-도쿄-베이징-평양의 경로로 제3국을 경유하는 항공편을 이용하지 않을 수 없었다. 남한과 북한은 직항할 수 있는 항공협정이 없기 때문이었다. 정주영은 빙빙 돌아서 가야 하는 항공편 방북을 싫어했다. 정주영은 남한과 북한은 육지가 붙어 있어서 육로로 갈 수 있는데 구차하게 제3국을 거쳐서 갈 필요가 어디 있느냐고 지적하면서 그의 2차 방북은 반드시 판문점을 경유해야 한다고 주장했기 때문이다. 정주영은 "군사분계선의 통과가 없는 금강산 공동개발 작업은 아무런 의미가 없다"고도 말했다.

　정주영이 소 떼 몰이 방북을 고집한 것은 군사분계선을 스스로 직

접 뚫고 넘어서야 한다는 집념의 소산이었다. 1933년 18세 때 부친의 소 판 돈 70원을 가지고 집을 나섰던 그는 소 1천 1마리를 가지고 고향을 방문한다는 명분으로 적대적 분단을 직접 뚫고 남북 평화의 시대를 여는 상징적 이벤트를 연출하고자 했던 것이다. 결국 북한은 정주영의 뚝심에 손을 들었다. 현실적으로 판문점을 통과하지 않으면 소 떼 몰이 방북은 실현시킬 수 없기 때문이었다. 마침내 정주영의 고집은 관철되었다.

정주영의 소 떼 몰이 1차 방북과 2차 방북에서 현대와 북한이 합의한 경협제안 중에서 현실화된 것은 금강산관광개발 및 개성공단 사업이다. 1998년 6월 16일 제1차 소 떼 몰이(500마리) 방북에 이어 1998년 10월 27일 제2차 소 떼 몰이(501마리) 방북을 했을 때 정주영은 경협의 안정성 확보를 우선적으로 생각했다. 왜냐하면 경협의 대화를 진행시키고 있는 와중에도 북한은 잠수정을 남한에 보내거나 무장간첩을 파견하는 이중적 군사행위를 계속했기 때문이다. 북한의 군사적 도발로 남북 관계는 경색되곤 했다. 경협을 반대하는 여론을 잠재우기 위해서도 북한의 최고지도자인 김정일로부터 경협사업에 관한 보장을 받을 필요성을 절감했다.

하지만 정주영이 2차 소 떼 몰이 방북을 했을 때 북한은 김정일 면담은 어렵다고 했다. 그가 지방출장 중이라는 것이었다. 정주영은 "지금 당장 돌아가겠다"라고 말하면서 강경하게 맞섰다. 마침내 10월 30일 밤 김정일이 정주영이 머물러 있던 백화원 초대소에 방문함으로써 만남이 이뤄졌다.

김정일과의 면담을 통해 정주영은 금강산 일대 8개 지구의 독점개발권 및 사업권을 확실하게 보장받았다. 정주영은 그의 사후에도 현대그룹이 통일 한반도 개발의 반석을 마련해야 한다는 신념으로 대북투자 독점권을 보장받아야겠다고 생각했던 것이다. 1998년 11월 18일 마침내 금강산 관광선의 첫 출항이 이뤄졌다. 분단 반세기 만에 철벽이었던 분계선이 열리는 꿈이 실현된 것이다.

개성공단은 2천만 평 대규모 공단 개발의 독점 사업권을 보장받았던 현대아산이 2002년 12월 한국토지공사로 사업권을 이관했다.

1단계 사업인 100만 평 부지 개발과 설계·감리·분양 업무를 정부 간 개발협력처럼 운영되는 모양세로 변형시켰던 것이다. 현대와 북한이 2000년 8월 22일 개발합의서 체결 후 4년 4개월 만인 2004년 12월 15일 개성공단에서 처음으로 생산공장이 가동되었다.

이로써 개성공단은 현대라는 민간기업주도의 경협에서 정부가 참여하는 관 주도의 경협모델이 된 것이다. 한편 한국정부는 금강산 관광사업에도 2001년 6월부터 한국관광공사를 현대아산의 공동사업자로 참여시켰다. 금강산 관광사업도 반관반민의 형태로 사업주체가 변경되었다.

남북경협 사업의 수혜를 가장 많이 받은 한국의 산업계층은 중소기업들이었다. 한국은 1990년대 들어 임금과 지대의 상승으로 중소기업의 경쟁력이 떨어지는 한계기업들이 급증했다. 국내외 경쟁이 치열해 지면서 자본의 한계수익률에 직면한 중소기업들은 중국과 동남아 지역으로 진출했다. 그 결과 국내 고용사정 악화, 내수시장 축소, 내수생산 저하, 국내실업률 증가의 악순환이 반복되었다. 더구나 2000년대에 들어서 중국이나 동남아 지역에 진출했던 기업들이 현지 임금의 대폭 상승 등으로 철수해야 하는 상황이 전개되었다. 개성공단의 실현은 이러한 중소기업들에게 새로운 활로를 열어주었다.

특히 내수를 기반으로 하는 중소기업들에게는 개성공단이 매력적이었다. 근로자들이 같은 언어를 사용하기 때문에 의사소통에 아무런 장애가 없으며 근면 성실한 양질의 노동력을 제공 받을 수 있는 것도 장점이었다. 특히 개성은 서울과 60킬로미터밖에 떨어져 있지 않아 물류 비용이 크게 절감될 수 있는 유리한 점도 있었다. 정주영의 혜안은 위기에 직면한 국내 중소기업들에게 큰 혜택을 가져다 준 것이다.

남북통일의 방법은 3가지로 생각해 볼 수 있다. 평화통일, 붕괴통일, 그리고 전쟁통일이다. 이 중에서 평화통일이 가장 좋은 방법이다. 남과 북은 분단 70년 동안 가장 큰 비용인 '분단비용'을 서로 떠안고 있다. 분단비용은 통일의 그날까지 계속 발생한다. 분단비용에 비하면 통일비용은 아무리 크다고 해도 문제가 되지 않는다.

산업화 사회를 지나서 우리는 정보화 사회에 살고 있다. 정보화 사회에서 IT산업은 주력산업으로 등장했다. IT산업에 필수적으로 들어가는 원자재에 '희토류'라는 금속자원이 있다. 희토류는 첨단산업의 핵심 에너지와 같은 원자재이다. 만약에 희토류가 없다면 우리는 스마트폰, 노트북, TV 등을 볼 수 없고 LED, 배터리 등의 기능을 고급화할 수 없다. 세계적으로 희토류 지하자원의 보유량은 북한이 중국 다음으로 많다. 그러나 북한은 자본과 기술이 부족하여 희토류 개발을 본격적으로 하지 못하고 있다. 희토류 채굴, 채취 작업은 비용이 많이 들고 섬세한 고급기술이 필요하기 때문이다.

중국은 세계에서 희토류 매장량이 가장 많은 국가이다. 중국은 희토류의 수출을 무기화한 전력이 있다. 세계수출 물량의 85%는 중국이 담당하고 있다. 일본은 세계 최대의 희토류 수입국가이다. 일본과 중국은 영토분쟁지역이 있다. 즉 센카쿠(중국명: 다오위다오) 열도다. 일본은 2011년 중국 어선이 자국영토인 센카쿠열도에서 어로작업을 한다며 나포했다. 선장은 체포되어 일본으로 구속 송치됐다. 중국은 선장의 즉각 송환을 요구했다. 하지만 일본은 처벌을 받아야 한다며 거절했다. 중국은 그에 대한 강력한 대응조치로 일본에 대한 희토류 수출을 즉각 금지하도록 조치했다. 결국 일본은 백기를 들었다. 중국인 선장을 석방하지 않을 수 없었다. 이 사건은 희토류가 얼마나 중요한 자원인지를 증명하는 사례다.

한국에 있어서 남북통일은 지상과제이다. 평화통일의 지름길은 경협과 무역거래이다. 물적 거래를 시작하면 그 다음에 인적 교류를 실현할 수 있다. 남한 주민과 북한 인민이 서로 통행하고, 통신하고, 통관할 수 있는 3통의 분위기 형성을 위한 교류의 물꼬 트기를 누구보다 앞장서서 솔선수범했던 인물이 정주영이었다. 정주영은 남북통일이야말로 대한민국의 미래를 보장하는 데 필수불가결의 대들보라고 생각했다.

마쓰시타_ 1918년 23세 때 창업한 이래 마쓰시타 고노스케는 자신이 제정한 위의 가치관에 따라 사업을 진행시켜왔다. 그는 해외사업 전개에 있어서도 각 나라의 발전에 도움이 되어 그 나라에 기쁨을 주는 것을 가장 큰 의의로 삼았다. 그는 사회, 경제, 산업 등 모든 면에서 큰 전환기를 맞이하면서 '사회의 발전에 도움이 되는' 기업으로 계속 남아 있기 위해 창조와 도전정신으로 새로운 미래를 개척해 나갔던 것이다.

정주영_ 한국의 정주영은 언제나 사람을 가장 중시했다. 그는 사람이 곧 가정, 조직, 사회, 국가의 주체이며 사람이 모여서 가정, 조직, 사회, 국가가 이루어진다고 보았다. 그는 이렇게 말한다. "나는 사회가 발전하는 데 있어서 가장 귀한 것이 사람이며, 자본이나 기술은 그 다음이라고 확신하고 있습니다." "모든 것의 주체는 사람이다. 가정과 조직, 사회와 국가의 주체도 사람이다. 다같이 건강하고 유능해야 가정과 조직, 사회와 국가가 안정과 번영을 누릴 수 있다."

동아시아형 리더십의
새로운 울림

: 가장 귀한 것은 사람, 자본과 기술은 그 다음

마쓰시타_ 파나소닉
7대 행동정신

마쓰시타 고노스케의 경영이념을 축약하면 다음과 같은 말이 된다.

"산업인으로서 본분에 충실하며, 사회생활의 개선과 향상을 도모하며, 세계문화의 발전에 기여하는 것을 목표로 한다."

1918년 23세 때 창업한 이래 마쓰시타 고노스케는 자신이 제정한 위의 가치관에 따라 사업을 진행시켜왔다. 그는 해외사업 전개에 있어서도 각 나라의 발전에 도움이 되어 그 나라에 기쁨을 주는 것을 가장 큰 의의로 삼았다. 그는 사회, 경제, 산업 등 모든 면에서 큰 전환기를 맞이하면서 '사회의 발전에 도움이 되는' 기업으로 계속 남아 있기 위해 창조와 도전정신으로 새로운 미래를 개척해 나갔던 것이다.

마쓰시타 고노스케가 창업 이래 주창한 경영이념은 '기업은 사회의 공기(公器)'이므로 '사업을 통해 사회에 공헌한다' 라는 것이었다. 그가 원한 것은 시대의 변화에 상관없이 파나소닉(마쓰시타 전기의 현재 사명)의 사원은 일하는 한 사람, 한 사람이 모두 자기의 자리에서 경영이념을 마음속 깊이 체득하고 이것을 되새겨서 스스로 실천해 나가는 모습이었다. 이런 실천의 모습을 담기 위해 파나소닉은 다음과 같이 '행동기준'을 정하여 사원의 '이정표'로 삼도록 했다.

[파나소닉 7대 행동 정신]

- 산업보국(産業報國)　　　 - 공명정대(公明正大)
- 화친일치(和親一致)　　　 - 역투향상(力鬪向上)
- 예절겸양(禮節謙讓)　　　 - 순응동화(順應童話)
- 감사보은(感謝報恩)

　이는 나라를 위해 산업을 영위한다는 '산업보국'의 정신을 제1로 하고, '공명정대'의 정신을 인간 처세의 근본으로 하며, 아무리 개인이 뛰어나도 '화친일치'의 정신이 없으면 오합지졸을 면치 못한다. 또 우리에게 부여된 사명의 달성을 위해서는 '역투향상'의 정신이 없으면 달성하지 못하며, 예절이 흐트러져 겸양의 마음이 없으면 사회의 질서는 유지될 수 없으므로 윤택한 인간다운 삶의 실현을 위해 '예절겸양'의 정신으로 사회를 정화해야 한다. 진보와 발달은 자연의 섭리에 '순응동화'하지 못하면 얻을 수 없는 것이므로 사회의 대세를 거슬러 인위적으로 바꾸려 하면 성공을 얻지 못한다. 우리에게 무한한 기쁨을 주고 활력을 줄 수 있는 것은 감사하고 보은하는 마음이므로 이 '감사보은'하는 마음만 가지면 어떤 환난도 극복할 수 있으며 진정한 행복을 가져오는 근원임을 숙지해야 한다는 뜻이다.

　마쓰시타 고노스케는 '사업은 사람이다'라는 말을 종종 했다. 사업은 사람을 중심으로 발전해 가며 그 성패 또한 사업에 적절한 사람을 얼마나 잘 얻고 얼마나 잘 쓰느냐와 밀접하게 관련되어 있다. 아무리 오래된 회사라 할지라도 또 아무리 좋은 아이템을 가지고 있는 회사라 할지라도 그 회사의 전통과 품목을 담당하고 관리해 나갈 인재를 찾지 못한다면 얼마 가지 못해 그 회사는 쇠퇴하고 말 것이다.

마쓰시타 고노스케는 '사람을 찾는 일', '사람의 능력을 키우는 일', 그리고 '그 사람의 능력을 잘 활용하는 일'이 사업에서 가장 중요한 일이라고 생각한다. 그는 사람에게는 누구나 장점과 단점이 있는데 상사는 부하의 단점만 봐서는 그 재능을 마음껏 활용할 수 없다고 생각한다.

왜냐하면 사람은 누구나 장·단점이 있기 때문이다. 장점만 있고 단점이 없는 사람이 있을 수 없고, 단점만 있고 장점이 없는 사람이 있을 수 없다. 따라서 여러 사람을 데리고 일하는 경영자, 책임자는 부하나 직원 개개인의 장점과 단점을 잘 파악해 둘 필요가 있는 것이다. 이때 단점을 중심으로 보게 되면 누구를 보든 간에 부족해 보인다. 그 사람을 책임자로 맡기고 싶은데 어딘가 좀 불안하다는 생각이 들어 결정을 짓지 못하고 주저하게 된다. 부하의 입장에서도 상사에게 자꾸 단점만 보이거나 지적을 당하게 되면 무슨 일을 하든 위축이 되고 재미를 느낄 수 없게 된다.

사람을 볼 때는 단점을 보지 말고 장점을 봐야 한다

마쓰시타 고노스케는 사람을 볼 때는 단점을 보지 말고 장점을 봐야 한다고 주장했다. 사람의 장점만을 보기 시작하면 '저 사람은 저런 면에서 상당히 훌륭하다' 라는 생각을 가질 수 있고 그 사람이 가지고 있는 장점에 어울리는 재능을 찾을 수 있게 된다. 이렇게 되면 상사는 부하를 보다 대담하게 쓸 수 있다. 부하 역시 자신의 장점을 인정 받았으니 기쁜 마음으로 더욱 열심히 일하게 된다. 자연히 일의 성과가 오르고 인간으로서도 성장할 수 있게 된다.

사람은 누구나 자기 자신을 '훌륭하다', '대단하다', '우수하다' 라고 생각하기 쉽다. 이러한 생각을 자신이 하고 있으면 그 사람은 결코 훌륭한 용인술을 펼치기 어려워진다. 상사를 두 가지 부류로 나누어 보자면 부하의 장점을 보려는 상사와 부하의 단점을 보려는 상사로 구분할 수 있다. 같은 상사라도 부하의 장점을 보는 상사는 성장하지만, 부하의 단점을 보는 상사는 성장하지 못하는 경우가 많다. 사람은 상하 관계가 아닌 동료나 친구 사이에도 상대방의 장점을 보려고 노력해야 한다. 다른 사람의 장점을 볼 줄 아는 사람은 많은 사람을 제대로 쓸 줄 아는 사람이 될 수 있다.

사람의 장점을 봐야 한다는 말은 단점을 전혀 보지 말아야 한다는 말은 아니다. 단점을 보지 않았을 때 생길 수 있는 마이너스보다 장점을 봤을 때 생기는 플러스 부분이 훨씬 크다는 생각을 해야 한다는 말이다. 때문에 주로 장점을 보고 단점은 참고로 보는 것이 가장 좋다.

마쓰시타 고노스케는 이렇게 말한다.

"물론 대담하게 사람을 쓴다고 다 잘 되는 것은 아니다. 실패하는 경우도 많다. 그 사람 자신이 그 역할과 직무에 맞지 않는 경우도 있고, 내가 사람을 대담하게 썼을 때 그 실무자도 지나치게 과감한 방식으로 일한 결과 실패한 경우도 있었다. 그럴 때에도 나는 부하를 크게 질책하지 않았다. 다만 거꾸로 사소한 문제로 잘못을 범했을 때 혼내는 경우가 더 많았다. 예를 들어서 한 장의 종이를 아무렇지 않게 낭비할 때는 '종이 한 장일지라도 낭비해서야 되겠는가?' 하고 직접 혼을 냈다. 그 이유는 그런 작은 실패는 사소한 부주의에서 초래되는 경우가 많기 때문이다. 그래서 이런 경우 주의를 요하라는 마음에서 뭐라고 나무란 적이 많았다."

우리가 일을 할 때에 큰 실패는 대개 열심히 일한 결과 일어난 경우가 많은 것이 사실이다. 때문에 일을 맡은 사람이 열심히 일을 했지만 본의 아니게 회사에 금전적 손실을 입힌 경우에는 질책보다 오히려 이해하고 위로하는 것이 상사로서 부하의 능력을 잘 이끌어 내는 방법이 될 수 있다.

마쓰시타 고노스케는 작은 일을 소중히 여기면서 큰 일에 대해서는 어느 정도 달관하기를 당부한다. 그리고 그 바탕 위에서 한 번 범한 잘못을 반복하지 않으려는 사고방식을 가질 것을 권한다. 결국 그가 자신의 오랜 경험에서 우리에게 당부하는 것은 사람을 쓸 때는 그 사람의 장점을 주로 보고 대담하게 사람을 쓰는 것이 중요하다는 것이다. 그리고 자기가 쓴 사람이 열심히 일한 결과가 큰 실패로 나타났을 때에도 질책보다는 위로하면서 함께 그 실패에 대해 연구해 가는 자세가 중요하다고 말했다.

사람을 쓰고 사람의 능력을 살리기 위해서는 사람 간의 조합이 아주 중요하다. 사람은 혼자서 할 수 있는 일보다 혼자서 할 수 없는 일이 더 많다. 여러 사람이 모여 지혜를 짜내면 혼자서는 도저히 기대할 수 없는 해결책이 생기는 것을 우리는 다반사로 경험한다. 때문에 여러 사람이 지혜를 모아가는 것이 바람직하다. 하지만 이것은 어디까지나 이상 속에 있는 원칙이 그렇다는 것이고, 현실 속에 있는 사람들은 성격이 제 각각이고 사고방식도 다 달라서 서로 성향이 맞지 않는 부분이 많다.

이런 경우에는 서로의 역량이 시너지 효과를 일으키기보다 오히려 전체적으로 볼 때 마이너스 효과를 초래하는 경우도 있다. 이런 경우는 회사의 모든 조직에서 공통적으로 나올 수 있는데 임원은 임원들끼리, 직원은 직원들끼리, 사람 간의 조합이 적절하지 못할 때 나타날 수 있는 현상이다.

사람 간의 결합에 적절함이 결여되면 일하는 사람들도 즐겁지 않고 더 나아가 일의 능률도 오르지 않는다. 또 개개인이 가진 능력을 살리지도 못하고 조직 전체로서도 업무의 성과가 떨어지고 만다. 그와 반대로 사람 간의 조합이 적절한 조직에서는 보다 적은 사람으로도 즐겁게 일하면서 업무 효율을 올릴 수 있는 것이다.

마쓰시타 고노스케는 이렇게 말한다.

"사람을 쓰고 사람의 능력을 살리기 위해서는 조합의 적절함을 항시 생각해야 하며, 모두가 즐겁게 일할 수 있도록 배려하는 것이 무엇보다 중요하다. 물론 이 모든 게 100% 적절한 형태를 띠기란 꽤나 어려운 일이다. 또 사사로운 감정에 따라 서로 배척하지 않도록 지도하는 것도 당연히 필요하다. 100% 마음이 맞는다는 건 사실 기대하기 어렵다. 따라서 다소 마음에 들지 않는 부분이 있어도 상호 간의 관용과 이해를 통해 협조해 가는 수밖에 없다. 그런 의미에서 한 조직의 리더는 적절한 사람 간의 적절한 조합을 항시 고려해 나가야 한다."

"사람 간의 조합에 대해서는 다음과 같은 부분도 중요하다. 구성원 한 명 한 명으로만 따지면 가급적 능력 있는 사람, 똑똑한 사람이 바람직하다고 볼 수 있다. 하지만 그렇다고 능력이 뛰어난 사람, 똑똑한 사람만 모아둔다면 어떻게 될까? 쉽사리 결론을 내릴 수 없지만, 나는 마냥 좋은 결과가 나올 것으로 보지 않는다. 가령 10명의 사람이 모여 있다고 치자. 그 경우 10명 모두 현명한 사람뿐이라면 어떻게 될까? 똑똑한 사람의 경우 대개 저마다 일하는 방법, 일의 추진 방법에 대해 '이렇게 하는 게 좋다', '저렇게 하는 게 좋다' 식의 자기 생각을 갖고 있다. 그래서 자기 방식을 적극적으로 주장한다. 하지만 10명 모두 자기 생각을 주장하기 때문에 논의 거리만 많아지고, 한 방향으로 일치단결해 나가기는 상당히 어려워진다."

"똑똑한 사람은 열 명 중 한 명이나 두 명 정도이고, 나머지는 평범한 사람들로 구성된다면 오히려 그 똑똑한 사람의 의견에 따라 일이 수월하게 풀리는 경우도 많을 것이다. 세간에는 일류대학을 나온 우수한 사람만 모았지만 그에 상응하는 실적을 올리지 못하는 회사가 많다. 반면 평범한 사람이 많지만 매우 뛰어난 성과를 올리는 회사도 많이 있다. 그런 차이가 생기는 원인을 한마디로 정의할 수는 없지만, 역시 그 중 하나로 '사람 간의 조합문제'를 들 수 있을 것이다. 어쩌면 이런 부분들은 사람이 갖는 미묘함이라고 할 수 있다. 기계라면 아예 이런 일 자체가 없을 것이다. 1 더하기 1은 반드시 2가 된다. 하지만 사람은 그 조합이 적절하다면 1 더하기 1은 3이 될 수 있고 혹은 5가 될 수도 있다. 또 조합이 잘못되었을 경우, 1 더하기 1은 0이 될 수도 있고 혹은 마이너스가 될 수도 있는 것이다."

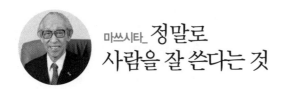

마쓰시타_ **정말로
사람을 잘 쓴다는 것**

　　1977년 1월 17일 마쓰시타 전기산업은 제3대 사장으로 야마시타 도시히코의 취임을 발표했다. 이는 당시로서는 파격적 발탁인사로 일본기업에서 흔히 볼 수 있는 전통적인 연공서열과 학력을 초월해 큰 화제를 불러 일으켰다. 앞에서도 이야기했지만 야마시타 도시히코 사장은 공고 졸업자로 임원자리까지 올랐으며 1977년 당시 이사회 임원 26명 중에서 서열이 25번 째였음에도 불구하고 사장직에 전격 발탁되었던 것이다. 그는 사장 임기를 세 번 연임하여 9년 후 1986년 2월 퇴임했다.

　　마쓰시타 고노스케는 자신이 발탁한 야마시타 도시히코 사장이 그 자리를 수락할 때 내건 조건을 다음과 같이 얘기한다.

　　"상담역께서도 상담역이라는 역할로 회사 업무에 더 열심히 임해 주십시오. 특히 사업부장이나 영업부장이라도 직접 불러 경영 전반에 대해 말씀해 주십시오. 단지 사고방식만을 이야기하는 게 아니라, 가급적 구체적으로 '이때는 이렇게 하는 게 좋다' 라든지 '저렇게 해서는 안 된다' 처럼 보다 세밀하게 조언해 주십시오."

"보통이라면 야마시타 도시히코 씨 같은 입장에서 '사장직 제안을 받아들이겠습니다. 다만 사장직을 맡길 때 저에게 모든 것을 일임해 주십시오. 경영상 이래저래 간섭받고 싶지는 않기 때문에, 상담역께서도 이런저런 참견은 삼가 주십시오' 라고 부탁하기 쉽다. 하지만 그는 그렇게 말하지 않았다. 반대로 '상담역으로서 이런 일들을 해 주십시오' 라고 말하면서, 나에게 특정 역할과 일을 명했다. 이를 '윗사람을 부린다' 고 하면 다소 어폐가 있겠지만, 어떤 면에서 '선배를 사용한 것' 이라 할 수 있지는 않을까? 바로 이 지점이 나는 꽤 재미난 부분이라고 생각한다. 어떤 일을 해나갈 때 부하를 적절히 사용하는 건 물론 중요한 일이지만, 그것만으로는 충분하지 않다. 정말로 '사람을 잘 쓴다' 는 건 부하를 잘 부리는 것만이 아니라, 선배나 상사처럼 윗사람을 잘 활용하는 것까지 포함한다."

마쓰시타 고노스케는 자신의 경험을 다음과 같이 술회한다.
"원래 우리 회사는 개인 경영의 소규모 공장에서 출발했다. 그로 인해 처음에는 판매나 제품 납입 모두 나 혼자서 하는 경우가 많았다. 그것이 점차 규모가 커지면서 나 혼자 다 할 수 없게 되어, 밑에 직원들이 한 둘 들어와 대신하기 시작했다. 그때 나는 직원들에게 '나를 적극 사용하라' 라고 말하곤 했다. 예를 들어 부품을 구입하는 직원이 '대장, 하나 부탁드릴 게 있습니다'라고 요청해 올 경우가 있다. 그때만 해도 아직 소규모 공장이었기에 직원들은 나를 사장 대신 편하게 '대장'이라 부르곤 했다.

'무슨 일인가?' 내가 되묻자, 그는 '실은 지금 저쪽 공장과 이런저런 매입 교섭을 하고 있는데, 이야기가 대충 90% 정도까지는 진행되었습니다. 하지만 이때쯤 대장이 나서 얼굴을 한 번 비춰주실 수 있을까요? 제가 이 정도까지 이야기를 진전시켰기 때문에, 이번에 대장이 인사차 한 번만 방문해주시면 마무리가 잘 될 것 같습니다'라고 말했다. 이에 나는 '그래, 그럼 그렇게 해야지'라고 말하며 함께 거래처 공장을 방문했다. '저희 쪽 직원에게 여러 가지로 많이 도와주신다는 이야기를 들었습니다. 비록 저희 회사가 지금은 작아서 물건을 대량으로 매입하지는 못하지만, 가까운 시기 규모가 더 커지면 더 많은 부품을 매입할 수 있도록 하겠습니다'라고 해줬다. 그리고 이와 비슷한 상황은 구매뿐 아니라 영업, 혹은 그 외의 부문에서도 많이 있었다. 그렇게 모두가 나를 사용해 적극적으로 업무에 임해줬고, 그 결과 회사도 빠르게 성장할 수 있었다. 결국 아랫사람이 윗사람을 적극 사용해 '윗사람도 기쁘게 쓰임을 받는' 분위기가 조성되면 그 회사는 스스로 발전해 나갈 것이다."

"아랫사람은 여러 고민이나 걱정 등에 대해서 혼자 끙끙대지 말고 윗사람과 적극 상담하는 것이 필요하다. 이것도 윗사람을 효과적으로 사용하는 방법 중 하나라고 할 수 있다. 관점에 따라서는 상사라는 존재는 '걱정하는 게 일인 사람'이다. 아랫사람이 안심하고 일할 수 있도록 '자네, 왜 그런 것으로 고민하는가, 그런 건 내가 대신할 터이니, 자네는 마음껏 일이나 열심히 하게'라고 말할 수 있어야 한다. 그러면 아랫사람이 그만큼의 책임감과 열의를 갖고 일해 더 좋은 성과를 올릴 것이다. 어떤 면에서 상사는 걱정을 위해 존재하며 '사장은 걱정하는 사람, 혹은 고민을 해소하는 사람'이라고도 정의할 수 있다. 그래서 아랫사람은 거리낌 없이 자신의 고민이나 걱정을 상담해야 하며, 그에 따라 마음 놓고 일에 전념할 수 있는 것이다. 어떤 의미에서는 윗사람을 쓰는 게 아랫사람을 쓰는 것보다 훨씬 더 쉽다고도 할 수 있다."

마쓰시타 고노스케는 사람이라는 존재에 대해서 누구보다 많이 연구하고 사색한 기업가였다. 사람을 쓰고, 사람의 능력을 살릴 경우, 그 대상이 되는 것은 사람이다. 따라서 사람 자체에 대하여 명확하게 파악해 두지 않으면 안 된다. 그는 사람에 대하여 다음과 같이 생각한다.

"예로 삼기에 적절치 않을지는 모르나, 사람이 다른 동물을 키울 때 동물별 특질을 고려해 그에 적합한 사육 방법을 채택한다. 즉 말과 소를 동일한 방식으로 다루진 않는다. 말은 말의 특성에 맞게, 소는 소의 특성에 맞는 방식으로 사육할 것이다. 만일 그 방법을 혼동해버리면 제대로 사육하지 못할 것이고, 경우에 따라서는 동물 자체가 아예 죽어 버릴지도 모른다. 1977년부터 200해리 시대가 도래했다. 자국의 어업 보호를 위해 배타적 관할권을 행사하기 위해 200해리 어업전관수역을 실시하고 있다. 이에 따라 세계 각국에서는 그 나라의 양식업의 중요성이 한층 더 강조되고 있다. 이런 200해리 시대에 성과를 올리기 위해서는 각 어종별 특성을 연구하고, 그에 맞는 장소와 그에 맞는 먹이를 제공해야 한다. 사람의 경우도 기본적으로는 마찬가지라 할 수 있다. 더구나 사람은 다른 동물보다 훨씬 더 복잡한 고등 생물이다. 조금 차이가 있는 이야기일 수도 있지만, 강아지는 던져주는 고기라면 뭐든 먹는다. 하지만 사람은 아무리 먹고 싶은 음식이라도 주는 이가 마음에 들지 않으면 끝까지 거부한다. 동물은 미물이지만, 사람은 물질적인 면과 함께 심정적 면도 중시해야 한다. 그런 점에서 보자면 역시 사람을 쓰는 사람, 혹은 책임자 입장에 있는 사람은 '사람이 도대체 어떤 존재인지'부터 정확하게 파악해야 한다. 바꿔 말하면 사람의 본질을 파악하고 인간관을 주체적으로 정립할 필요가 있는 것이다. 그런 생각 없이 사람을 쓴다는 것은 극단적으로 말해 말과 소의 차이도 모른 채 사육하는 것이나 마찬가지라고 말할 수 있다. 이래서는 사람의 능력을 제대로 살리기는커녕 도리어 죽여 버릴지 모른다. 예나 지금이나 우수한 리더는 나름대로의 인간관을 정립한 상태에서 구성원들의 능력을 살리려고 한다. 이 과정을 제대로 실행하지 못하는 사람은 대부분 실패하고 말 것이다."

"그동안 나는 '사람이 도대체 어떤 존재인지'에 대해 생각하며 나름대로의 인간관을 정립해왔다. 물론 그것은 이런저런 문헌을 읽거나 학문적으로 깊이 연구한 게 아니다. 그동안 여러 가지 사건과 사람을 접한 가운데 '역시 사람은 이런 경우 이렇게 생각하고 행동하는구나, 혹은 사람에게 이런 면도 있구나' 하는 것을 깨달았다. 이와 같은 일련의 체험을 통해 나는 경험적으로 사람이라는 존재를 이해할 수 있었다. 그리고 그런 사람에 대한 이해, 인간관이 지금까지 다양한 형태로 이야기해 온 나만의 용인술, 즉 사람의 능력을 살리는 방법의 밑바탕을 이루고 있는 것이다."

"나는 '사람이란 존재는 본질적으로 만물의 왕이라 해도 좋을 만큼 위대하다'고 생각한다. 바꿔 말하면 무한한 발전 가능성을 지니고 있는 존재가 바로 사람인 것이다. 그런 관점에 입각해 자신과 타인의 능력을 살리며, 만물 일체를 활용하고 생성·발전을 창출하는 게 바로 '사람으로서의 사명'이라 할 수 있다. 나는 이같은 인간관이 정치, 경제 그 외 일체의 인간활동을 적정한 것으로 만드는 근본이라고 생각한다. 따라서 '사람을 사용한다'라는 점에 대해서도 일단은 이러한 인간관에서 출발하는 게 정말 중요하다. '사람을 엄격히 단련하고 키우는 게 중요하다'라는 명제도, 사람이 본질적으로 위대한 존재이자 무한한 가능성을 그 속에 감추고 있기 때문이다. '보석도 닦지 않으면 빛이 나지 않는다'라는 말이 있듯이 다이아몬드 같은 보석이라도 제대로 닦지 않으면 빛나는 상태를 유지할 수 없다. 돌을 아무리 갈고 닦아도 조금 윤기가 날 뿐이며 결코 보석이 되었다고 할 수는 없는 것이다. 보석으로서 갖춰야 할 우수한 본질이 없기 때문이다. 서커스 등에서 볼 수 있듯이 동물도 가르치면 어느 정도의 기예를 부릴 수 있다. 하지만 그 이상 스스로 노력해도 뭔가 새로운 것을 만들어낼 수는 없다. 만일 동물이 그 지점에 도달한다면, 이미 사람은 멀리 떨어진 달에 도달하거나, 지상에서 조작 가능한 로켓을 더

먼 화성으로 쐈을 것이다. 다만 우리가 알아야 할 것은 사람도 가르침을 받고 단련하지 않으면 그런 위대한 본질을 충분히 발휘할 수 없다는 것이다. 그렇기 때문에 사람의 능력을 살리고 그 사람의 가능성을 최대한 발휘시키기 위해서는 '가르쳐야 할 것은 가르치고 단련할 때는 엄격히 단련해야' 하는 것이다. 동시에 구체적인 목표를 주고 일을 맡겨 자주적인 노력에 의해 스스로를 연마해 가는 과정이 중요하다."

마쓰시타_ 새로운
인간관의 제창

마스시타 고노스케는 자신의 경험, 연구와 사색을 통해 '새로운 인간관의 제창'과 '새로운 인간도의 제창'을 만들어 다음과 같이 공표하였다.

[새로운 인간관의 제창]

우주에 존재하는 만물은 항시 생성하고 끊임없이 발전한다. 만물은 나날이 새로워지고 그 생성과 발전은 자연의 섭리다.

사람에게는 우주의 움직임에 순응하며 만물을 지배하는 힘이 주어진다. 사람은 끊이지 않고 생성 발전하는 우주에 군림하며, 그속에 감춰진 위대한 힘을 개발한다. 이를 통해 만물에 주어진 각각의 본질을 이끌어내면서 물심일여의 진짜 번영을 창출할 수 있다.

만물을 지배하는 힘을 부여 받은 사람의 특성은 자연 섭리에 따라 주어진 하나의 천명이기도 하다. 천명이 주어졌기 때문에 사람은 만물의 왕이 되고 그 지배자가 될 수 있다. 즉 사람은 천명에 따라 선악을 판단하고 시시비비를 가릴 수 있으며, 모든 것의 존재 이유를 명확히 할 수 있다. 무엇보다 우주로부터 힘을 부여받은 사람의 특성을 부정할 수 없다. 사람은 실로 숭고하고 위대한 존재인 것이다.

이처럼 우수한 사람도 각각의 현실상을 보면 반드시 공정하고 반드시 강한 존재라곤 할 수 없다. 사람은 번영을 추구하면서도 빈곤에 빠지기도 하고, 평화를 기원하면서도 전쟁을 치르기도 하며, 행복을 갈구하면서도 자주 불행을 불러오기도 하는 존재이다.

이러한 사람의 현실은 힘은 부여 받았지만 스스로 주어진 천명을 깨닫지 못한 채, 개개인의 이해득실만 따지고 자신의 지혜와 재주만 믿어서 초래된 결과임에 틀림없다. 이처럼 사람의 위대함은 각 개인의 힘이나 지혜만으로는 충분히 발휘할 수 없는 것이다. 동서고금의 철학자, 성인 등을 비롯해 수많은 사람들의 지혜가 자유롭게 또 아무런 방해 없이 융합될 때 그 전체 지혜가 중지로 모여서 천명을 살리게 된다. 중지야말로 자연 섭리를 공동생활 위에 구현하며 사람이 받은 천명을 발휘시키는 최대의 원동력이 된다.

다시 한번 말하지만 사람은 그 무엇보다 숭고하고 위대한 존재이다. 상호간에 사람이 가진 위대함을 깨닫고 그 천명을 자각하며 중지를 모아야 한다. 이를 통해 생성발전의 대업을 함께 이뤄야만 한다.

오랜 사명은 곧 천명을 자각하고 실천하는 데 있다. 이 사명의 의의를 명확히 하고, 그 달성을 위해 노력하고자 여기에 새 인간관을 제창하는 바이다.

[새로운 인간도의 제창]

만물의 왕으로서 사람은 위대한 천명을 갖는다. 부여 받은 천명을 자각해 일체의 사물을 지배해 활용하고, 보다 나은 공동생활을 만들어내는 길이 바로 인간도(人間道)이다.

인간도는 사람을 진짜 사람답게 하고, 만물을 진짜 만물답게 하는 길을 말한다. 그것은 사람과 만물 일체를 있는 그대로 바라보고 이를 용인하는 지점에서 시작된다. 즉 삼라만상 전부는 자연의 섭리에 따라 존재하기 때문에 하나의 인간, 하나의 사물일지라도 이를 부인하고 배제해서는 안 된다. 바로 거기에 인간도의 기본이 있다.

그렇게 있는 그대로의 모습을 용인한 지점 위에서, 만물일체의 천명과 특질을 파악해 자연의 섭리에 맞는 적절한 처우를 실시한다. 이를 통해 전체를 살리는 데 인간도가 갖는 진짜 의의가 있다. 또 이를 문제없이 진행하는 데 만물의 왕인 사람으로서의 공통 책무가 있다.

부여 받은 인간도는 풍요로운 예(禮)의 정신과 중지에 기초해 보다 원활하고 정확한 형태로 실현된다. 항시 예의 정신에 따라 중지를 살리면서, 일체를 용인하고 적절히 처우하는 점에서 만인

만물의 공존공영이 각 방면에서 생성되는 것이다.

정치, 경제, 교육, 문화 그 외 물심양면에 걸친 사람들의 활동은 모두 이 인간도에 따라 실천해야 한다. 바로 그 지점에서 사물일체가 그때 그때의 상황에 맞춰 대응하고 조화를 이루게 된다. 그것이 결과적으로는 공동생활 전체의 발전과 향상을 창성(創成)시킬 것이다.

당연히 인간도야말로 사람의 위대한 천명을 여실히 발휘시키는 대도(大道)이며, 그것이 여기 내가 새 인간도를 제창하는 이유이다.

정주영_ 가장 귀한 것은 사람,
자본과 기술은 그 다음

한국의 정주영은 언제나 사람을 가장 중시했다. 그는 사람이 곧
가정, 조직, 사회, 국가의 주체이며 사람이 모여서 가정, 조직, 사회,
국가가 이루어진다고 보았다. 그는 이렇게 말한다. "나는 사회가 발
전하는 데 있어서 가장 귀한 것이 사람이며, 자본이나 기술은 그 다
음이라고 확신하고 있습니다." "모든 것의 주체는 사람이다. 가정과
조직, 사회와 국가의 주체도 사람이다. 다같이 건강하고 유능해야 가
정과 조직, 사회와 국가가 안정과 번영을 누릴 수 있다."

우리의 개인을 중심으로 보자면 '나→조직→사회→국가'로 인
식이 확대되어 가는 형태다. 정주영은 '나' 보다 '국가'를 특히 중시
했다. 정주영은 식민지시대에 태어났다. 식민치하에서 정주영의
'나'라는 존재는 존재 그 자체를 부인당했다. 그가 사춘기를 지나고
청년기에 사업을 일으킨 것과 대한민국의 해방(1945년) 및 정부수립
(1948년)은 병행하고 있었다. 대한민국이 새롭게 수립되는 것을 피부

로 감당한 정주영에게 국가라는 인식은 무엇보다 중요했다. 국가가 있기에 비로소 '나'의 존재감을 실감할 수 있었던 것이다.

더구나 민족분단과 6·25 한국전쟁의 비극을 겪음으로써 정주영은 그가 태어난 고향에도 갈 수 없게 되었다. 이러한 환경이 그로 하여금 한국경제 성장의 주역으로 활동하게 하고 마지막에는 '통일한국'의 이상을 가시화시키려는 살신성인의 도전과 헌신을 다하게 했던 것이다.

정주영은 제도권 교육은 국졸이 전부다. 그는 이렇게 말한다. "모두가 알다시피 국졸이 내 학력의 전부이고, 나는 문장가도 아니며, 다른 사람의 귀감이 될 만한 훌륭한 인격을 갖춘 사람도 아니다. 또 평생 일만 쫓아다니느라 바빠서 사람들에게 가슴 깊이 새겨질 어떤 고귀한 철학을 터득하지도 못했다."

정주영의 할아버지는 동네 서당의 훈장이었다. 그는 그곳에서 다양한 고전을 접할 수 있었다. 서당에서의 공부가 훗날 자신의 지식 밑천의 큰 부분이 되었다고 토로한다. 어린 시절 서당 교육에서 동양 고전 읽기 특히 유학(유교)에 대한 공부와 이해가 자신의 정신세계에 큰 영향을 주었다고 얘기한다.

정주영은 어린 시절을 이렇게 회고했다.

"소학교(초등학교)에 들어가기 전 3년 동안 할아버지의 서당에서 '천자문'으로 시작해서 '동몽선습', '소학', '대학', '맹자', '논어'를 배우고 '무제시', '연주시', '당시'도 배웠다. 그 외에도 '명심보감', 십팔사략, '오언시', '칠언시' 등을 익혔다." (중략) "내가 고전 공부를 한 것은 공부가 재미있어서도 뜻을 이해해서도 아니고, 그저 회초리로 사정없이 종아리를 맞아야 하는 매가 무서웠기 때문에 할아버지 앞에서 문장과 그 뜻을 달달 외워 보이는 것이었다."

　어린 시절의 암기 교육은 지극히 효율적인 방식이기도 하다. 왜냐하면 기억력은 나이가 들수록 쇠퇴하기 때문이다. 우리나라 조선시대 사대부 명문 집안에서는 자제들이 아직 어려 기억력이 왕성할 때 유학의 경전을 달달 외우도록 했다. 일단 외우기만 해도 뜻은 천천히 이해할 수 있다는 생각이었다. 사람이 성장해 가면서 정확한 의미를 스스로 깨달아가도록 한 것이었다. 실제로 삶을 살아가면서 어떤 계기가 있을 때 곰곰이 되씹어 보면 옛날에 읽었던 글귀들의 진정한 의미를 깨우치게 되는 것이다.

　정주영은 열심히 글귀를 외우고 유학의 고전을 읽었지만 거기에 매몰되지는 않았다. 전통시대 주력 산업이었던 농사일을 하면서도 고향을 떠나서 도시로 나가고 싶어했다. 그는 농사일에 아무런 매력을 느끼지 못했다. 아무리 힘들게 농사일을 해도 기후가 나빠서 흉년이 들면 먹고 살기도 힘든 현실이 너무나 싫었다.

　정주영은 신문을 통해 새로운 바깥세상이 존재함을 알게 되었다. 그는 이렇게 회고했다.

　"고향과 농사일에 불만을 품은 나를 그때 더더욱 부추긴 것은 유일하게 동네 구장 댁에 배달되던 〈동아일보〉였다. 글을 읽을 줄 아는 동네 어른들이 한 바퀴 다 돌려보고 난 동아일보를 맨 꼬래비로 빼놓지 않고 얻어 보고는 했는데, 그것이 바깥 세상과 거의 단절된 농촌에서 갖는 유일한 내 숨구멍이었다."

정주영은 학습력이 매우 강했다. 그는 신식정보를 통해서 세상은 이미 유학에서 얘기하고 있는 '전통' 속의 세상이 아니라 엄청난 변화를 가져온 '현대'라는 세상인 것을 알게 됐다. 그의 연이은 가출시도는 새로운 세상을 경험해 보고 싶은 간절한 욕구에서 나온 것이다.

비록 벽촌에서 태어났지만 조부의 서당에서 읽은 동양고전을 통해 선비의 정신세계를 나름대로 맛볼 수 있었다. 그래서 그는 새로워지려는 노력을 끊임없이 갈구했다. 그의 목표는 매번 새로워질 수밖에 없었다. 처음에는 교사가 되고 싶었다. 그 다음에는 변호사가 되고 싶었다. 모두 그가 처한 현실에서는 불가능한 꿈이었다. 무엇보다 시대적 환경이 급변하고 있었기 때문이다. 시대의 변화와 흐름 속에서 정주영은 창업에 눈을 뜨게 되었다. 결국 그는 기업을 일으킨 장본인이 되었다. 그리고 그가 창업한 기업의 이름을 '현대'라고 지었다.

정주영이 스스로 창업한 기업의 이름을 '현대'라고 명명한 것은 그의 사고방식을 상징하는 것이었다. 전통의 기반 위에서도 낡은 것에서 과감히 벗어나 새로운 것을 추구하려는 마음가짐이다. 그는 전통 속에 마냥 머물러 있지 않고 '현대'를 구현하고자 했다. '현대'를 지향해서 보다 발전된 미래를 창조하고자 했던 것이다.

정주영_ 일신일신 우일신(日新日新又日新)

정주영은 사서삼경(四書三經) 중에서 '대학'의 영향을 많이 받았을 것으로 생각한다. 그는 늘 사람은 고정관념을 버리고 시대에 맞게 슬기롭게 적응해 나가야 한다고 입버릇처럼 말했다. 그리고 그 자신이 그렇게 실행했다. 그는 이렇게 말한다.

"매일이 새로워야 한다. 어제와 같은 오늘, 오늘과 같은 내일을 사는 것은 사는 것이 아니라 죽은 것이다. 오늘은 어제보다 한 걸음 더 발전해야 하고, 내일은 오늘보다 또 한 테두리 더 커지고 새로워져야 한다. 이것이 가치 있는 삶이며 이것만이 인류 사회를 성숙, 발전시킬 수 있다. 나의 철저한 현장 독려는 우리 직원들과 나, 사회와 우리 국가가 함께 나날이 새로워지기 위한 채찍이다."

> 참다운 지식은 직접 부딪혀 체험해서 얻는 것이며,
> 그래야만 그 속에 있는 가치를 제대로 아는 사람이 된다

'대학'에 나와 있는 '일신일신우일신'(日新日新又日新)을 정주영은 위와 같이 해석하고 있는 것이다.

"'대학'(大學)이라는 책에 '치지재격물'(致知在格物)이라는 말이 있다. 사람이 지식으로 올바른 앎에 이르자면 사물에 직접 부딪혀 그 속에 있는 가치를 배워야 한다는 뜻이다. 참다운 지식은 직접 부딪혀 체험으로 얻는 것이며, 그래야만 가치를 제대로 아는 사람이 된다."

'대학'은 삼강령과 팔조목으로 구성되어 있는 '사서'(四書) 중 하나이다. 삼강령은 명명덕(明明德), 친민(親民), 지어지선(止於至善)이고, 팔조목은 격물(格物), 치지(致知), 성의(誠意), 정심(正心), 수신(修身), 제가(齊家), 치국(治國), 평천하(平天下)이다.

삼강령은 다음과 같은 의미를 갖고 있다.

'명명덕'은 '사람이 갖고 있는 밝은 빛을 스스로 밝혀라'이다.

'친민'은 '사람을 경애하라'이다. 즉 '다른 사람이 갖고 있는 밝은 빛을 존중하고 이끌어 내라'이다.

'지어지선'은 '최선을 다하고 그 경지에 계속 머물러 살아라'이다.

팔조목은 다음과 같은 의미를 갖고 있다.

'격물'은 사물에 대한 깊은 궁리이다. 격물은 밑바닥까지 캐내고 철저하게 규명할 것을 요구한다. 즉 과학적 탐구이다. 현대의 단어로는 '과학'을 뜻한다.

'치지'는 격물을 통해 사물의 앎이 철저해지고 정확해지며 확실해지는 상태이다. 지금의 용어로는 '철저한 지식기반의 확충'을 말한다.

'성의'는 성실한 의지이다. 지금의 용어로는 '열정과 집중'을 뜻한다. 자기가 맡은 일의 효과를 높이기 위해 정진하고 몰입하는 상태이다.

'정심'은 하늘로부터 받은 인간의 양심이다. 순수한 마음, 천진난만한 마음, 깨끗한 마음, 밝게 빛나는 마음, 올바른 마음, 공정한 마음, 정의의 마음을 뜻한다. 고정관념이나 편견이 없는 마음을 말한다. 즉 인간이 머물러야 하는 본성이다.

16세기 조선에서 태어난 세계 최고의 성리학자 퇴계 이황은 이렇게 말한다. "인간이 머물러야 할 곳은 본성이다. 인간은 태어날 때 하늘로부터 빛(명덕)을 받아 태어난다. 이 밝은 본성은 진실하여 거짓이 없다. 진실함은 인간뿐 아니라 만물의 본성이다. 천체의 운행에는 거짓이 없다. 초목은 싹이 나야 할 때 싹이 나고 꽃은 피어나야 할 때 꽃이 피어난다. 우주만물은 거짓 없는 그 자체다. 그 자체는 진실함이다. 인간이 태어나서 스스로 자신의 빛을 밝히는 일은 인간의 일 중에서 근본이다. 인간의 근본은 진실함이다."

퇴계는 진실함을 실천하는 데 있어서 필요한 수신의 핵심요체로 격물, 치지, 성의, 정심을 체득해야 한다고 강조한다. 이렇게 하여 수신이 이루어지면 개인의 인성, 개인의 인품, 개인의 인격이 완성되어 독립할 수 있다고 본 것이다. 지도자가 되고자 하는 사람은 리더의 근본요소인 인성과 인품과 인격을 완성하여 자신이 밝은 빛의 존재임을 깨닫고 그 빛을 스스로 밝힐 수 있어야 한다. 자신의 빛을 스스로 밝힐 수 있는 사람이라야 개인 인격의 독립을 완성한다고 본 것이다.

스스로 자신의 빛을 밝힐 수 있는 사람이라야 그 다음 단계로 진입할 수 있다. 인간이 가지고 태어난 빛(본성)을 스스로 밝힐 수 있는 상태를 '수신'이라고 한다. 그 다음 단계는 주위에 있는 다른 사람의 빛(본성)을 존중하고 이끌어 내는 행위이다. 다른 사람의 빛을 이끌어 내는 첫 단계는 '제가'이다. 고대사회에서의 제가는 씨족과 부족사회였던 만큼 지금의 말로 표현하면 '고을'을 의미한다. 고을을 빛나게 한 뒤라야 더 넓은 범위의 '치국'이 가능하다. 치국은 온 나라를 빛내는 일이다. 나라를 빛나게 한 뒤라야 더 넓은 범위의 '평천하'가 가능하다. 온 세상을 빛나게 하는 일이다. 지구촌을 빛나게 하는 리더십이 평천하인 것이다. 리더십의 최종 목표는 평천하에 있다.

정주영은 평천하를 산의 정상에 오르는 것으로 설명하고 있다.

정주영이 지역사회교육협의회 후원회장으로 있을 때 서울의 한 초등학교에서 어머니와 자녀가 함께 모인 자리에서 강연을 했다.

이 자리에서 3, 4학년쯤 되어 보이는 학생이 질문을 했다. "할아버지는 어떻게 해서 그렇게 큰 부자가 되었어요?"

정주영은 이렇게 대답했다. "등산해 본 적이 있어요? 높은 산을 오를 때 산꼭대기 정상을 보면서 올라가는 게 아니에요. 산꼭대기를 자꾸 바라보면서 '저 높은 데까지 어떻게 올라가나?' 하고 생각하면 등산하기가 더 힘들어지기만 하지요. 한 발짝 한 발짝 꾸준히 열심을 다해 올라가면 결국은 꼭대기 정상에 도달하게 됩니다. 나도 처음부터 큰 부자가 되겠다는 생각을 한 적은 없었어요. 그냥 열심히 일하

고 그때그때 최선을 다한다는 신조로 살아오다 보니까 조금 부자가
된 것이지요. 학생도 꼭대기만 쳐다보지 말고 매일매일을 열심히 살
아가면 틀림없이 성공할 거예요."

자기가 맡은 일에서 공간적 최선을 다하고 자기가 향유하고 있는
매일매일에서 시간적 최선을 다할 때 사람은 최선을 다한 삶을 영위
한다고 할 수 있다. '대학'이라는 동양고전에서 정주영은 최선을 다
하는 삶이 성공을 가져온다는 덕목을 체득한 것이다.

정주영_ 그 나라 최고의 자본은
인적 자본이다

정주영은 어머니들을 대상으로 하는 교육모임에서 이렇게 말했다.

"물질이 자녀교육의 절대적 조건이 아닙니다. 자녀들을 잘 입히고 잘 먹이고 자녀의 뜻을 잘 받아준다고 해서 자녀가 잘 되는 것은 아닙니다. 그렇게 해준다고 부모에게 감사하는 것도 아닙니다. 오히려 집안이 어려우면 어려운 대로 부모 자녀 간에 또 형제 자매 간에 애정도 두터워지고 서로 감동을 주면서 살기 때문에 자녀들이 잘 성장하게 되는 경우를 많이 보게 됩니다. 그리고 자식 앞에서 부모들의 공을 내세우지 마십시오. 흔히 내가 너희 때문에 고생한다느니, 내가 너희를 위해서 무엇을 했다느니 하면서 공을 내세웁니다. 자식 앞에서 공을 내세우면 그 공은 없어지고 맙니다. 자식 때문에 고생한다는 것을 말로 표현하지 않아도 자식들은 이미 다 알고 있습니다. 자녀들은 머리로 배우는 경우보다 부모의 행동을 통해 가슴으로 배우게 됩니다."

경제적으로 풍요를 누리고 있는 선진국들이 청소년 문제로 심각한 고민에 빠져 있는 것을 보고 정주영은 한국이 그와 같은 전철을 밟지 않으려면 학부모 교육에 더욱 신경을 써야 한다고 강조했다. 가정과 학교와 지역사회가 상호 협력하여 좋은 학교를 만들어 나가야 하는데, 좋은 학교를 만들기 위해서는 자녀에게 모범적인 부모, 인품과 인격을 갖춘 실력 있는 교사를 양성하는 것이 선결조건이다. 한 나라의 교육 수준은 그 나라의 교사의 수준을 넘을 수 없는 것이기 때문이다.

정주영은 '인적 자원'은 그 나라가 가지고 있는 최고의 자본이라고 주장했다. 정주영은 경제를 돈의 문제로만 보지 않았다. 경제는 사람이 진취적인 생명력과 열정을 불어넣어서 부를 만들어 가는 것이기 때문에 경제발전을 이룩하려면 인적 자원을 개발해야 한다고 강조했다. 국가의 경제발전은 인적 자원을 어떻게 교육시키느냐에 달려 있으므로 그 나라의 문화수준과 정비례한다고 생각했다.

정주영은 경제에는 기적이 있을 수 없다는 입장을 가졌다. 그것은 결코 우연히 얻어지는 것이 아니며, 국가의 구성원인 국민들이 한 마음 한 뜻으로 문화수준을 높이려는 노력을 해야 하고, 문화수준을 높이는 가장 기본적이고 중요한 노력이 바로 교육이라는 점을 인식하고 있었다.

동아시아 국가들 중에서도 한국은 공자의 '예악(禮樂)사상'이 꽃을 피운 유일한 지역이라 할 수 있다. 예악사상이란 예를 통해서 서로 배려하고 질서를 지키며, 악(즐거움)을 통해 서로 화합하고 조화를 이루어 하나가 되는 사회(대동사회)를 지향하며 더 살기 좋은 세상을 건설하려는 사상이다.

공자의 뛰어난 제자 가운데 한 명인 자공(子貢)이 어느 날 공자에게 질문을 던졌다. "가난하면서도 아첨하지 않고 부자이면서도 교만하지 않으면 어떨까요?" 자공은 공자의 제자 중에서도 가장 이재에 밝아 요즘으로 치면 재벌급의 부호였다. 착한 부자들이 그렇듯 자공 역시 자신이 부자라는 이유로 혹시 교만에 빠져버리지 않았는지 항상 조심하고 있었다. 스승인 공자에게 자신이 교만하지 않다는 것을 칭찬받고 싶어서 이런 질문을 던졌는지도 모른다.

자공의 질문에 대해서 공자는 이렇게 대답한다. "뭐, 그럭저럭 괜찮다. 하지만 가난하면서도 즐길 줄 알고, 부자이면서도 예를 좋아하는 것보다는 못하다."

스승으로부터 이런 말을 들은 자공은 속으로 뜨끔했는지도 모른다. 스승의 대답은 '나쁜 행동을 하지 않는 것도 좋지만 좋은 행동을 더 적극적으로 하는 것이 더 좋다' 는 의미를 내포하고 있기 때문이다.

사람이 자신이 가난하거나 지위가 낮으면 지위가 높은 사람에게 깍듯하게 예를 지키기는 쉬워도 인생을 즐겁게 살기는 어려운 일이다. 부자이거나 지위가 높은 사람은 인생을 즐겁게 살기는 쉬워도 자신보다 못 가진 사람을 깔보거나 무례하게 행동하지 않고 그들을 존중하기란 어려운 법이다.

공자는 '가난하거나 지위가 낮으면서도 인생을 즐겁게 살 줄 알고, 부자이거나 지위가 높으면서도 예를 지킬 줄 알며 다른 사람을 깍듯하게 섬길 줄 아는 행동'이야말로 사람이 해야 할 도리를 실천하는 것이라고 말한다. 가난한 사람들이 실천하기 힘든 덕목인 '악'(즐거움)과 부자들이 실천하기 힘든 '예'(배려)를 합한 것이 '예악사상'이다.

'악'이라는 글자에는 즐거움이란 뜻과 함께 기쁨이라는 뜻도 있고 하모니라는 뜻도 있고 또 음악이라는 의미도 있다. 공자가 얘기한 '악'이란 즐겁고 기쁘고 음악처럼 함께 화합하며 다른 사람을 존중하고 섬기는 것을 중시하는 덕목이며, 사람이 지켜야 할 공감과 공존의 도덕을 의미한다. 유학을 중시했던 조선시대 사대부들은 예악사상과 공감과 공존의 도덕을 퍼뜨리기 위한 수단으로 노래와 춤을 매우 중요시했다.

음악은 사람을 하나로 만들고 기쁨을 주고 즐거움을 제공한다. 돈이 있든 없든, 지위가 높든 낮든, 나이가 많든 적든, 모든 사람은 음악을 통해 서로 공감하고 서로 화합하고 단합하며 하나가 될 수 있다.

또 예는 우리가 서로 모습이 다르고 생각에 차이가 나는 다른 사람이라는 사실을 일깨워 준다. 우리가 사는 이 세상은 혼자 사는 세상이 아니라 서로 다른 사람들이 함께 더불어 살아가는 세상이다. 때문에 다른 사람의 입장을 헤아리고 생각의 차이를 역지사지로 공감해 주어야 한다. 그런 마음을 겉으로 드러내 표현하는 것이 바로 예이다. 어린이가 어른에게 성의있게 인사하는 것은 예의 표현이며, 어른이 어린이를 내일의 주인으로 여겨 존중하고 잘 헤아려 돌보는 것은 예의 표현이다. 어른이라고 해서 어린이에게 함부로 대하거나, 돈이 많다고 해서 가난한 사람을 거칠게 대하는 것은 인간사회에서 해서는 안 될 일이다.

'예'는 배려와 겸손을 뜻하고 '악'은 화합과 즐거움을 뜻한다. 사람이 '예'를 지켜서 서로 배려하고, '악'을 즐겨서 서로 화합한다면 이 세상은 더 살기 좋은 대동사회가 될 것이 틀림없다.

유년시절 서당에 다녔던 정주영은 유학의 영향을 많이 받았다. 마쓰시타 고노스케 역시 동양고전을 통하여 유학의 영향을 많이 받은 것이 사실이다. 필자는 시대가 낳은 두 위대한 동양인을 통하여 세상이 주목하고 더욱 기려야 할 '동아시형 리더십'을 발견한다. 이러한 '동아시아형 리더십'을 필자는 '선비리더십'이라고 명명하고자 한다.

선비리더십은 다음과 같은 8가지 핵심 요소로 구성된다.

즉 '격물', '치지', '성의', '정심', '수신', '제가', '치국', '평천하'의 8가지 단계적 실천과정으로 확립된다.

위의 8가지 단계적 실천과정 중에서 앞 부분의 격물, 치지, 성의, 정심은 셀프리더십(Self-Leadership)의 근본이다. 그리고 뒷부분의 수신, 제가, 치국, 평천하는 서번트리더십(Servant-Leadership)의 완성과정이다.

사람은 셀프리더십으로 개인인격을 확립하여 독립할 수 있으며, 서번트리더십으로 사회인격을 완성하여 상생할 수 있다. 셀프리더십의 목표는 개인인격 확립에 있고, 서번트리더십의 목표는 사회인격 완성에 있다. 개인인격 확립의 목표는 '정심'에 있고, 사회인격 완성의 목표는 '평천하'에 있는 것이다.

'격물'의 출발점에서 '평천하'의 목표지점까지 서술적으로 설명하면 다음과 같다.

- 사물의 이치를 철저하고 정확하며 확실하게 궁리해야 한다. (格物)
- 사물의 이치를 확실하게 밝혀야 자신의 지식이 지극해진다. (致知)
- 자신의 지식이 지극해져야 자신의 뜻이 진실한 열정이 된다. (誠意)
- 자신의 뜻이 진실한 열정이 되어야 자신의 마음이 순수한 양심이 된다. (正心)
- 자신의 마음이 순수한 양심이 되어야 개인인격의 확립이 이루어진다. (修身)
- 개인인격의 확립으로 자립한 뒤에는 고을의 상생을 바르게 돌보아야 한다. (齊家)
- 고을의 상생을 바르게 돌본 뒤에는 나라의 상생을 바르게 돌보아야 한다. (治國)
- 나라의 상생을 바르게 돌본 뒤에는 천하의 상생을 바르게 돌보아 평안, 평등, 평화를 도모하는 '평천하'를 이루어야 한다. (平天下)

다시 되돌아 본 두 거인의 기업가 정신

기업을 일으켜서 신화적인 성장과 발전을 이끌어 낸 정주영과 마스시타 고노스케의 성공 배경에는 단순히 개인적 노력으로 한정해서 설명할 수 없는 복잡한 시대적 요인들이 상호작용으로 자리하고 있다. 정주영과 마쓰시타 고노스케가 태어나고 성장한 곳은 유럽이나 미주에서는 볼 수 없는 전통적 공동체라고 할 수 있는 한국과 일본이다. 이 공동체는 전체적으로 적용되는 규율과 규칙은 미비했지만, 한 집단에 속해 있는 개인들 상호 간에는 서로 믿을 수 있는 신뢰사회였다는 점이 부각된다. 다른 말로 표현하면 상호 호혜적인 인격주의 원리가 작동되는 사회라고 말할 수 있는 것이다.

무릇 공동체라는 것은 공통된 요소들을 중심으로 결속될 수밖에 없다. 그 대표적인 사례는 혈연관계, 지역관계, 정신적 종교관계를 들 수 있다. 정주영이 일으킨 사업체를 보면 서구적 기업이라기보다는 동양적이고 동아시아적 공동체의 특성을 강하게 띠고 있다. 이런 측면은 마쓰시타 고노스케의 사업체에도 동일하게 발견된다.

이들은 모범적인 행동과 높은 투명성으로 자존, 자긍, 자신감을 확인시키는 리더십을 공통점으로 보이기도 한다.

리더가 모범적인 행동을 보이고 매우 높은 투명성으로 하나의 본보기를 보여주는 리더십은 위계적이지만 자발적인 팔로워십이 산출되는 위계질서를 나타낸다. 어떻게 보면 차별적이라 할 수 있는 위계질서는 강력한 권위를 동반하지 않으면 발생될 수 없다. 권위의 원천은 일반인의 능력을 뛰어넘은 강력한 카리스마와 도덕적 모범에서 나올 수 있다. 리더가 도덕적 모범을 먼저 보이고 종업원들이 마음속으로 흠모하여 자발적으로 따르도록 하는 유학적 교화의 행동원칙이 존재한다.

정주영과 마쓰시타 고노스케의 리더십은 노동자들의 신분적 차별을 암묵적으로 받아들이지만, 자신의 도덕적 권위를 인정받기 위해 스스로 노동자들과 다르지 않다는 자의식을 강하게 드러낸다. 종업원과 똑같은 유니폼 입기를 즐기고, 젊은 근로자들과 모래판에서 씨름을 하고 노래를 같이 부르며 음식을 함께 나누는 겸허한 어울림은 정주영으로 하여금 종업원들과 가족적 유대감을 촉진하는 기폭제가 되었다. 또한 가족주의적 복지를 확대함으로써 자발적 헌신을 끌어내는 가부장적 리더십을 발휘한다. 이점은 마쓰시타 고노스케도 노동자를 자기 가족처럼 생각하는 매우 비슷한 사례를 보여주고 있다.

오늘날 자본주의 경제체제에서는 다양한 조정제도들이 존재한다. 기업가 및 최고경영자들은 다양한 조정제도들을 잘 인식해 둘 필요가 있다.

첫째는 노사관계의 차원에서 노동자와 노동자의 조직인 노동조합과 협상하는 문제이다. 대기업에서 노동조합과의 단체협상은 매우 중요하다. 노동자의 임금이나 노동조건에 관련한 협상은 기업활동의 생산성과 비임금적 노동복지를 연계하는 전략을 만들어 내기 때문이다. 정주영과 마쓰시타 고노스케는 자신이 스스로 노동자라는 기본적 자세를 견지하는 데 앞장선 기업가이다.

둘째는 노동의 질을 향상시키는 문제이다. 안정적이면서 지속적인 생산기술의 향상과 생산성 제고문제는 기업의 지속성과 직접 연관되는 문제이다. 직업훈련이나 기업교육 문제는 어느 개별 기업만의 문제라기보다 국가 전체의 교육시스템과 불가분의 관계에 있다. 때문에 기업의 특수성과 사회의 보편성이 어우러져야 성공할 수 있다.

기업이 필요로 하는 인재양성에 요구되는 재원과 실습교육이 절대적으로 부족한 시대에 거대기업을 일으켜 세워야 했던 정주영과 마쓰시타 고노스케는 적정기술을 갖춘 노동력 확보를 위해 고심해야 했다. 그들은 노동자의 사내 직업훈련과 종업원의 기업교육에 남다른 관심을 가지고 적극적인 교육투자를 아끼지 않은 기업가들이다.

셋째는 기업을 운영하는 거버넌스와 관련된 제반 문제이다. 어떻게 자원을 조달할 것인가, 어떻게 투자자를 설득할 것인가, 어떻게 은행을 설득할 것인가, 어떻게 고객을 설득할 것인가, 어떻게 내부 경영진을 구성할 것인가, 조직의 형태를 어떻게 만들 것인가, 하청회사 및 협력회사와의 비즈니스 사슬은 어떻게 운영할 것인가 등의 여러 가지 문제를 슬기롭게 해결해야 한다. 특히 협력회사와의 관계는 매우 중요하다. 기술이전은 어떻게 해야 할 것인가, 사양표준은 어디까지 공유할 것인가 등의 문제가 끊임없이 발생되기 때문이다.

이러한 문제를 해결하는 조정과정에서는 기업 간의 작용만이 문제가 되는 것이 아니라, 정부와의 상호작용도 매우 중요한 것이다. 정주영과 마쓰시타 고노스케가 급격하게 성장한 시기는 50년대와 60년대이다. 이 시기는 정부의 제도적 취약성이 매우 강한 시기라고 볼 수 있다. 시장은 내부 규칙을 집행할 권위를 결여한 상태로 팽창되어 나가고, 기본적인 인프라도 갖추지 못한 상태로 사회경제가 움직였으므로 시장교환만으로는 생산이나 유통이 어려웠던 시절이다.

국가사회의 경제체제적 진화는 그 나라의 제도적 상보성이 존재하느냐에 따라 결정된다. 그만큼 국가의 경제정책은 매우 중요한 것이다. 제도적 환경이 열악한 시절에 정주영과 마쓰시타 고노스케가 채택한 전략은 사적 위계와 네트워크를 구성하는 것이었다. 가족과 친족을 동원하고 연고가 있는 지인들을 동원한 경영전략을 택하여 강력한 위계질서를 만들어 냄으로써 정부의 실패와 시장의 실패가 만들어낸 공간에서 사업을 극대화하고 영향력을 발휘하는 자생적 전략을 만든 것이다.

사적 위계와 네트워크는 동아시아 지역 국가들에게서 발견된다. 비즈니스 연결망의 다양한 형태들은 이 지역의 독특한 역사적 배경과 문화적 토양에서 진화한 것이라고 볼 수 있는 것이다. 개인주의가 만연되어 있는 서구적 시장 위계만으로 동아시아적 경제의 역동성을 설명하는 데는 한계가 있을 수 있다. 서구적 개인주의 시장위계형 비즈니스는 엄청난 거래비용을 동반한다. 그러나 동아시아적 공동체 위계형 비즈니스에서는 거래비용을 경감시키는 기능이 원천적으로 내재되어 있음을 알 수 있다.

정주영과 마쓰시타 고노스케의 경영방식은 가족위계적이고 공동체주의적인 신뢰의 네트워크를 기반으로 확산된 것이다. 이것은 시장이 제대로 작동하지 않았던 초기 경제발전 과정에서 거래비용을 감소시키는 긍정적 효과를 가져올 수 있었다.

하지만 시간이 경과되면서 보편적이고 경쟁적이며 팽창적인 시장에 대한 발 빠른 적응과 대응도 거대기업의 진화과정에 큰 영향을 미쳤다고 볼 수 있다. 특히 일본의 태평양전쟁(제2차 세계대전) 개입은 마쓰시타 고노스케에게 군수산업을 일으킬 기회를 제공했고, 한국전쟁 발발은 전쟁물자의 생산으로 불황을 타개하고 재기할 수 있는 절호의 기회를 제공했다.

또한 한국전쟁은 정주영에게도 전후 복구사업이라는 폭발적 사업기회를 제공하였던 것이다. 정주영과 마쓰시타 고노스케는 시대적 상황을 정확하게 읽은 투자로 사업을 급속하게 확장시켜나가 궁극적으로는 다각화된 기업군을 형성하여 연관효과가 큰 부분을 별도로 독립시켜 기업화하는 전략을 택한 것이다.

필자는 본서를 마감하면서 정주영과 마쓰시타 고노스케의 리더십은 서구에서 찾아볼 수 없는 '동아시아형 리더십'이라는 점을 다시 한 번 강조하고자 한다. 이런 점에서 한국의 정주영과 일본의 마쓰시타 고노스케 경영은 서구의 영미형 경영과 확연하게 구별된다.

'동아시아형 리더십'은 개인인격이 먼저 확립되고 거기에 사회인격(조직인격)의 구현이 가시화되어 조화와 융합을 전제로 했을 때 가능하기 때문이다. 개인인격 확립의 근본은 '격물'(과학적 탐구)과 '치지'(정확하고 확실한 앎)에 있고, 그리고 그 격물과 치지는 '성의'(집중과 열정)와 '정심'(인간이 하늘로부터 받은 양심)을 바탕으로 수련 돼야 하는 것이다.

동아시아형 리더십의 뿌리를 형성하고 있는 리더십의 황금률인 격물,

지치, 성의, 정심으로 개인인격을 확립하고 수신, 제가, 치국, 평천하로 수련하는 단계적 조직인격을 완성해야 한다. 리더십은 먼저 개인인격의 확립이 전제될 때 조직인격의 완성을 구현할 수 있기 때문이다. 개인인격 확립과 조직인격 완성은 기업가나 최고경영자가 항상 염두에 두고 그 것을 스스로 체현할 수 있도록 부단히 노력해야 할 것이다.